Power BI
商业智能
数据分析与可视化

 刘必麟◎著

北京大学出版社
PEKING UNIVERSITY PRESS

内 容 提 要

本书以DAX为核心线索，围绕数据分析和数据可视化，系统全面地介绍了Power BI的核心知识体系。

本书的主要内容包括数据分析和数据可视化基础知识，Power Query数据获取、转换与加载，Power BI数据模型，DAX基础和进阶知识、DAX的实践案例、DAX驱动数据可视化交互，仪表板开发实践、仪表板多场景应用，以及AI辅助学习等。

本书体系完整、重点突出、内容新颖翔实、案例贴近实际，适合数据分析师、Power BI分析人员、Excel高级用户，以及想提高数据分析能力的各类人员阅读。

图书在版编目 (CIP) 数据

Power BI 商业智能数据分析与可视化 / 刘必麟著 .
北京：北京大学出版社，2025. 1. —— ISBN 978-7-301
-35806-1

Ⅰ . F713.51-39

中国国家版本馆 CIP 数据核字第 2025AX8701 号

书　　　名	Power BI商业智能数据分析与可视化
	Power BI SHANGYE ZHINENG SHUJU FENXI YU KESHIHUA
著作责任者	刘必麟 著
责 任 编 辑	刘 云 吴秀川
标 准 书 号	ISBN 978-7-301-35806-1
出 版 发 行	北京大学出版社
地　　　址	北京市海淀区成府路205号　100871
网　　　址	http://www.pup.cn 新浪微博：@北京大学出版社
电 子 邮 箱	编辑部 pup7@pup.cn 总编室 zpup@pup.cn
电　　　话	邮购部 010-62752015 发行部 010-62750672 编辑部 010-62570390
印 刷 者	北京宏伟双华印刷有限公司
经 销 者	新华书店
	787毫米×1092毫米 16开本 20印张 485千字
	2025年1月第1版 2025年1月第1次印刷
印　　　数	1—3000册
定　　　价	99.00元

天道酬勤

必麟

『不积跬步，无以至千里；不积小流，无以成江海。』
学习没有捷径，只有脚踏实地，锲而不舍，方有所得。

谨以此与诸君共勉，翻阅此书，愿君必有所得。

前　言

INTRODUCTION

你好，朋友！

欢迎来到 Power BI 的世界。当你翻开这本书的时候，我们就已经认识了。虽然你我隔书相望，但是书中的每一句话、每一段代码、每一个章节，都有我学习时留下的印记。当你阅读这本书时，你并不孤单，我与更多人和你一起同行。

我并非 Power BI 工程师，也不是计算机科班出身，学习和使用 Power BI 主要是因为兴趣和工作需要。2017 年前后，我开始接触 Power BI，其强大的数据清洗、数据分析和数据可视化的能力，让我产生了浓厚的兴趣。在业余时间，我潜心钻研 Power BI，在工作中熟练地应用它来提高工作效率和解决复杂问题，并在公司中经常义务承担 Power BI 培训工作、分享数据分析方面的技能。另外，我还在网络上通过社区和自媒体分享技能和见解，以帮助更多的人学习和使用 Power BI。经过几年的时间，我在 Power BI 方面积累了深厚的经验和丰富的案例素材。

近两年，Power BI 迅猛发展，新功能层出不穷，生态更加完善，用户使用体验更好。但许多 Power BI 新手用户并不能快速理解和掌握 Power BI 庞大的知识体系。他们抱怨 Power BI 非常容易入门，但是难以快速进阶并在实际工作中加以应用。因此很多用户在自学一段时间后就放弃了。

那到底如何才能快速地学习 Power BI 呢？经过再三考虑，我决定撰写一本 Power BI 方面的书，将我多年学习和使用 Power BI 的经验和方法融入其中，全面而系统地介绍 Power BI 的知识体系、核心内容和实践案例。

前后经历了一年多的时间，本书终于得以完稿。在撰写过程中，Power BI 的月度更新加入了许多新功能，为了给广大读者提供更完整的知识体系和更好的阅读体验，我在书中加入了 Power BI 发布的最新功能的介绍和实践案例，并投入了大量的精力和时间来调整本书的体系设计和内容安排。我一直坚信，这一切都是值得的，因为它能让本书体系更完整、内容质量更高、阅读体验更好。

本书内容

全书共 13 章，可分为以下 5 个部分。

第 1 部分：第 1~3 章，主要介绍数据分析、数据可视化和 Power BI 的基本知识。

第 2 部分：第 4 章，主要介绍 Power Query 数据获取、转换、加载，以及 M 语言的基本知识。

第 3 部分：第 5~9 章，主要介绍数据模型、DAX 基础函数、计值上下文、CALCULATE 函数、变量、时间智能函数、时间序列分析实践、计算组、窗口函数、视觉对象计算、DAX

查询，以及外部工具 DAX Studio 的使用等内容。

第 4 部分：第 10~12 章，主要介绍数据可视化设计，仪表板开发实践，仪表板检查、发布和调用。

第 5 部分：第 13 章，主要介绍 Power BI 内置的 AI 功能 Copilot 和如何使用 AI 大模型学习 Power BI。

阅读技巧

不同水平的读者可以使用不同方式来阅读本书。

- 对于第一次接触本书所介绍内容的读者，建议按照本书的章节顺序阅读。
- 对于熟悉 Power Query 的读者，建议跳过第 4 章，然后按顺序阅读。
- 对于有一定 Power Query 和 DAX 基础的读者，可以挑选自己感兴趣的章节进行阅读。
- 对于非常熟悉 Power BI 的读者，本书可以作为查缺补漏的参考书籍。

软件版本

由于 Power BI 每个月更新一次，建议读者每月更新至 Power BI Desktop 的最新版本，并且使用与电脑操作系统对应的版本（建议使用 64 位版本）。另外，计算机操作系统最好使用 Windows 10 或以上版本，因为 Windows 7 无法使用最新版本的 Power BI Desktop 软件，可能会发生闪退等不兼容情况。

赠送资源

本书提供全书案例素材文件，读者可以扫描右侧二维码关注"博雅读书社"微信公众号，输入本书 77 页的资源下载码，即可获得本书的下载学习资源。

博雅读书社

联系作者

尽管在本书的写作过程中，我力求严谨、准确，未敢有半点疏忽，但由于 Power BI 的知识体系非常庞大，内容比较复杂，书中难免存在理解不到位、描述不准确等不足之处，敬请读者提出宝贵的意见，以便在后续的版本中改正和完善。

致谢

感谢家人在本书的写作过程中给予我的理解和支持；感谢编辑老师的耐心指导和认真审稿；感谢朋友们在我写作过程中给予的帮助和支持；感谢"@焦棚子"老师，因为本书的数据源是从他模拟的数据源修改而来的。要感谢的人还有很多，心存感恩，相伴同行。

目 录

CONTENTS

第 1 章

数字化时代：从数据到数据分析

生活在互联网高速发展的时代，每个人几乎无时无刻不与数据关联着。数据影响着我们的每一天，影响着每一个人的衣食住行。当我们购物时，App 会给我们推荐可能喜欢的产品；点外卖时，App 会推荐周边美食；开车导航时，App 会推荐最短的路线。这些服务的背后都离不开数据和数据分析的支持，可见我们时刻享受着数据和数据分析带来的各种便利。除此之外，我们每个人的工作也离不开数据和数据分析，因为我们生活在一个数字化时代。

这一章，我们将了解什么是数据，为什么要做数据分析，以及从数据到数据分析的各个阶段所包含的内容。通过本章的学习，相信你会对数据及数据分析有新的认识。

1.1 数据和数据分析是什么？

数据不仅指狭义上表示数量的数字，还可以是图形、图像、视频和音频，以及具有一定意义的文字、字母、数字符号的组合等，这些都可以被称为数据，它们都是客观事物的性质、状态以及相互关系的反映。但并不是所有的数据都是有用的，只有那些能真实完整地反映我们的生活和生产场景的数据，才是我们需要的有用的数据。

数据本身没有意义，当我们对数据进行加工和处理以后，形成了有用的信息，才能影响我们的生活和生产。如果我们要获取有用的信息，就必须获取、加工、处理和呈现数据，这个过程就是数据分析的过程。

具体来说，数据分析是一种使用各种工具与技术，收集、整理、解释和可视化数据，并提供关于业务问题的见解和决策支持的过程。数据分析的本质是发现和解决问题，这也是我们使用数据的终极目标。

所以，只有当我们了解了数据和数据映射的现实场景后，才能在海量的数据中找到分析数据的切入点，并真正通过数据分析来解决和发现问题，从而为业务决策提供依据。

1.2 数据分析为什么重要？

数据是组织的重要资产之一，如何让数据产生更大的价值，助力组织业务发展，是我们需要思考的问题。要发挥数据的价值，就不得不对数据进行分析。数据分析在组织业务方面和个人成长方面的重要性不言而喻。

对企业而言，数据分析已经是不可或缺的一部分，其重要性主要体现在以下 3 个方面。

（1）全面客观地反映实际情况：通过对公司大量业务数据进行统计、分析和研究，形成分析报告，可以较为全面客观地反映公司业务的实际情况，从而帮助业务人员和公司决策人员做出理性的、正确的决策和计划。

（2）评估效果并诊断存在的问题：通过对公司业务数据进行统计分析并与既定目标和实际情况进行对比，可以评估业务流程和运行节奏的效果，判断公司业务状态、人员状况、财务状况及运营状况等是否健康，进而制定出相应的策略。

（3）规避风险和识别机会：通过收集和分析数据，可以了解行业、竞争对手的发展和产品状况，判断市场的发展状态和未来走向，规避可能存在的风险，识别和预测市场机会，帮助企业及早地进行战略部署。

对于个人而言，数据分析已经不是数据分析人员的专有技能，而是每一个人应该具备的基本技能之一。数据分析能力可以帮助你提高工作效率，增强职场竞争力。

1.3 从数据到数据分析

从数据到数据分析需要经历 4 个阶段，才能将数据分析从理论层面落实到应用层面。这 4 个阶段依次是有数据→看数据→分析数据→应用数据。因此，数据分析人员在进行数据分析工作之前，要时常问自己以下几个问题。

- 有数据：有什么样的数据？
- 看数据：数据到底看什么？
- 分析数据：如何分析数据？
- 应用数据：如何应用数据并且产生效果？

这几个问题可以帮助我们迅速地理顺分析思路，提高分析效率，取得有价值的分析结果。

1.3.1 有数据：有什么样的数据？

俗话说："巧妇难为无米之炊。"有没有数据，直接决定数据分析的项目能不能进行。数据是数据应用的最基本保障。在进行数据分析之前，如果有数据，我们应该注意哪些事项？如果没有数据，我们又该通过哪些途径来解决？表 1-1 列出了在有数据和无数据情况下分别需要注意的事项。

表 1-1　有数据和无数据时应注意的事项

序号	类型	有数据	无数据
1	数据的来源	·通过数据库查询还是从 ERP 系统中导出？ ·对接数据人员还是业务运营人员？ ·需要多次对接导出还是开通权限查询？ ……	·能否联系技术人员进行埋点采集？ ·能否联系业务人员进行手工收集？ ·有没有平替方案或者平替的分析角度？ ……
2	数据的有效性	·是否有具体的指标说明及口径解释？ ·是否能覆盖要分析的范围？ ·是否有足够的颗粒度？ ·数据的准确性和完整性如何验证？ ……	·获取的数据是否有清晰的说明和解释？ ·获取的数据质量如何？ ·获取的数据时效性如何，能否保证在正常分析的周期内使用？ ……
3	数据的管理和协同服务	·如何管理与使用获取的数据？ ·如何与相关的部门进行协同？ ·如何应用分析结果？ ·能不能提出有效的解决方案？ ……	·获取数据的成本如何？ ·获取数据的协同部门沟通成本如何？ ·进行数据分析后，能产生什么样的影响，投入产出比如何？ ……

在进行项目数据分析之前，要事先对数据资产进行盘点并与相关部门进行沟通，对可能出现的问题进行预判，以便制订比较完整的项目分析计划，并保证数据分析的后期工作正常进行。

1.3.2 看数据：数据到底看什么？

在实际业务分析的过程中，很多人可能不知道数据到底看什么？本小节我们将探讨这个问题。

看什么样的数据？

一般情况下，企业数据可以从 3 个维度自上而下地进行拆分，其中包括目标 KPI（关键绩效指标）、业务场景和指标体系，如图 1-1 所示。

图 1-1　看数据的 3 个维度

目标 KPI，也叫北极星指标，一般由企业的业务模式或者发展阶段来决定。大部分情况下，目标 KPI 是一个综合性的指标，可以拆解为多个指标。当然，不同企业的目标 KPI 是不同的，同一企业的目标 KPI 在不同的阶段也是有变化的。

企业目标 KPI 是在不同的业务场景下达成的，各个业务场景都可以影响目标 KPI 的达成。在看数据的时候，需要关注不同业务场景下不同指标对目标 KPI 的影响。企业的业务场景较多，图 1-1 展示的是电商企业的业务场景。

根据业务场景，进一步可以细分出指标体系。指标体系中的指标都是细颗粒度的影响因素。通过分析这些深层次的影响因素，可以辅助企业做好后期的业务规划。

在多个维度下，指标的应用会涉及多个部门，所以在数据分析前期就应该统一指标口径，避免在多部门使用的过程中造成歧义，使后期的数据解读和辅助决策出现混乱。

怎么看数据？

不同于日常的汇报工作，看数据需要从多个维度、多个层面来进行。具体来说，可以以量级、趋势、异常、结构和细分作为切入点，如图 1-2 所示。

量级	看数据的多寡，判断业务情况是否符合预期
趋势	看数据的变化趋势，判断业务发展是否出现波动和异常
异常	看数据是否骤然升降，定位和诊断问题，并发现潜在的机会
结构	看组成、分布、排名、占比及优先级等，了解业务，发现问题
细分	看细分形态，进行分层分类，结合业务与产品形态，推敲背后的含义

图 1-2　看数据的 5 个切入点

法无定法，企业在看数据的时候还需要结合自己所在的行业、所从事的业务和业务发展阶段，做到具体问题具体分析。

1.3.3 分析数据：如何分析数据？

数据分析的终极目的是回归业务本身。如何分析数据，是解决怎么做的问题，其主要有以下几个场景。

场景一：监控业务动态

监控业务动态是基本的分析类型，它是指对业务进行数据分析，形成数据分析报告，提出最基本的判断和思考。这一场景对于数据分析人员的最基本的要求是高效、准确和客观。其主要的步骤如图 1-3 所示。

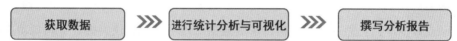

图 1-3　监控业务动态的主要步骤

场景二：分析异常原因

分析异常原因是最常见也是最主要的分析类型。一般来说，异常原因出现了以后，数据分析人员可能会采取两类分析方法：

一类是验证式异常原因分析。在此类场景下，数据分析人员有头绪和思路，大概知道是由什么原因引起的，只需要通过假设进行层层分析，便可找到引起异常的最关键因素。这种分析一般需要业务和分析经验，但是也有可能因为自身的主观判断而忽略了其他的影响因素。其主要的分析步骤，如图 1-4 所示。

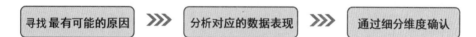

图 1-4　验证式异常原因分析的主要步骤

另一类是探索式异常原因分析。在此类场景下，数据分析人员既没有头绪也没有思路，只能通过数据去探索导致异常的原因。这种分析方法效率较低，但是实操方便，容易上手。数据分析师可以在积累业务感知的基础上，尽可能地使用这种分析方法。其主要的分析步骤，如图 1-5 所示。

图 1-5　探索式异常原因分析的主要步骤

场景三：评估业务效果

评估业务效果也是一类常见的分析。这类分析需要收集并对比原始业务和迭代业务的相关指标数据，或者开展测试实验。同时，它还需要准确的业务指标、对比性较强的数据以及合理的数据模型，并结合实际的业务来做深入的分析。

场景四：发掘业务机会，实现业务增长

这一类分析是数据分析最重要的价值所在，即以数据驱动业务增长。它对于数据分析人员的要求很高。

大部分数据分析人员在工作中主要会用到前两类分析，但也可以大胆地尝试后两类的高阶分析方法。

结果应用：如何应用数据分析结果？

数据分析完成后，应用数据分析结果是一项重要的工作。在通常情况下，对于结果的应用可能会涉及以下 3 个方面。

（1）形成数据分析报告：通过数据分析形成数据分析报告，以便向相关领导和业务部门进行汇报。数据分析报告要根据数据分析结果和业务实际，提出有针对性的改进意见，符合客观实际、有理有据。

（2）形成数据产品：通过数据分析，形成数据产品（如数据仪表板等）和自动化的产品工具，提升数据的使用价值，减少部门之间的沟通成本和协同壁垒。

（3）形成业务策略：通过数据分析，形成一套完整的业务营销策略或者改进方案，提升数据分析结果的价值。这往往是数据分析价值最核心也是最难的方面，对数据分析人员的数据分析和业务实践能力要求非常高。

第 2 章

高效表达：从数据分析到数据可视化

　　众所周知，要做好一桌饭菜，让饭菜看起来有食欲，吃起来可口，不仅要精心挑选食材并掌握烹饪技巧，而且要做好摆盘。如果上一章的内容是挑选食材和烹饪的过程，那么本章的内容——数据可视化就是教你如何进行摆盘。

　　数据可视化既是一门科学，也是一门艺术。它不仅是对数据分析结果的升华，而且是一个科学高效的数据表达方式。所以我们非常有必要学习数据可视化的基本知识和设计规则，以更好地表达数据分析的结果。

2.1 数据分析和数据可视化

数据可视化是数据分析的最终体现，是对数据分析结果的表达，两者相辅相成，不可分离。

2.1.1 数据可视化是什么？

数据可视化是指使用图表、信息图形和其他工具等对数据之间的关系进行展示。在商业活动中，通过使用合适的软件工具对数据进行处理和分析，然后选用特定的可视化图表进行展示，可以让复杂的、抽象的数据更容易被观察和阅读。

2.1.2 从数据分析到数据可视化

人们认识和发展可视化已经有数百年了，这一过程伴随着测量、绘画、航海、工程制图以及统计分析的发展。早在 16 世纪的时候，人类就已经掌握了精确的观测技术和设备，开始采用手工方式制作可视化作品；18 世纪，科学人员就开始使用折线图和柱形图了。由此可见，数据可视化并不是一件新鲜的事物。

1854 年伦敦暴发霍乱。如图 2-1 所示，约翰·斯诺通过研究霍乱死者的日常生活情况，寻找死者的共同行为模式，使用点描法绘制地图描述霍乱病例的聚集情况。根据统计分析，约翰·斯诺发现霍乱与饮用不洁水有关，疫情暴发的根源是供居民使用的自来水受到过废水污染，确定疫情的源头是伦敦宽街上的一个公共水泵。在他的建议下，政府关闭了受污染的水源，遏制了疫情的进一步传播。在约翰·斯诺的伦敦霍乱地图中，线条代表街道，黑色的长条代表所在街区死亡的人数，圆点代表水泵。

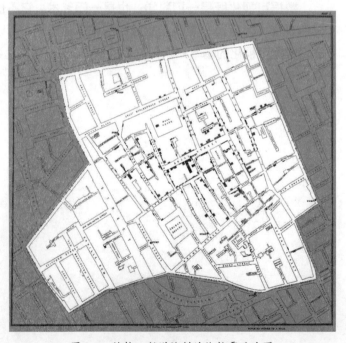

图 2-1　约翰·斯诺绘制的伦敦霍乱地图

从这个例子可以看出，数据可视化是一个非常好的表达数据的工具，可以帮助我们探索数据，发现统计分析发现不了的问题。

从数据到数据分析，再到数据可视化，在探索数据的过程中，我们应该注意什么，是否有章法可循？美国学者邱南森（Nathan Yau）在其著作《数据之美：一本书学会数据可视化设计》中针对迭代数据探索提出 4 个重要的方面，很值得我们学习，如图 2-2 所示。

- 你有什么数据？

- 关于数据你想知道什么？

- 应该使用哪种可视化方法？

- 你看到了什么？有意义吗？

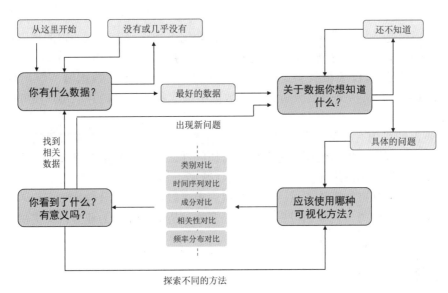

图 2-2　迭代数据探索的过程

从数据到数据可视化，每个环节都是紧密联系的，每个问题的答案都取决于前一个问题。所以在数据的海洋中，你要学会自由地探索。当你对某一个方面产生兴趣的时候，这种兴趣可能会引发你对其他方面的兴趣，这是一个十分有趣的事情。相信你也会爱上数据分析和数据可视化。

另外，数据探索中软件工具的使用也很重要。综合类工具如 Excel、Power BI、Tableau、SPSS、Python 和 R 语言等，既有数据分析的功能，也有数据可视化的功能；SQL 一般常用于数据获取和分析；除此之外，一些在线可视化网站，如花火数图、镝数图表和 kepler.gl 等，也可以帮助我们制作可视化图表。

2.1.3 ＞ 数据可视化与数据仪表板

数据可视化的使用相当广泛。商务活动、新闻传媒、App 及日常生活场景（机动车驾驶、生产生活器械操作等）中随处都有数据可视化的身影。数据可视化不仅包含图表、图像，还包含视频等动态媒介。图 2-3 展示了不同场景下的各类数据可视化，其中图 2-3（a）是麦肯锡咨询报告中的图表，图 2-3（b）是《经济学人》杂志中的图表，图 2-3（c）是手机电量的使用监测图表。

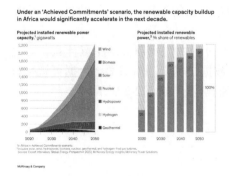
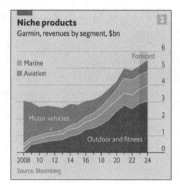
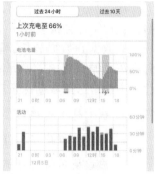

（a）麦肯锡咨询报告中的图表　　（b）《经济学人》杂志中的图表　（c）手机电量的使用监测图表

图 2-3　不同场景下数据可视化的应用

数据仪表板也是数据可视化的一种。它是多种数据可视化元素根据一定的规则进行排列组合而成的交互图表集合，主要用来跟踪、分析和显示数据。

数据仪表板与汽车仪表板类似，能够连接各种不同的指标、数据源、应用程序编程接口（API）和服务等，可帮助数据分析人员从数据中提取相关信息，并以用户友好的方式显示信息。

数据仪表板的作用有：帮助我们快速了解和追踪目标 KPI 是否达成和营销活动是否符合预期；整合各种数据源，提高数据的透明度和可访问性，消除潜在的数据孤岛；实时监控业务状态，迅速针对数据变化做出业务调整；利用 AI 智能工具进行预测分析。

数据可视化让数据更加容易阅读，而数据仪表板可以进一步提升数据可视化效果。通过数据模型和交互方式的应用，让数据可视化能适应多维分析的需要，为业务人员提供了自助式数据分析的新途径。

2.2　数据可视化的设计

数据可视化并不是随意生成图表。一个优秀的数据可视化的核心要义是，快速准确地将想要表达的信息传递给阅读者。这并不是一件简单的事情，我们需要了解一些基本的数据可视化设计知识，再根据自己要表达的信息，加上自己的想象力，不断地实践，才能设计出有吸引力的数据可视化作品。

2.2.1　数据可视化的设计原则

无论是设计一份 PPT，还是设计一份图表或数据仪表板，我们都需要遵循一定的原则。这些原则包括对比、对齐、亲密性和重复。这些是数据可视化设计的基本原则，也是数据仪表板的排版设计原则。只有掌握好这些基本的原则，才能设计出一份优秀的数据仪表板。

对比

对比的目的是突出某个元素或者内容，使得重点信息更容易被阅读者捕捉到。对比原则主要包含大小、字体、明暗和虚实的对比。在数据仪表板设计中，需要重点关注大小和明暗两个方面的对比。

使用大小对比，可以简单有效地突出重点信息。页面中放大的内容不宜过多，重点放大需要突出显示的信息，辅助说明信息稍小即可。图 2-4 展示了同一尺寸的方块在不同大小空间的显示效果。

图 2-4　同样的大小，不同的感受

使用明暗对比也可以起到强调的作用。明暗对比主要通过颜色的深浅来实现。深色表示强调，浅色表示相对不重要。颜色搭配分为单色、双色与多色搭配，它可以表现内容的主次。图 2-5 展示了明暗对比的强调效果。

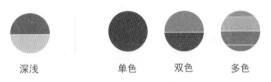

深浅　　　　单色　　双色　　多色

图 2-5　明暗对比的强调效果

合理的对比方式可以让阅读者快速地辨识数据仪表板中各个对比对象之间的异同和重要程度。

对齐

对齐是指参考某个基准将各个元素在相对位置进行统一。对齐可以让各个对象或元素统一有序，以达到版面整齐有序的目的，方便用户快速阅读和寻找信息。在实际操作中，对齐的参考基准很多，可以灵活地选择，对齐是设计数据仪表板中最重要的原则之一，不可忽视。图 2-6 展示了 8 种常用的对齐方式和 2 种分布方式。分布方式是对齐方式的一种特殊形式。

左对齐　　右对齐　　水平居中　　垂直居中　　纵向分布

两端对齐　分散对齐　顶端对齐　　底端对齐　　横向分布

图 2-6　常见的对齐方式和分布方式

亲密性

亲密性是指将相关的元素组织在一起。组织时要符合阅读逻辑，远近距离要符合一定的规则，既不能太远，也不能太近，相关性强的距离近，相关性弱的距离远。亲密性原则可以增强页面的逻辑性、可读性，使版面更集中，更有"呼吸感"。亲密性通过字距、行距、分布、分组以及留白来实现。在数据仪表板设计中，需要重点关注分布、分组和留白。

分布是指按一定的路径将元素进行均匀排列。分组是指按阅读的逻辑将元素进行分割。除线段分割、形状分割以及色彩分割外，按关联性、树形结构等进行分割也是比较常见的排版方式。图 2-7 展示了常见的分布和分组形式。

图 2-7　常见的分布和分组形式

留白是指留出空白，以虚显实，减少版面的压迫感，突出主题。留白能够帮助我们厘清结构，让数据仪表板富有设计感。

重复

重复的目的是达到视觉元素（字体、大小、形状、颜色、空间关系等）的统一、规整，更有条理性。在设计中，颜色和字体的数量都需要控制得当，减少因字体和颜色的滥用而产生的页面混乱和压抑感；各个页面的大小设计得当，大小一致，尽可能地在各个页面中均保持稳定的空间关系。

优秀的设计就像一首优美的散文诗，可让人印象深刻，过目不忘。

2.2.2　数据可视化的图表选择与色彩搭配

数据图表是数据可视化中最重要的部分，不同的数据图表有着不同的使用场景，对此我们又该如何选择？

我在国外专家安德鲁·阿贝拉（Andrew Abela）整理总结的图表选择指南的基础上，结合自身的实践经验，总结出了常用数据图表的使用指南，如图 2-8 所示。这里我们将图表分为比较、分布、构成和联系 4 大类，可以根据变量选择合适的图表。

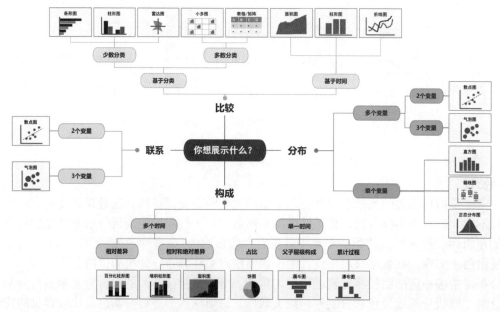

图 2-8　数据可视化图表选择指南

比较关系主要用来展示各个被比较对象的排列顺序、数量和变化趋势。基于分类的常用图表有柱形图、条形图以及这两类图表的细分图表；而基于时间的常用图表有折线图、面积图和柱形图。

分布关系主要用来展示单个变量或者多个变量的频率分布或者变量之间的相关性。基于单个变量的常用图表主要有直方图、箱线图和正态分布图；基于多个变量的图表有散点图和气泡图。

构成关系一般用来展示部分与整体之间的关系。在单一时间下，也就是静态结构下，常用的图表有饼图、漏斗图和瀑布图；在多个时间下，也就是动态结构下，常用的图表有百分比柱形图、堆积柱形图及面积图等。

联系关系主要用来表示两个或者三个变量之间的相关性，其常用的图表有散点图和气泡图。

虽然在 Power BI、Tableau 和 FineBI 等数据分析与可视化软件中，图表的类型很多，但在实践的过程中我们并不会使用过于复杂和不容易理解的新型图表。最常用的经典图表是经过了时间考验的，更容易使报告阅读者在短时间内读懂数据可视化要表达的信息。

在数据可视化过程中，除了要合理选择图表类型之外，确保颜色的搭配合理也非常重要。关于配色，需要注意以下几点。

- 谨慎使用软件自带的主题和配色建议，最好根据具体情况建立稳定的配色方案；
- 整个数据仪表板或者报告颜色数量最好控制在 3~5 种，不宜花里胡哨；
- 根据图表的对比关系来选择颜色方案和明暗控制效果；
- 根据使用场景和主要人群选择颜色搭配方案，比如考虑地域、季节、宗教信仰以及视障人群等因素；
- 参考知名的杂志和数据可视化作品中的色彩使用方法；
- 灵活使用灰色来提升图表和可视化页面的高级感。

以上这些要点都可以帮助我们在数据可视化过程中有效地展示数据和传递信息。除此之外，还需要注意图表与注释、图例、标题以及辅助线等其他元素的配合使用。合理地使用这些图表元素，可以让图表更具可读性，更容易被接受和认可，同时也能体现数据分析人员的专业素养。

2.2.3 数据仪表板的设计步骤

数据仪表板的制作包括 6 个步骤：明确需求、建立指标体系、布局设计和图表选择、建立数据模型、可视化设计以及效果优化。

明确需求

数据仪表板的用途、定位和对应的业务场景不一样，对其需求也是不一样的。在设计时需要换位思考，站在需求方的角度去思考数据仪表板的设计，这是非常重要的。我们可以使用"5W1H"需求分析法来分析数据仪表板的设计需求。

（1）What：数据仪表板的主题、用途和目标是什么？

（2）Who：谁是数据仪表板的使用者，管理者还是业务人员？

（3）Why：为什么要设计数据仪表板？

（4）Where：在什么场景下使用数据仪表板，大屏、PC 端还是移动端，公开查看还是权限查看？

（5）When：数据仪表板的使用时间、频率和使用时长是多少？

（6）How：如何验证数据仪表板的效果，产生了怎样的影响？

通过这样的细化分析，我们能够准确地把握数据仪表板的定位，从而使设计的产品更接地气。

建立指标体系

在建立数据仪表板之前，我们还需要针对需求分析的结果对数据指标进行层级分解和细分，确定目标 KPI 及其对应的子指标，明确指标的计算方式和定义。这样做的目的是帮助我们清楚业务流程和主题场景，明确数据仪表板的分析框架，方便后期进行数据仪表板的迭代与维护。图 2-9 展示了指标体系的建立过程。

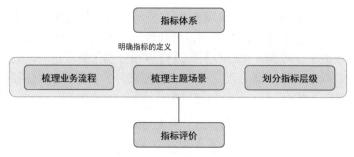

图 2-9　指标体系的建立过程

布局设计和图表选择

数据仪表板的布局设计是非常重要的一个环节。在开发之前，我们需要根据建立的指标体系和基本的分析框架，事先设计数据仪表板的布局草图（也叫原型图）。布局草图的绘制可以使用多种方式，比如在纸上手画，使用 Excel、PPT、Photoshop 等工具来画。布局草图的作用主要是对数据仪表板的布局进行规划，以便合理地规划内容，帮助开发人员在设计时有据可依，确保设计的方向不会走偏。图 2-10 展示了使用 PPT 绘制的数据仪表板的布局草图。

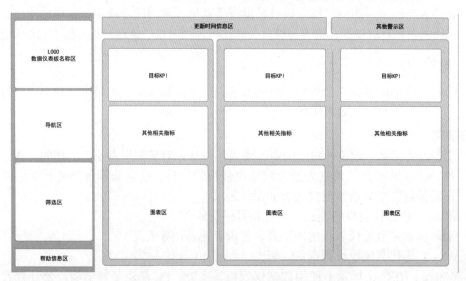

图 2-10　使用 PPT 绘制的数据仪表板的草图

画出数据仪表板的草图后，就可以在规划好的区域中添加展示指标和相应的图表（在 Power BI 中叫视觉对象）了，图表的选择可以参照 2.2.2 小节。这里的布局还并不是真正的排版布局，最终的排版布局在草图的基础上进行调整和改进。

建立数据模型

数据模型是数据仪表板重要的部分之一。建立数据模型是指将业务场景通过数据抽象为数据模型，它直接决定了后面指标的计算难易程度。

创建数据模型首先需要获得数据，然后对数据进行转换和清洗，以确保其符合相应的标准，再将数据逻辑映射到数据模型中（往往通过表间关系的形式来体现），最后创建分析表达式，计算指标体系中的各个指标，为数据可视化设计做好准备。

可视化设计

可视化设计是指将计算的结果使用图表等元素表达出来，将数据逻辑转化为视觉刺激，从而帮助阅读者快速捕捉信息。数据可视化的设计主要包括主题设计、图表设计、辅助信息设计、交互设计和排版设计。进行可视化设计，需要一定的经验积累和审美判断，并不一定需要很专业，但一定要符合阅读逻辑。注重实用性是可视化设计的最基本的要求。

版式整洁、配色合理、交互方式简单高效、图表易读易识、信息呈现详略得当、核心信息辨识度高，是设计可视化仪表板的基本要求。可视化设计就像人的脸面一样，不一定要非常精致，但是一定要干净整洁。

效果优化

数据仪表板设计完成后，还需要对细节作进一步的调整和优化，同时检查仪表板的结果，以达到交付的标准。后期还需要根据需求方的使用反馈以及业务的变化，及时检查、调整、改进和优化。更重要的是，要对数据可视化的设计过程进行复盘，总结优点和不足，以积累经验。

第 3 章

商业智能：从 Excel 到 Power BI

　　大多数人对 Excel 并不陌生，因为它是一个最基本的数据分析和可视化工具，但可能不知道 Power BI 其实脱胎于 Excel。Power Query、Power Pivot、Power View 和 Power Map 等组件最早出现于 Excel 中，而这些组件构成了 Power BI 最核心的功能。由此可见，对于 Excel 用户来说，Power BI 并不是一个新鲜事物。本章将主要介绍 Power BI 的概念、Power BI Desktop 的下载安装和用户界面等基础知识。从本章起，我们正式开始学习 Power BI。

3.1　Excel 作为数据分析的工具

作为最主要和最基本的数据分析和数据可视化的工具，Excel 在我们的日常工作和生活中发挥着重要作用。Power BI 也继承和发展了 Excel 的数据透视表和数据透视图等功能。

3.1.1　数据透视表与数据透视图

数据透视表是 Excel 中最强大的功能之一，数据透视图是其孪生功能。数据透视表简单高效，我们不需要编写 Excel 公式也能完成大量复杂的统计。如图 3-1 所示，只要将明细表中的字段按计算要求放入数据透视表（或者数据透视图）的字段窗格中，并且设置好"值"的计算方式，就能得到想要的结果和图表。

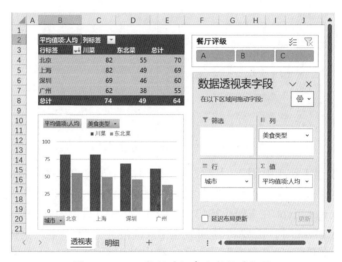

图 3-1　Excel 数据透视表和数据透视图

当我们选取一个或者多个字段作为切片器时，数据透视表和数据透视图还能动态地交互，并且切片器可以控制多个数据透视表和数据透视图。

在 Power BI 中，视觉对象（图表）的使用方法同 Excel 的数据透视表一样，只需要将字段以及编写好的度量值拖放到矩阵和视觉对象对应的窗格中，就可以生成计算结果和图表，对切片器的操作也是如此。所以，Power BI 的很多使用逻辑和 Excel 数据透视表是一样的，后者的操作方法可以轻松地迁移到 Power BI 中。

在 Excel 中，常规的数据透视表（图）因为计算方式、数据源以及图表等的限制，不能进行多表复杂的计算和设计高级的可视化；而在 Power BI 中，使用 Power Query、DAX、数据模型、视觉对象以及其他功能，可以实现更多表、更复杂以及更高级的可视化效果。

3.1.2　超级 Excel：Excel 的 Power 系列功能

Power Query 和 Power Pivot 是 Power BI 的两大主要组件。在 Excel 中，我们也可以使用这两个组件。它们可以使 Excel 变得更加强大。

Power Query 是一个数据获取、转换和加载工具。在 Excel 2010 和 Excel 2013 版本中，需要从微软官方网站下载对应的插件，安装后才能使用。在 Excel 2016 及以后的版本中，Power Query 属于 Excel 的一项内置功能，其功能入口位于 Excel 的"数据"选项卡下的"获取数据"中，如图 3-2 所示。

图 3-2　Power Query 功能入口

Power Pivot 功能是 Excel 中用于创建数据模型和执行强大的数据分析的一个组件，属于内置的加载项。它作为 Excel 的一个重大的革命性的功能，在一定程度上补足了常规的数据透视表的诸多局限性。Power Pivot 在 Excel 2013 及以上的版本中属于内置的加载项功能。

初次使用 Power Pivot 时，需要将其加载至 Excel 的主选项卡中。具体的步骤为：首先在 Excel 中依次选择"文件"→"选项"，然后在弹出的对话框"Excel 选项"的导航菜单中选择"加载项"选项，在右侧底部的"管理"下拉列表中选择"COM"加载项，然后单击"转到"按钮，在弹出的"COM 加载项"对话框中勾选"Microsoft Power Pivot for Excel"复选框，最后单击"确定"就可将 Power Pivot 加载到 Excel 的主选项卡中了。加载后的显示效果，如图 3-3 所示。

图 3-3　加载到 Excel 中的 Power Pivot 选项卡

Power BI 中的 Power Query 和 Excel 中的 Power Query 的绝大部分功能都一样，在使用过程中没有差异；Power BI 中的 Power Pivot 功能及其对应的 DAX 函数更新更快，新功能更多，而 Excel 中的 Power Pivot 及其对应的 DAX 函数更新较慢，功能没有 Power BI 强大，性能也较 Power BI 弱一些。

Excel 中的 Power 功能和 Power BI 中的 Power 功能在各自的使用场景下具有不同的价值，读者可以把两者结合起来使用。

3.2 初识 Power BI

本节内容主要介绍 Power BI 的概念，以及 Power BI Desktop 的下载、安装和操作界面等。

3.2.1 什么是 Power BI？

Power BI 是敏捷商业智能软件中最具影响力的工具之一。

Power BI 是微软公司推出的一款集成了数据连接、数据分析、报表生成和共享功能的商业智能工具，其主要由以下三个部分组成。

💧 Power BI 桌面应用程序（Power BI Desktop）：一款免费的桌面应用程序，可用于连接数据、调整数据并实现数据的可视化效果。Power BI Desktop 每月更新一次，如果需要体验最新的功能，可以在微软官网或者微软应用商店下载更新。

💧 Power BI 在线服务（Power BI Online Service）：一个服务型软件。我们除了可以直接在 Power BI Desktop 中创建报表并发布到 Power BI 服务以外，也可以直接在 Power BI 在线服务中创建报表，从而随时在线查看报告。Power BI 在线服务为我们提供了丰富的功能，比如报告管理、权限管理、报告分享和报告协作等。

💧 Power BI 移动应用（Power BI for Mobile）：适用于 Windows、iOS 和 Android 设备。Power BI 移动应用可以跨终端随时随地查看报告，实现全场景的协作与共享。

除此之外，Power BI 还提供了两个其他元素。

💧 Power BI 报表生成器（Power BI Report Builder）：用于创建要在 Power BI 服务中共享的分页报表。

💧 Power BI 报表服务器（Power BI Report Server）：一个本地报表服务器。我们可以使用 Power BI 报表服务器提供的现成工具和服务，在 Power BI Desktop 中创建、部署和管理 Power BI 报表，并在报表生成器中创建、部署和管理分页报表。

需要注意的是，在本书中如果没有特殊的说明，所提到的 Power BI 是指 Power BI Desktop，特殊情况下会注明具体指向。

3.2.2 为什么选择 Power BI 来作为数据分析和可视化工具？

因为 Power BI 的强大功能使数据分析和数据可视化变得更加容易、快捷和智能，所以越来越多的数据分析人士开始学习和使用 Power BI。具体来说，Power BI 具有以下优势。

💧 Power BI 是公认的商业智能的领导者。

💧 Power BI 融合了微软的多种应用（如 Microsoft 365、OneDrive 以及 Teams 等），并且通过集成 Copilot 功能，显著提升了其智能性和易用性。

◍ Power BI Desktop 免费且继承了 Office 的菜单风格，让我们更快、更轻松地掌握和使用 Power BI，并且它和 Excel、Power Point 一起形成了互联的生态模式，让分析更加方便。

◍ 丰富的数据可视化图表。Power BI 不仅内置了丰富的图表，还提供了丰富的第三方图表（在图表商店中下载）和格式化图表的设置。

◍ Power BI 具有强大的数据获取和分析能力。Power BI 的 Power Query 功能不仅可以支持大多数的数据源，还提供了强大的数据清洗和转换的功能，可以帮助我们快速地清洗和整理各种数据。Power BI 的 DAX（数据分析表达式）提供了高效的计算能力，可以完成各种复杂场景下的计算和分析，并且还能直接作用于图表，即通过 DAX 驱动数据可视化。

3.2.3 Power BI Desktop 如何下载和安装

Power BI Desktop 只支持 Windows 操作系统，且提供了两种方式供用户下载其应用程序的安装包。

方式 1：下载安装包后在本地计算机上安装

步骤 **1** 在浏览器中搜索 "Power BI 下载"，找到微软的 Power BI Desktop 官方下载页面并打开，在 "产品" 菜单下依次选择 "Power BI" → "Desktop" 选项，在打开的页面中选择 "高级下载选项" 后，在打开的页面中选择 "查看下载或者语言选项" 按钮，如图 3-4 所示。

图 3-4　Power BI Desktop 官方下载页面

步骤 **2** 在弹出的页面中选择语言类型为 "Chinese(Simplified)（简体中文）"，然后单击右侧的 "Download（下载）" 按钮，如图 3-5 所示。

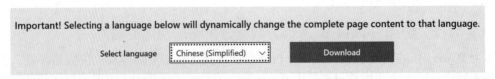

图 3-5　选择 Power BI Desktop 的语言类型

步骤 **3** 在弹出的对话框中选择对应的版本类型，然后单击 "Download（下载）" 按钮即可。如果计算机是 32 位系统，则选择 "PBIDesktopSetup.exe" 安装包；如果是 64 位系统，则选择 "PBIDesktopSetup_x64.exe" 安装包，如图 3-6 所示。

图 3-6　选择 Power BI Desktop 的安装包版本

最后，将下载好的安装包按提示安装到本地计算机后即可使用。

方式 2：通过微软应用商店（Microsoft Store）下载安装

在微软应用商店下载安装时，必须预先准备好微软账号并登录到微软应用商店。在微软应用商店中搜索"Power BI Desktop"，找到对应的项目后，单击"安装"按钮，Power BI Desktop 就会被自动安装到本地的计算机中，如图 3-7 所示。

图 3-7　在微软应用商店中搜索 Power BI Desktop 应用

通过微软应用商店安装的 Power BI Desktop 应用，在计算机的应用程序列表中可以找到，将其添加到桌面快捷方式即可使用。

读者可以根据自己的实际情况进行下载安装，若通过下载安装包后在本地计算机上安装，每月有软件更新时，会收到提示，需要手动重新下载安装包更新；若通过微软应用商店下载安装，则可以自动更新。

3.2.4　Power BI Desktop 的操作界面介绍

由于 Power BI 每月更新一次，所以会有很多功能处于预览阶段。本书在写作时，为了保证大家学习的知识是最新的，打开了 Power BI 的全部预览功能。开启预览功能的步骤为：依次选择"文件"→"选项和设置"→"设置"→"预览功能"，勾选需要的预览功能。

打开 Power BI Desktop 应用时，首先会弹出欢迎界面。欢迎界面会显示设置选项、常见的数据源选项、推荐（Power BI 的基本知识等）以及最近访问的 Power BI 文件等信息，如图 3-8 所示。

图 3-8　Power BI Desktop 的欢迎界面

Power BI Desktop 的主界面主要由功能区、可视化报表区（画布）、视图切换区、窗格切换区、报表类型及页面切换区 5 个模块组成，如图 3-9 所示。

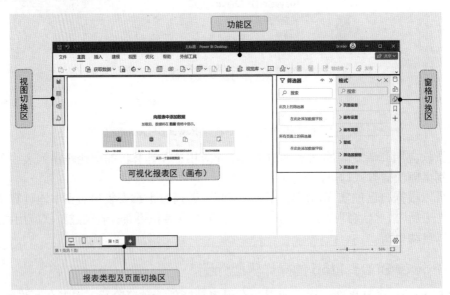

图 3-9　Power BI Desktop 的主界面

功能区：与 Office 的功能区风格一致，主要包括 Power BI 的大部分功能与设置选项。

可视化报表区（画布）：主要用来设计可视化。设计可视化时直接将视觉对象拖放到可视化报表区中即可。

视图切换区：视图切换区主要包含报表视图、表格视图、模型视图和 DAX 查询视图 4 大视图。默认状态下显示的是报表视图。

💧 报表视图: 属于数据可视化的工作区, 主要由画布构成, 在报表视图中可以放置各种需要的视觉对象的相关元素, 如图 3-10 所示。

图 3-10　Power BI Desktop 的报表视图

💧 表格视图: 主要用于查看从 Power Query 中加载的数据源或者使用功能区的创建表等功能创建的报表, 如图 3-11 所示。编写度量值和新建表一般在该视图下完成。

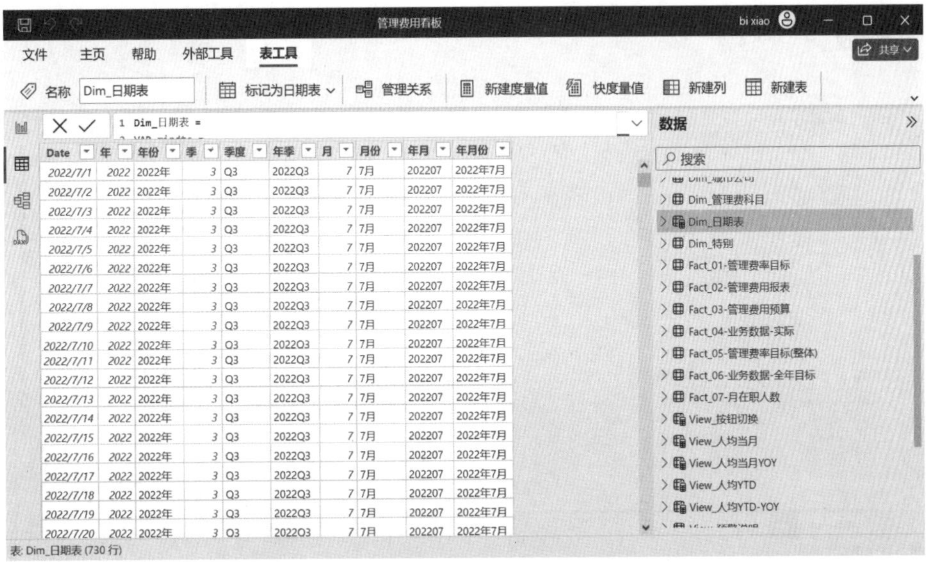

图 3-11　Power BI Desktop 的表格视图

💧 模型视图: 主要用于对数据模型进行管理, 比如关系的创建、删除和修改等, 如图 3-12 所示。

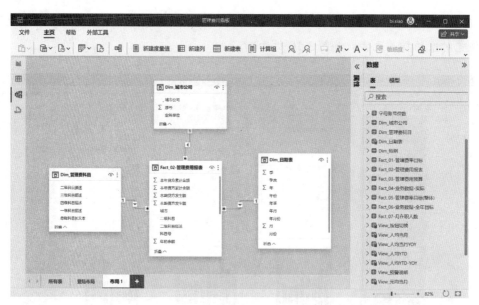

图 3-12　Power BI Desktop 的模型视图

● DAX 查询视图：主要通过编写 DAX 来查询数据。该功能于 2023 年 11 月的版本更新中引入，在本书出版前，该功能仍然处于预览阶段，需要在预览功能选项中勾选方可使用，如图 3-13 所示。

图 3-13　Power BI Desktop 的 DAX 查询视图

窗格切换区：单击窗格切换区中的加号，可以看到数据、生成、格式、Copilot、书签、选择、性能分析器和同步切片器 8 种窗格类型。单击开关按钮可以将需要的窗格添加到右侧状态栏中，这些窗格主要用于可视化的设计，如图 3-14 所示。

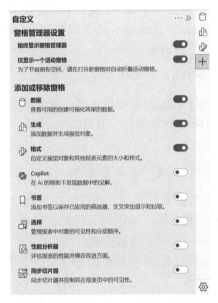

图 3-14　Power BI 的窗格切换区

报表类型及页面切换区：主要用来切换 PC 端的报表设计与移动端的报表设计视图，或者切换、增减报表视图下的页面。

3.2.5　学习 Power BI 要构建全新的知识架构

Power BI 是一个全新的 BI 软件，具有全新的知识体系和架构，主要体现在以下几个方面。

● Power BI 和 Excel 是两个完全不同的体系。

Power BI 虽然沿用了 Excel 的用户界面风格，并且在 Excel 中也内置了 Power Query 和 Power Pivot 功能，但是 Power BI 并没有类似于 Excel 编辑单元格的功能。Power BI 本身就是一个数据库，没有单元格的概念，只有列和表的概念，对数据类型敏感。

● Power Query 和 M 语言是全新的数据清洗工具。

Power Query 不仅有界面操作，还配套有强大的 M 语言。Power Query 也没有 Excel 的单元格的概念，数据操作都是以行、列和表为基本单位，对数据类型和数据结构敏感。M 语言是函数语言，不同于以往的任何语言，不包含 Excel 的函数公式。Power Query 是以查询（链接）的形式获取数据，数据的二次整理和加工都不会影响原始的数据源。

● Power Pivot 和 DAX 语言是全新的建模与分析工具。

Power Pivot 是 Power BI 中用来建立数据模型的工具，主要通过 Power BI 中的表格视图和模型视图来实现。Power Pivot 的数据模型是一个关系型数据模型，通过主键和外键将不同的表建立关系，让其形成一个整体数据库。DAX 语言是驱动数据模型的灵魂，是计算分析的利器，有着超高的效率和能力。虽然 DAX 函数的部分功能与 Excel 相同，但是 DAX 函数与 Excel 函数截然不同。在 Power BI 中，由于在绝大多数的情况下计算和分析是基于数据模型创建的度量值，所以创建自定义列的场景较少。由于数据模型的存在，Power BI 也不会像 Excel 一样需要添加很多辅助列，也很少使用诸如 VLOOKUP 函数和 LEFT JOIN 语句，尽管 DAX 也有类似功能的函数。同样，DAX 表达式也不同于数据库的 SQL 语句，虽然 DAX 也有着强大的查询能力，但是它们并不是一回事。

⬥ Power BI 的数据可视化是 DAX 驱动的可视化。

Power BI 的数据可视化不同于其他的可视化工具，它是基于 DAX 的计算和分析能力的可视化，以数据模型为底座，以 DAX 为发动机，有着高效的牵引能力和优秀的交互能力，所以 Power BI 的灵魂是数据模型与 DAX。

⬥ Power BI 不仅是一款软件，更是一种服务生态。

Power BI 不仅可以用作个人数据分析工具，还可以在企业中部署，从而发挥更强劲的分析能力。Power BI 有着全路径的生态支持，可以同其他的微软服务进行无缝衔接。Copilot 功能的引入，更是极大地提升了 Power BI 的企业级功能。

了解了上面这些内容，相信你已经被 Power BI 强大的分析能力和优秀的可视化能力所吸引。那么到底如何学习 Power BI 呢？

抛弃学习 Excel 或者其他 BI 软件的经历。因为 Power BI 是一个全新的工具，与其他现有的工具均不同，所以在学习 Power BI 之前，最好清空类似的知识体系，从零开始重新学习。

学习 Power BI 的方法有很多，主要包括参阅官方文档、阅读相关书籍、参与论坛问答、关注相关自媒体、参加培训以及使用搜索引擎等。每一种方法都能帮助您获得新知。

学习 Power BI 更重要的是，将理论与实践结合，让工具服务业务。

第 4 章

Power Query 实践：
数据获取、转换与加载

在 Power BI 中，Power Query 的功能是举足轻重的。数据的获取、转换和加载都是由它来完成的。Power Query 不仅能够连接绝大多数类型的数据源，还拥有强大的数据清洗和转换能力。数据获取和转换的常规操作都可以通过 Power Query 编辑器的界面操作来完成，而对于复杂的数据清洗，Power Query 还提供了强大的 M 语言。本章我们将主要学习 Power Query 界面操作方面的知识，以帮助大家快速地获取和转换数据，并将其加载到数据模型中用于分析。如果大家学有余力，可以深入学习 M 语言。

4.1 认识 Power Query

Power Query 的主要功能是获取、转换和加载数据。本节将主要介绍 Power Query 的界面及使用它之前的一些注意事项，以帮助我们快速掌握其功能。

4.1.1 Power Query 界面介绍

Power BI 的报表视图显示了常见的数据获取类型，如图 3-10 所示。通过这几个醒目的类型，可以无感地使用 Power Query，因为此时不会真正地进入 Power Query 编辑器界面中，你所做的一切操作，Power BI 已经隐式地帮你完成了，但是这会存在很多问题，所以你不得不再次进入 Power Query 编辑器中进行转换。

对于已经加载到 Power BI 的数据，进入 Power Query 编辑器的操作路径是，在"报表视图"下，依次选择"主页"→"转换数据"选项，如图 4-1 所示。

图 4-1　Power Query 编辑器的入口

通过报表视图功能区中的"获取数据"按钮和画布上的"从另一个源获取数据→"选项，都可以选择不同的数据源并进入 Power Query 编辑器进行转换。

在默认情况下，Power Query 编辑器主要由 5 大区域组成，分别是功能区、公式编辑栏、查询区、数据区和查询设置区，如图 4-2 所示。

功能区：包含主页、转换、添加列、视图、工具和帮助选项卡，通过各个选项卡中的功能可以实现数据的各种转换和整理。

公式编辑栏：用于编写公式来转换数据。查询的每个应用步骤（查询设置区中的应用步骤）都对应一个公式并显示在公式编辑栏中。当使用功能区的转换数据功能时，也会生成对应的公式。

查询区：用来显示多个数据查询，并可以对数据查询进行分组管理。除此之外，创建的参数和自定义公式也都在这里显示和管理。选中一个查询，单击鼠标右键弹出快捷菜单，可以对查询进行管理和编辑。

数据区：用来显示每个查询的数据。一个查询中包含多个应用步骤，每个步骤都对应一个数据区。在默认情况下，每个查询的结果都是最后一个应用步骤的数据。

查询设置区：主要分为"属性"和"应用的步骤"两部分。属性主要用来修改查询的名称，应用的步骤是指查询处理的每个步骤。删除应用的步骤的方法是单击名称前面的"×"；对指定的应用步骤进行管理时，先选中该应用步骤，然后单击鼠标右键，在弹出的快捷菜单中选择对应的选项即可。

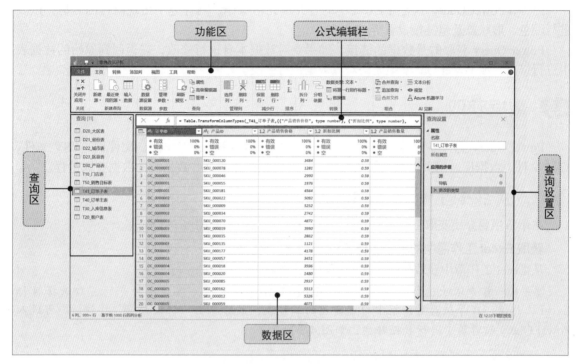

图 4-2　Power Query 编辑器界面

Power Query 编辑器易上手，用户仅需通过界面操作就可以处理很多数据转换和整理任务。

4.1.2　使用 Power Query 前应注意的事项

在正式使用 Power Query 之前，需要对 Power Query 以及相关的选项进行设置，以方便后续使用，并减少数据加载到 Power BI 数据模型时产生的错误。

在 Power BI 的报表视图下或者 Power Query 编辑器中，依次单击"文件"→"选项和设置"→"选项"，打开"选项"设置窗口，进行如下设置。

设置 1：在"数据加载"菜单下的"类型检测"选项中，勾选"从不检测未结构化源的列类型和标题"选项。

设置 2：在"全局"菜单下的"Power Query 编辑器"选项中，依次勾选"查询设置""显示编辑栏""公式编辑栏、高级编辑器和自定义列对话框中启用 M Intellisense"选项。

设置 3：在"当前文件"菜单下的"数据加载"中"关系"选项中，依次取消勾选"在第一次加载时从数据源导入关系""在刷新数据时更新或者删除关系""加载数据后自动检测新关系"选项。

设置 4：在 Power Query 的"视图"选项卡下，勾选"列质量"选项。

Power Query 对于数据类型的统一性要求都比较高，比如时间类型、文本、数值类型等。由于 Power Query 默认在创建查询时会自动检测和修改数据类型，但是这并不可靠，需要按照设置 1 的操作进行关闭；设置 2 显示了常用的便利功能；由于在默认状态下，Power BI 会在加载数据后自动检测和创建关系，为了防止产生不必要的麻烦或模型错误，我们需要设置 3 的操作；设置 4 方便我们观察查询中的每列是否有错误和缺失值等。

另外，Power Query 不支持 Excel 中的合并单元格操作、列标题中出现同样的名称，以及进行颜色、形状以及超链接设置等。

Power Query 获取的是数据的链接，如果要对数据本身进行修改，需返回到原始的数据表中进行修改。在 Power Query 中无法对源数据进行修改。

4.2 数据获取

Power Query 支持多种类型的数据源，其中主要包括 Excel 工作簿、文件夹、CSV 文件、TXT 文件、数据库、网页以及其他数据源。本节将主要介绍这些数据源的数据获取过程。

4.2.1 从 Excel 工作簿中获取数据

本小节主要介绍获取 Excel 中单个工作表和合并结构相同的多个工作表。

获取 Excel 工作簿中的单个工作表

从 Excel 工作簿中获取单个工作表的数据比较简单，具体的步骤如下。

步骤 **1** 首先依次选择"主页"→"Excel 工作簿"选项，然后在打开的窗口选择目标 Excel 工作簿，在导航器对话框中勾选需要的工作表，最后单击"转换数据"按钮，即可进入 Power Query 编辑器中进行数据转换，如图 4-3 所示。

图 4-3　从 Excel 工作簿获取数据

> **注意**　一般情况下，最好不要直接选择"加载"按钮，因为这样可能会导致标题不在标题行，数据类型也不符合数据建模的需要。

步骤 **2** 在打开的 Power Query 编辑器中，如果发现数据标题在第一行，可以单击"主页"选项卡下的"将第一行用作标题"选项，将第一行数据提升为标题行；然后按住"Ctrl"键后，依次选择"销售数量"和"销售金额"列，在"数据类型"选项中选择"小数"，将数据类型从"任意"转换至"小数"，规范数据类型以方便后面的计算，如图 4-4 所示。

步骤 **3** 如果查询名称需要修改，可以在查询区选中查询名称，右键选择重命名，也可以在查询设置区中的名称文本框中输入对应的查询名称。最后单击"主页"选项卡下的"关闭并应用"，就可以将数据加载至 Power BI 的数据模型中。加载完成后可以在"表格视图"和"模型视图"下看到这些数据。

在 Power Query 中，如果要对列进行操作，需要把列选中。不连续多列的选择方法是按住"Ctrl"键不放，依次选中需要的列。连续多列的选择方法是，先选择开始的列，按住"Shift"键不放，再选中结束的列。选择列的方式同 Excel 中选择列的方式是一样的。

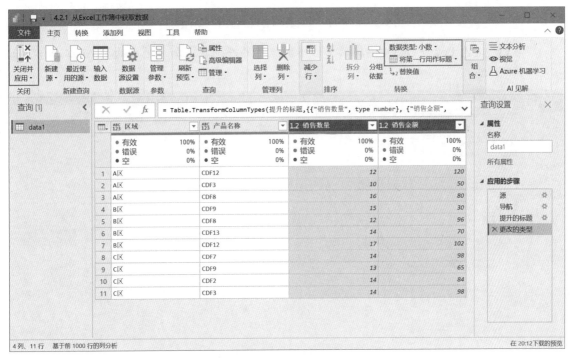

图 4-4　将第一行数据提升为标题行并修改数据类型

如果要将 Excel 工作簿中多个结构相同的工作表进行合并，则不能使用图 4-3 所示的勾选方法，因为单个勾选会加载多个工作表，而不是合并工作表。

合并 Excel 工作簿中的多个数据结构相同的工作表

本例中需要合并的工作表中的数据结构是相同的，第一行为标题行。具体操作步骤如下。

步骤 **1** 参照图 4-3 的步骤，选择要获取的 Excel 工作簿，在导航器对话框中选择 Excel 工作簿的名称，右击选择"转换数据"选项，如图 4-5 所示。

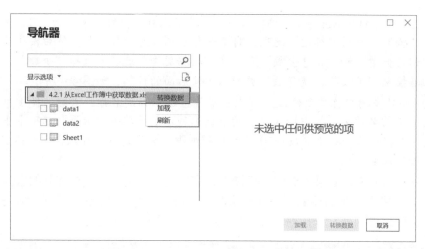

图 4-5　合并同一 Excel 工作簿中的多个工作表

步骤 ❷　进入 Power Query 编辑器中，当前选中的查询就是加载进来的 Excel 工作簿，如图 4-6 所示。

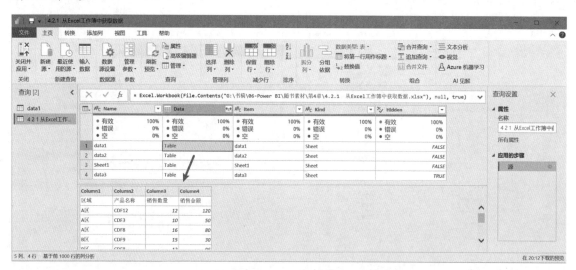

图 4-6　加载到 Power Query 中 Excel 工作簿

加载的每一行就是一个工作表对应的属性。其中，"Data"列中的每一个"Table"里都是工作表的数据，选中后会显示数据；"Item"是工作表的标签名称；"Kind"显示的是工作表的属性；其下"Sheet"是工作表；"Hidden"是指隐藏属性；其下"TRUE"是指没有被隐藏，而"FALSE"则表示隐藏。

步骤 ❸　从图 4-6 中可以看出，每个 Table 中的表的标题行在第一行，需要提升一下。操作的方法是，修改图 4-6 的公式编辑栏中的第二个参数 null 为 true 就可以了，如图 4-7 所示。

Excel.Workbook 是解析 Excel 工作簿的 M 函数，其第二个参数如果是 true 时，则会将第一行提升为标题。该种情况适应于只有单行标题的数据。对于包含多行标题的数据，需要使用 Power Query 的其他功能将其处理成单行标题。

图 4-7　修改 Excel.Workbook 函数的参数将第一行提升为标题

[步骤 4] 在合并前删除其他不需要的工作表，这里需要合并的工作表是 data1 和 data2。删除的方法：在"Item"列的下拉按钮中，只勾选"data1"和"data2"，如图 4-8 所示。

在 Power Query 中，如果要删除不需要的行，可以在相应列的下拉列表中取消已经勾选的选项即可。

图 4-8　取消勾选不需要的行

[步骤 5] 选中"Data"列，单击鼠标右键，在快捷列表中选择"删除其他列"选项，从而只保留"Data"列，删除其他不需要的列。

[步骤 6] 单击"Data"列的扩展按钮"⊞"，在对话框中取消勾选"使用原始列名作为前缀"选项，然后单击"确定"按钮，就可以将数据合并和展开，如图 4-9 所示。

原始列名作为前缀会增加列名的长度，不建议勾选。扩展按钮"⊞"是用来按照行或列的方向展开数据的。比如，Table 类型的展开就是行和列的同时扩展，此处只作了解。

[步骤 7] 为当前的查询进行重命名，上载到数据模型中，完成数据的合并。结果如图 4-10 所示。

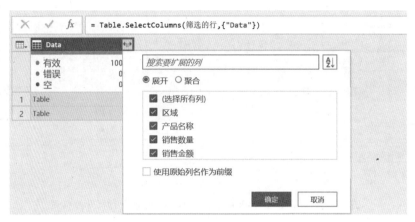

图 4-9　单击扩展按钮展开数据

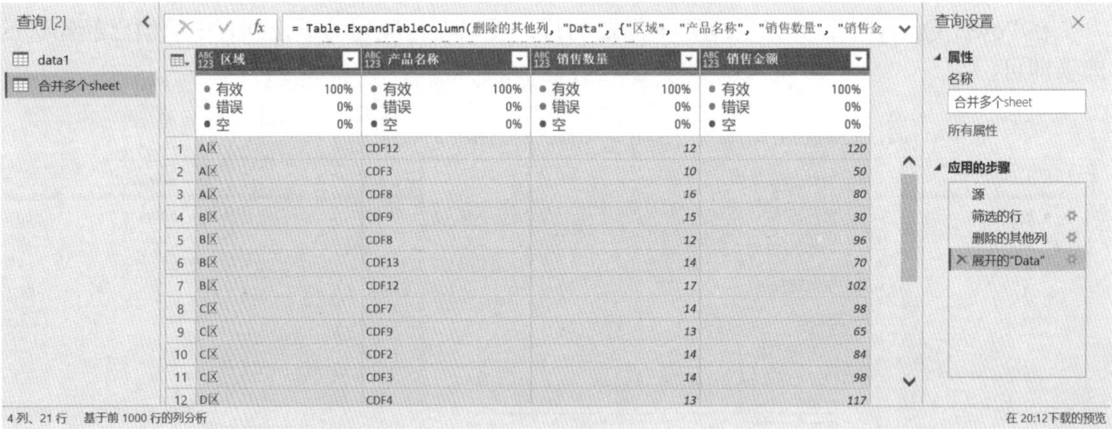

图 4-10　合并 Excel 中多个工作表的结果

从 Excel 工作簿中获取单个工作表或多个工作表时，可能遇到的情况会比较多，场景也各不相同，但是大致的思路是一样的。

4.2.2　从文件夹中获取并合并多个 Excel 工作簿

如果一个文件夹有很多个数据结构相同的 Excel 工作簿，在加载到 Power BI 中时，需使用 Power Query 功能先将它们合并成一张表，才能加载到数据模型中。具体操作步骤如下。

步骤 **1**　依次选择"主页"→"获取数据"→"更多"选项，在"获取数据"对话框中选择"文件夹"选项，单击"连接"按钮，如图 4-11 所示。

步骤 **2**　在打开的对话框中选择要合并的文件夹，然后单击"确定"按钮。

步骤 **3**　在打开的对话框中选择"转换数据"按钮，进入 Power Query 编辑器中，数据区显示了每个 Excel 工作簿的属性。其中，"Content"列是数据所在的列，该列中"Binary"是 Excel 工作簿的二进制形式，如图 4-12 所示。

虽然在"转换数据"按钮旁边的"组合"下拉选项中有关于"合并数据"的按钮，但不建议使用该功能。因为 Power Query 在合并数据的同时，会生成更多的自定义函数和步骤，这并不适合大多数场景，并且还会干扰我们处理其他的查询。

图 4-11　合并文件夹中的多个 Excel 工作簿

	Content		Name		Extension		Date accessed		Date modified		Date create
	● 有效	100%	● 有效	100%	● 有效	100%	● 有效	100%	● 有效	100%	● 有效
	● 错误	0%	● 错误	0%	● 错误	0%	● 错误	0%	● 错误	0%	● 错误
	● 空	0%	● 空	0%	● 空	0%	● 空	0%	● 空	0%	● 空
1	Binary		1月.xlsx		.xlsx		2023/12/22 19:39:53		2023/12/22 19:39:53		2023/
2	Binary		2月.xlsx		.xlsx		2023/12/22 19:39:39		2023/12/22 19:39:39		2023/
3	Binary		3月.xlsx		.xlsx		2023/12/22 19:40:45		2023/12/22 19:40:45		2023/

= Folder.Files("G:\书稿\06-Power BI\随书素材\第4章\4.2.2\销售明细表")

1月.xlsx
10920 bytes

图 4-12　文件夹中的 Excel 工作簿的二进制形式

步骤 4　使用 Excel 工作簿的 M 函数 Excel.Workbook 将每个 Excel 的 "Binary" 二进制形式解析成数据，注意区分大小写。依次选择 "添加列" → "自定义列" 选项，在打开的对话框中的 "自定义列公式" 中输入公式 "=Excel.Workbook([Content],true)"，然后单击 "确定" 按钮，如图 4-13 所示。Power Query 会在最后一列添加一个自定义列，每一个值是 "Table"，里面就存放了每个 Excel 工作簿中的数据。

步骤 5　单击 "自定义" 列的扩展按钮，在出现列表中只勾选 "Data" 选项，不勾选 "使用原始列名作为前缀" 选项，然后单击 "确定" 按钮，这样 "自定义" 列的每一行中的 "Table" 就解析成了每一个工作簿中的数据，如图 4-14 所示。

步骤 6　选择 "Data" 列，单击鼠标右键在快捷菜单中选择 "删除其他列" 选项。

步骤 7　单击 "Data" 列的扩展按钮，不勾选 "使用原始列名作为前缀" 选项，勾选需要的列，单击 "确定" 按钮，完成初步转换。

步骤 **8** 对需要转换类型的列设置合适的数据类型后上载到 Power BI 中。

图 4-13 添加自定义列解析 Excel 工作簿

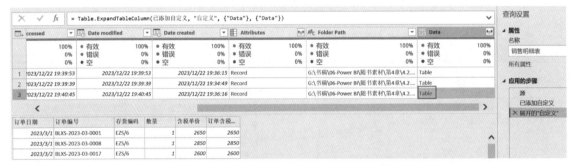

图 4-14 扩展"自定义"列后得到 Excel 工作簿中数据

如果 Excel 工作簿中有多个工作表，需要在第 5 步解析 Excel 工作簿后，将不需要的工作表筛选掉。合并文件夹中的 Excel 工作簿，可能存在很多不确定性，所以在合并的时候要根据具体的情况修正合并的方法。

另外，在 Power Query 中还有一个"合并文件"按钮。在本例中，也可以使用该功能来合并文件，但是并不推荐这样做。因为该方法会生成很多不必要的查询和步骤，并且如果要合并的 Excel 工作簿并不是十分规则，极有可能会导致数据的合并出错。

4.2.3 从文本或 CSV 格式文件获取数据

文本和 CSV 格式的文件使用也比较广泛。使用 Power Query 从文本或 CSV 格式文件中获取数据的具体步骤如下。

步骤 **1** 在 Power BI 的报表视图中，依次选择"主页"→"获取数据"→"文本/CSV"选项，在打开的对话框中选择需要加载的文件。

步骤 **2** 在打开的对话框中，Power Query 会自动检测"文件原始格式""分隔符"和"数据类型"等，但用户需要根据数据实际情况来判断检测结果是否合适。如果数据没有正常显示，则需要选择合适的选项，检查无误后单击"转换数据"按钮，进入 Power Query 编辑器，如图 4-15 所示。

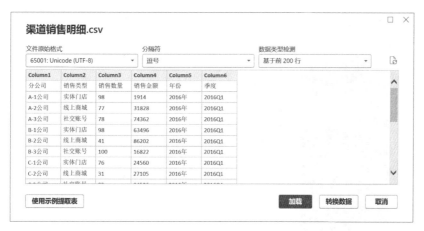

图 4-15　使用 Power Query 获取"文本 /CSV"格式文件

步骤 ❸　在 Power Query 编辑器中单击"将第一行用作标题"选项，提升标题。

步骤 ❹　调整各列的数据类型后上传到 Power BI 中。

4.2.4　从数据库获取文件

从数据库中获取数据是 Power BI 的最重要的场景之一。本小节以本地 MySQL 数据库为例，介绍从数据库获取数据的具体步骤。

步骤 ❶　在报表视图下，依次选择"主页"→"获取数据"→"更多"→"数据库"→"MySQL 数据库"选项，然后单击"连接"按钮。

步骤 ❷　在打开的对话框中，分别填入"服务器""数据库"参数，最后单击"确定"按钮。如果在加载数据前需要对数据进行过滤，可以在"SQL 语句"对话框中编写 SQL 语句，以过滤不需要加载到 Power Query 中的数据；如果不填写 SQL 语句，导航器窗口将会列出所有数据库中的表，此时根据需要自行选择想要加载的表即可，如图 4-16 所示。

图 4-16　使用 Power Query 获取 MySQL 数据库中的数据

步骤 **3** 打开身份验证对话框,在"数据库"选项下分别填写"用户名"和"密码"后,单击"连接"按钮,如图 4-17 所示。

图 4-17 连接 MySQL 数据库时进行身份验证

步骤 **4** 在弹出的数据预览窗口中选择"转换数据"按钮,进入 Power Query 编辑器。

步骤 **5** 根据需要设置列的数据类型并对查询进行命名等其他设置,最后上传到 Power BI 中。

Power Query 从其他数据库中获取数据的步骤与上述基本相同,这里不再作过多赘述。

4.2.5 其他数据源的数据获取

除了前面几小节介绍的常见的数据源类型以外,Power BI 还支持几类常见的数据源类型,包括文件、数据库、Microsoft Fabric、Power Platform、Azure、联机服务以及其他类型,并且都提供了连接向导,用户只要按提示进行操作即可。

Power BI 中还提供了通过"输入数据"来创建表的方法。步骤为,依次选择"主页"→"输入数据"选项,在打开的窗口中输入数据或者一次性粘贴已经复制的数据。通过输入数据建立的查询是直接以编码的形式存在于 Power BI 中的。

4.3 数据转换与清洗

数据转换与清洗是数据获取以外最重要的一个环节,数据质量的高低将直接决定分析的效率和质量的高低。本小节将主要介绍 Power Query 中常见的数据转换与清洗的操作方法。

功能说明:Power Query 编辑器的"转换"和"添加列"选项卡下面的许多功能名称是一样的,但用途不同。比如,在"转换"选项卡下单击"日期"按钮,会在原有列上进行转换,而在"添加列"选项卡下单击该按钮,会新增一列来显示结果。这一点非常重要。在 Power Query 编辑器中,请始终记住,"转换"选项卡下结果列是覆盖原列,"添加列"选项卡下结果列是新增列,不覆盖原列。在实际操作过程中,根据需求进行选择即可。

4.3.1 数据类型的转换

Power Query 是强数据类型的工具,对数据类型比较敏感,可支持以下几种数据类型。

- 数值类：定点小数、整数、百分比。
- 日期时间类：日期 / 时间、日期、时间、日期 / 时间 / 时区、持续时间。
- 其他分类：文本、布尔值（True/False）、二进制。
- 空值为 null，双引号的空值是假空，并不等于 null。

Power Query 中列的数据类型的转换方法：选中数据类型相同的列（单列或多列），然后在"主页"选项卡下的"数据类型"下拉选项中选择合适的数据类型。不同类型的列不能一次性设置，而是需要进行多次操作来完成（M 公式除外）。

一般情况下，导入 Power Query 的数据在没有设置自动检测数据类型时，数据类型为任意，此时需要分别设置列的数据类型，以免计算时报错。另外，在 Power Query 中进行计算时必须确保数据类型统一，否则将无法进行计算。例如，连接两个值，一个是数值，一个是文本，必须将数值转换成文本。

日期 / 时间格式文本类型转换成日期类型，需要先将前者转换成日期 / 时间类型，再将转换后的结果转换成日期类型，不能一次性转换。持续时间的格式是 #duration（天、时、分、秒），通常用来给一个日期或日期 / 时间类型加上或者减去指定的持续时间。

4.3.2 文本格式转换

Power Query 中的文本格式转换设置有：英文字母大小写转换、修整、清除、添加前缀、添加后缀，如图 4-18 所示。

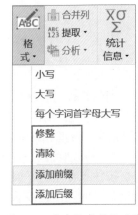

- 修整：删除选中列中的文本字符串中的所有前导空格和尾随空格。
- 清除：删除选中列中的文本字符串中的非打印字符。
- 添加前（后）缀：在选中列的文本字符串的开头（结尾）添加指定的字符。

以"修整"功能为例，删除"内容"列中字符串开头和结尾的空格，操作步骤是，选中"内容"列，依次选择"转换"→"格式"→"修整"选项，如图 4-19 所示。

图 4-18　文本格式转换功能

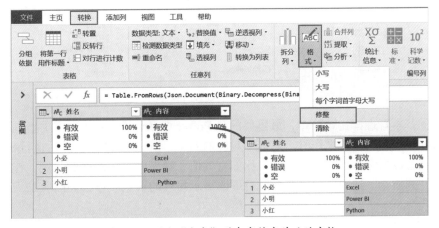

图 4-19　删除"内容"列中字符串前后的空格

其他功能的操作同"修整"功能的操作是一样的，读者可自行参考上述步骤实践。

4.3.3 行和列的管理

行和列的管理涉及的内容较多，主要有：行与列的基本管理，重复值、替换值与错误值、空值的处理，以及添加新列操作。这些基本的数据清洗功能可以迅速地提升数据的质量。

行与列的选择、删除、移动和重命名

选择也叫保留，选择的反向操作是删除。

选择需要的行，删除其他不需要的行有两种方式：一种方式是在每一列的下拉按钮中勾选不需要的项目，或者按筛选条件保留需要的行，删除不需要的行；另一种方式是使用"主页"选项卡下的"保留行"与"删除行"选项。这两种方式可以根据需要进行选择，如图 4-20 所示。

图 4-20　行的选择与删除

列的选择与删除也是互为相反的操作。可以使用"主页"选项卡下的"选择列"与"删除列"选项，也可以选中需要保留或者删除的列，单击鼠标右键，然后在弹出的快捷菜单中执行"删除列"或"删除其他列"操作，如图 4-21 所示。

列的移动可以在"转换"选项卡下的"移动"菜单中操作，也可以直接选中需要移动的列，按住鼠标左键不放，拖放到指定的位置后松开鼠标。列的重命名，最简单的方式是选择需要重命名的列，直接双击标题名称进行修改。

图 4-21　列的选择与删除

行和列的基本管理都比较简单，最重要的是 Power Query 基于列的数据类型提供一组上下文转换和选项，在对列进行操作时，要选中对应的列（单击标题即可），然后执行相应的操作。

如果要查看数据中每列的数据质量，比如有效值、缺失值和错误值的比例，在"视图"选项卡下勾选"列质量"选项，即可在标题行下面显示每列的数据质量，如图 4-22 所示。

图 4-22　勾选"列质量"检测每列的数据质量

重复值的处理

重复值的处理分为保留重复值和删除重复值，主要是对行的操作。其操作功能位于"主页"选项卡下的"保留行"和"删除行"中，或者单击鼠标右键，在快捷菜单里选择与重复值处理相关的选项进行操作，如图 4-20 所示。

以删除重复项为例，如果选中一列或多列，则以选中的列为依据来删除表中的重复值；如果要删除全部列的重复值，则需要全选整个表的列，然后执行"删除重复项"功能。

如图 4-23 所示，以产品分类和产品编号为依据，删除重复值，保留唯一值，具体操作为，选中"产品分类"和"产品编号"列，然后依次单击"主页"→"删除行"→"删除重复项"选项。

同样，在"保留行"选项中，还可以保留重复值，删除唯一值。需要注意的是，删除重复项时，Power Query 默认保留最后一次出现的重复值，删除前面而非第一次出现的重复值。

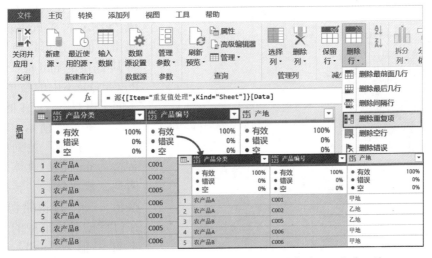

图 4-23　以产品分类和产品编号为依据，删除重复值，保留唯一值

替换和错误值的处理

替换分为两类：一种是替换值，另外一种是处理错误值。替换值的功能在"转换"选项卡下的"替换值"菜单。

如图 4-24 所示，将"产品分类"列中的"A"替换成"S"，操作步骤：选中"产品分类"列，依次选择"转换"→"替换值"选项，在打开的对话框中，按图中所示进行填写，然后单击"确定"按钮。

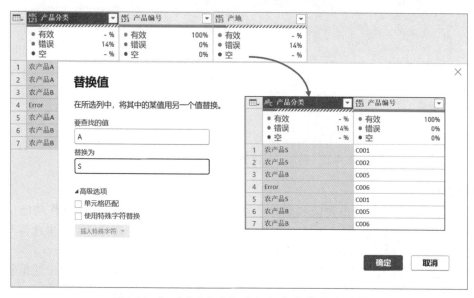

图 4-24 把"产品分类"列中的"A"替换为"S"

需要注意的是，如果要按单元格匹配替换，也就是说将"农产品 A"整个单元格的值，而非部分字符替换成"S"，则需要勾选"高级选项"中的"单元格匹配"复选框。

从 Excel 工作簿中导入数据时，如果表中本身存在如"#/NA"这样的错误值时，那么在 Power Query 中也会显示错误值（Error）。另外，在 Power Query 中的操作也会导致错误值的产生。除了在数据源中调整错误值"#/NA"，在 Power Query 中删除错误值，还可以使用替换功能将其替换为 null 值。null 值是指 Power Query 中的空值，是真空，不同于由双引号产生的假空。

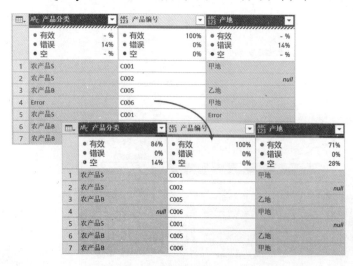

图 4-25 把错误值替换为 null 值

如图 4-25 所示，将"产品分类"和"产地"两列中的错误值替换为 null 值的具体步骤：选中两列，依次选择"转换"→"替换值"→"替换错误值"选项，在打开的对话框中的"值"的文本框中输入"null"，最后单击"确定"按钮。

null 值的处理与填充列中的 null 值

null 值比较常见，表示该单元格中没有数据。列中 null 值的处理方式：如果该行值在数据计算时不需要，那么可以在这一列的下拉按钮中勾选掉 null 项；如果整行的值都是 null，可以使用"删除行"选项下的"删除空行"来删除该行。

另外，从 Excel 导入数据时可能因合并单元格而产生 null 值，而 Power Query 本身不支持合并单元格，加载到编辑器后，合并单元格会自动被拆分，合并单元格中的值一般会放置于左上角的第一个单元格。类似的问题可以使用"转换"选项卡下的"填充"功能来解决，该功能按方向分为向下填充和向上填充。

如图 4-26 所示，对"产品分类"和"产地"列执行向下填充，操作步骤：选中"产品分类"和"产地"列，依次选择"转换"→"填充"→"向下"选项。

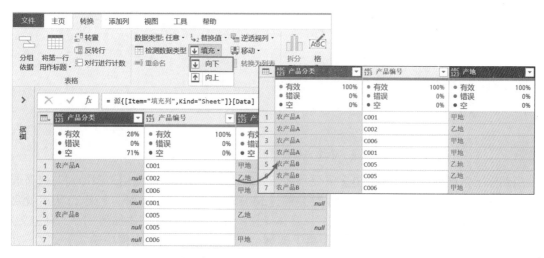

图 4-26　对"产品分类"和"产地"列执行"向下"操作

添加新列

添加新列的操作在选项卡"添加列"下完成。在该选项卡下，所有的操作都会添加一个新列。最常用的添加列的操作是"条件列"与"自定义列"。

如图 4-27 所示，在表中添加新列"上架天数类型"，判断上架天数的范围。分类规则：上架天数超过 10 天的为"A 类"，上架天数在 5 天至 10 天的为"B 类"，否则为"C 类"。

	ABC 123 产品编号		1 2 3 上架天数		ABC 123 上架天数类型	
	● 有效	100%	● 有效	100%	● 有效	100%
	● 错误	0%	● 错误	0%	● 错误	0%
	● 空	0%	● 空	0%	● 空	0%
1	C001			2	C 类	
2	C002			6	B 类	
3	C005			6	B 类	
4	C006			15	A 类	
5	C001			9	B 类	
6	C005			11	A 类	
7	C006			1	C 类	

图 4-27　添加新列"上架天数类型"

具体的操作步骤：依次选择"添加列"→"条件列"选项，在打开的对话框中，选择和输入相关的参数，最后单击"确定"按钮，如图 4-28 所示。

图 4-28　通过"条件列"功能添加一个新列

当然除了条件列以外，还有更多需要添加新列的情况，其都可以使用"添加列"选项卡下的"自定义列"选项来完成，该选项主要是通过 M 函数来完成的。比如，上架 20 天后就要下架，添加一个新列"距离下架剩余天数"。具体操作步骤：依次选择"添加列"→"自定义列"选项，在打开的对话框中输入列名"距离下架剩余天数"，在公式文本框中输入公式"= 20 – [上架天数]"，最后单击"确定"按钮，如图 4-29 所示。

图 4-29　通过"自定义列"功能添加一个新列

4.3.4 从日期列中提取对应的日期元素

日期的应用是一个非常常见的场景。在"转换"和"添加列"选项卡下，都包含"日期"选项，我们可以使用这些功能从一列日期中提取对应的日期元素，如图 4-30 所示。

图 4-30 "添加列"选项卡下的"日期"选项

以"添加列"为例，为"日期"列分别添加如图 4-31 所示的日期元素列，操作步骤是，确保"日期"列已经被转换为日期类型，选中"日期"列，在"添加列"选项卡下的"日期"选项列表中分别选择对应的选项。

日期	年	月份	季度	一年的某一周	星期几
● 有效 100% ● 错误 0% ● 空 0%	● 有效 100% ● 错误 0% ● 空 0%	● 有效 100% ● 错误 0% ● 空 0%	● 有效 100% ● 错误 0% ● 空 0%	● 有效 100% ● 错误 0% ● 空 0%	● 有效 100% ● 错误 0% ● 空 0%
2022/10/1	2022	10	4	40	星期六
2022/11/12	2022	11	4	46	星期六
2023/1/15	2023	1	1	3	星期日
2023/2/28	2023	2	1	10	星期二
2023/5/1	2023	5	2	19	星期一
2023/8/1	2023	8	3	32	星期二
2023/10/10	2023	10	4	42	星期二
2024/1/20	2024	1	1	3	星期六
2024/5/15	2024	5	2	20	星期三

图 4-31 对"日期"列提取相应的日期元素

提取日期列的日期元素，可以很方便地制作出一个日期表。日期表是 Power BI 数据模型中的一个维度表，其创建的方法有很多，上述从 Power Query 的"日期"列中提取是创建日期表的方法之一。

4.3.5 列的合并、拆分与字符提取

本小节主要介绍将多列合并为一列，一列拆分为多列或者多行，以及从一列中提取需要的内容。这些都是在数据转换中经常用到的知识点。

多列合并为一列

为了便于理解，以下内容都是利用"添加列"选项卡下的功能来完成的。如果需要覆盖原列，可以选择"转换"选项卡下的功能。

如图 4-32 所示，将中文名和英文名使用空格连接起来，形成中英文名的新列，具体操作步骤为，选中"中文名"列和"英文名"列，依次选择"添加列"选项卡→"合并列"选项，在弹出的对话框下的"分隔符"中选择"空格"，"新列名（可选）"中输入"中英文名称"，最后单击"确定"按钮，如图 4-33 所示。

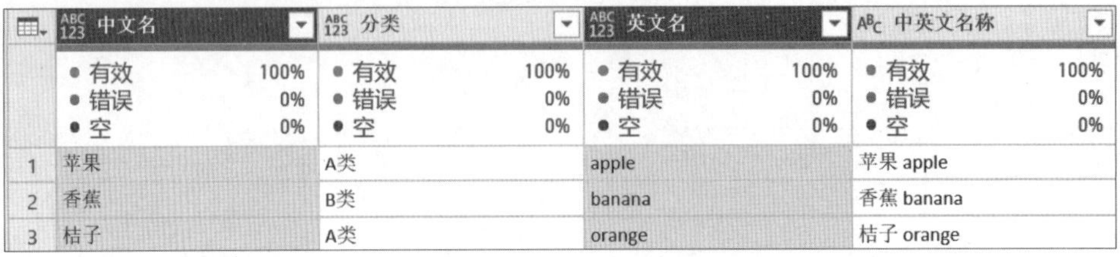

图 4-32　合并两列形成新的列

图 4-33　合并列的设置

合并列时，两列必须是文本类型。当两列不是文本类型时，Power Query 会自动把非文本类型转换为文本类型。分隔符列表中不仅提供了常见的分隔符，还允许用户自定义分隔符。

一列拆分为多列或者多行

"拆分列"功能属于覆盖原列的操作，所以只有"转换"选项卡下才有该功能。"拆分列"功能提供了 7 种拆分方式，如图 4-34 所示。

图 4-34　拆分列的 7 种方式

下面以最为常用的"按分隔符"功能来介绍具体的拆分方法。

如图 4-35 所示，将"成员"列按分隔符"、"拆分成多列的具体操作步骤是，首先选中"成员"列，然后依次选择"转换"选项卡→"拆分列"→"按分隔符"选项，在弹出的对话框下的"选择或输入分隔符"中选择"自定义"，在对应的文本框中输入"、"，"拆分位置"默认选择"每次出现分隔符时"，"高级选项"中"拆分为"选择"列"（默认为列），"要拆分为的列数"会自动判断并生成对应的列的数量，最后单击"确定"按钮，如图 4-36 所示。

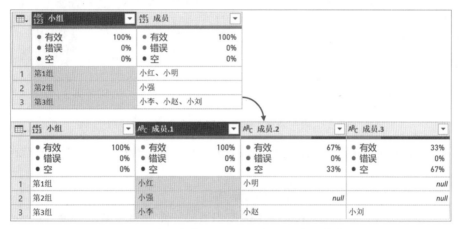

图 4-35　将"成员"列按分隔符"、"拆分成多列

按分隔符拆分列

指定用于拆分文本列的分隔符。

选择或输入分隔符

--自定义--

、

拆分位置
○ 最左侧的分隔符
○ 最右侧的分隔符
● 每次出现分隔符时

▲ 高级选项
拆分为
● 列
○ 行

要拆分为的列数
3

引号字符
"

☐ 使用特殊字符进行拆分

确定　取消

图 4-36　按分隔符拆分列的设置

在进行按列拆分时，Power Query 会根据原列自动对拆分出来的新列添加序号并进行命名。用户也可以根据需要自行对新列进行重命名。

使用换行符、制表符等特殊符号时，可以勾选"使用特殊字符进行拆分"，再选择相应的换行符的选项。

有时，我们需要按分隔符将数据拆分为多行。这时只需要在图 4-36 所示的"高级选项"中将"拆分为"的选项选择为"行"即可，这样数据会在行的方向（垂直方向）扩展，如图 4-37 所示。

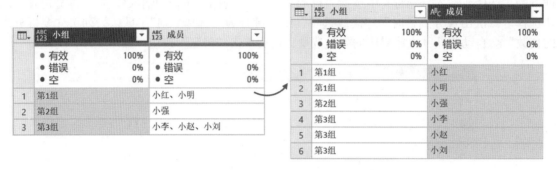

图 4-37　将"成员"列按分隔符"、"拆分成多行

拆分列，不管是拆分成列还是行，一次都只能选择一列进行拆分，不能同时选择多列进行拆分。

从文本中提取内容

图 4-38　提取功能的 7 种类型

从文本中提取内容是一个非常重要的功能。Power Query 的提取功能类似于 Excel 中的 LEFT、RIGHT 和 MID 等截取函数，但是前者的功能更加强大。提取功能在"转换"和"添加列"选项卡下面都有按钮。图 4-38 显示了提取内容的 7 种功能。

为了让读者更容易对比，以下的案例使用"添加列"选项卡下的"提取"功能。

这里以提取"分隔符之间的文本"选项为例，提取"编号"列中的第 2 个分隔符和第 3 个分隔符之间的文本内容，如图 4-39 所示。

ABC 123 编号		ABC 分隔符之间的文本	
● 有效	100%	● 有效	100%
● 错误	0%	● 错误	0%
● 空	0%	● 空	0%
1　BLXS-AS-05-0018-Y		05	
2　BLXS-DF-01-0027-N		01	
3　BLXS-NR-07-0033-Y		07	
4　BLXS-JF-01-0034-Y		01	
5　BLXS-KF-06-0035-Y		06	
6　BLXS-QT-02-0039-N		02	

图 4-39　提取"编号"列中的第 2 个分隔符和第 3 个分隔符之间的文本

具体的操作步骤：选中"编号"列，依次选择"添加列"→"提取"→"分隔符之间的文本"选项，在打开的对话框中进行设置，在"开始分隔符"和"结束分隔符"中输入"-"，在"高级选项"中输入能定位分隔符的数字，如图 4-40 所示。

分隔符之间的文本

输入标记要提取内容的开头和结尾的分隔符。

开始分隔符

-

结束分隔符

-

◢ 高级选项
扫描开始分隔符

从输入的开头

要跳过的开始分隔符数 ⓘ

1

扫描结束分隔符

从开始分隔符，到输入结束

要跳过的结束分隔符数 ⓘ

0

确定　取消

图 4-40　提取分隔符之间的文本的设置

以第一行的"BLXS-AS-05-0018-Y"为例，从左向右开始（输入的开头）跳过第 1 个分隔符"-"，所以得到"-05-0018-Y"。将跳过的结束分隔符的数量设置为 0，即再不路过任何分隔符，最后提取从左向右的两个分隔符之间的内容，得到"05"。

提取的功能十分强大，设置的选项也很多，读者可以根据具体的场景选择合适的选项提取文本。

4.3.6 ▷ 透视列与逆透视列：一维表与二维表的相互转换

透视列与逆透视列是 Power Query 中两个非常重要的功能，使用这两个功能可以完成一维表与二维表的相互转化。那到底什么是一维表和二维表呢？

如图 4-41 所示，左侧的表是一维表，右侧的表是二维表。

一维表是指每个字段都是事物的属性，而不是具体的形态。比如，左侧表中的类型一列，是对应的"姓名"列的属性，而不是其具体的形态。二维表的部分字段是事物的形态而不是属性。比如，右侧表中的 A 类和 B 类都是对应的姓名的同一种属性的不同形态。一维表和二维表没有好坏之分，只是在不同的场景有不同的优势。

在 Power BI 中，无论是模型的创建、DAX 表达式的编写还是数据可视化，都更加适合使用一维表。

姓名	类型	奖金
小明	A类	100
小明	B类	200
大卫	A类	300
大卫	B类	120

姓名	A类	B类
小明	100	200
大卫	300	120

图 4-41　一维表与二维表

透视列

透视列功能位于“转换”选项卡下。透视列功能类似于 Excel 中的透视表，比如对每个人的值班时长求和，将值班日期置于列上，如图 4-42 所示。

	姓名	性别	值班日期	时长/h
	有效 100% 错误 0% 空 0%	有效 100% 错误 0% 空 0%	有效 100% 错误 0% 空 0%	有效 100% 错误 0% 空 0%
1	小明	男	周一	1.00
2	小明	男	周二	1.00
3	大卫	男	周一	1.50
4	大卫	男	周二	1.00
5	大卫	男	周三	1.00
6	小王	女	周一	2.00
7	小王	女	周二	2.50
8	小王	女	周三	2.00

	姓名	性别	周一	周二	周三
	有效 100% 错误 0% 空 0%	有效 100% 错误 0% 空 0%	有效 100% 错误 0% 空 0%	有效 100% 错误 0% 空 0%	有效 67% 错误 0% 空 33%
1	大卫	男	1.50	1.00	1.00
2	小明	男	1.00	1.00	null
3	小王	女	2.00	2.50	2.00

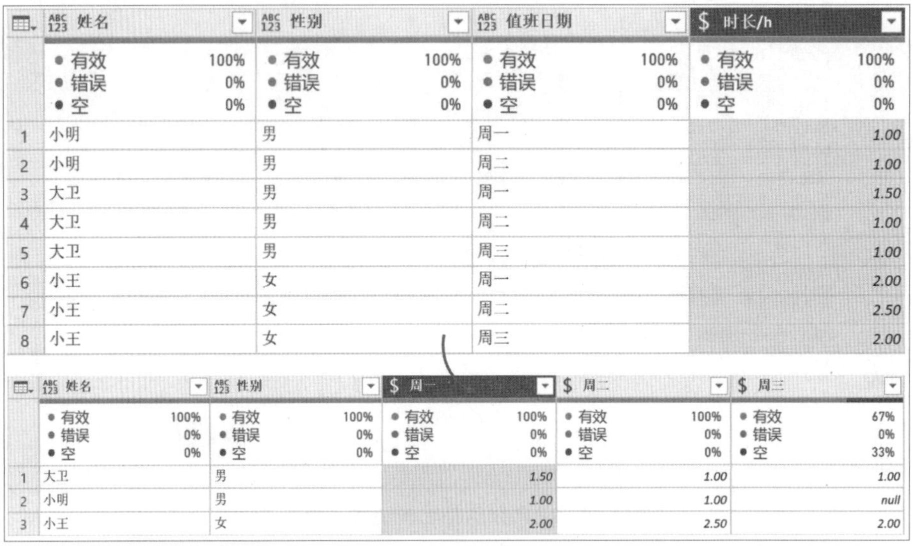

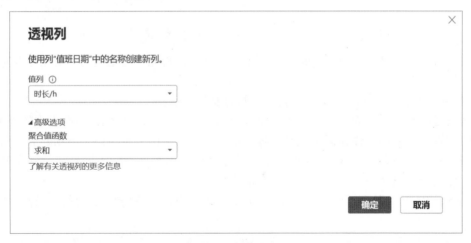

图 4-42　对“值班日期”列进行透视并对时长进行求和

具体的操作步骤：选中“值班日期”列，依次选择“转换”→“透视列”选项，在打开的对话框下的“值列”中选择“时长 /h”，在“高级选项”中的“聚合函数值”中选择“求和”，最后单击“确定”按钮完成操作，如图 4-43 所示。

图 4-43　透视列设置

需要注意的是，透视列的过程是把某一个属性的字段放在列上，所以在操作的时候，需要把哪一个字段放在列上以标题形式显示，就选择哪一列；而值列选择的是行与列交叉的单元格中要计算的列字段。透视列也支持文本字符，在选择“聚合值函数”时选择“不要聚合”即可，这适合于值列是单个值的情况。如果是多个列，则需要在生成的公式中自定义一个聚合方式。

逆透视列

逆透视列是透视列的反向操作。该功能位于"转换"选项卡下的"逆透视列"选项，其包含以下 3 种形式。

（1）逆透视列：对选定的列进行逆透视操作。

（2）逆透视其他列：对除选定列之外的其他列进行逆透视操作。

（3）仅透视选定列：该选项的功能与第一项属于同等功能，只是生成的代码不同而已。

如图 4-42 所示，我们可以将下面的表通过逆透视列转成上面的表。具体的操作步骤如下。

步骤 1 从图上可以看出，值班日期是需要转换成一列的，那么可以将除"值班日期"列之外的"姓名"和"性别"两列选中。

步骤 2 依次选择"转换"→"逆透视其他列"选项，如图 4-44 所示。

步骤 3 将"属性"和"值"分别重命名为"值班日期"和"时长 /h"。

图 4-44　逆透视列设置

在进行逆透视列操作时，一定要选择具有相同属性的列。不然，逆透视列操作不但没有任何意义，还会给后面的数据分析造成不便。

4.3.7 数学统计以及分组计算

虽然 Power Query 主要是用来做数据获取、转换与清洗的，但是也提供了一些简单的用于数学统计的功能。在"转换"选项卡下的"统计信息"选项列表中，提供了基本的用于数学统计的功能，其他更加高阶的统计方式需要使用 M 函数来完成，如图 4-45 所示。

图 4-45　"统计信息"选项列表

统计信息功能只能对选中的一列执行计算，不能多对列或者整个表格进行计算。如果选择了多列或者整个表格，则统计信息菜单会处于灰色不可使用状态。比如，选中数值的列，执行求和计算，就会返回一个数值。使用统计信息功能，我们可以迅速地对返回的数值与源数据进行核对和比较，以判断数据源导入是否合适。

如果想要执行条件计算，则需要使用"分组依据"功能。该功能提供了按选择的依据进行分组计算的能力，位于"主页"选项卡下的"分组依据"菜单中。

如图 4-46 所示，这里以一级科目和二级科目为分组依据，对预算金额进行求和。

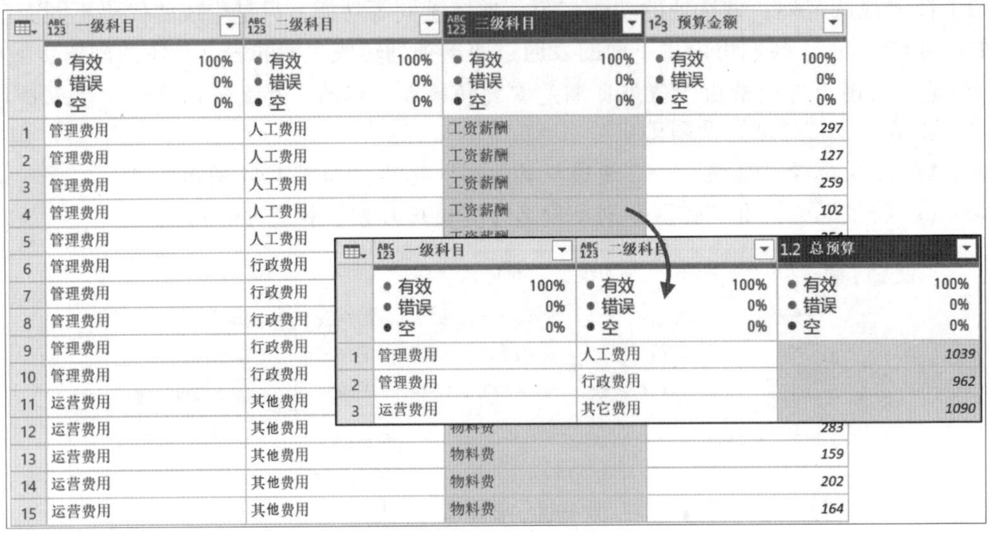

图 4-46　以一级科目和二级科目为分组依据，对预算金额求和

具体的操作步骤：选中"一级科目"和"二级科目"列，依次选择"主页"选项卡→"分组依据"选项，在打开的对话框中勾选"高级"选项，在"新列名"文本框中输入"总预算"，在"操作"下拉框中选择"求和"选项，在"柱"下拉框中选择"预算金额"，最后单击"确定"按钮完成统计，如图 4-47 所示。

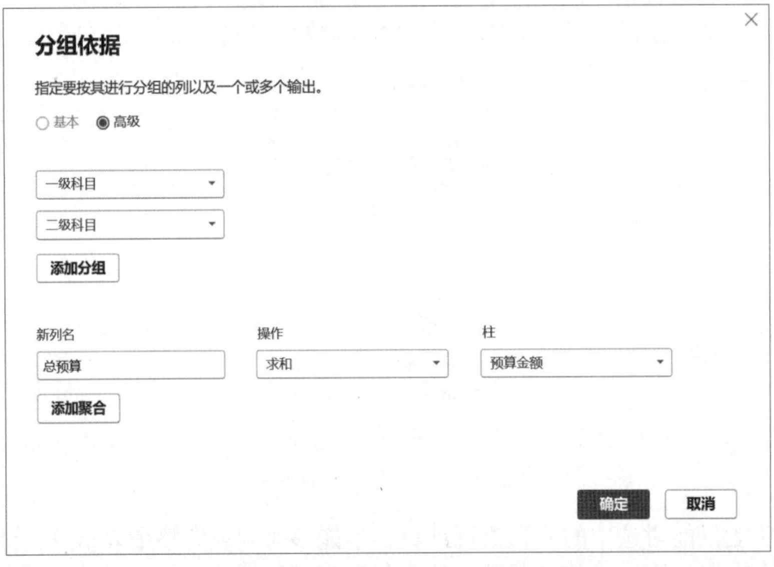

图 4-47　"分组依据"统计设置

虽然"分组依据"中包含了"统计信息"功能中的大多数聚合方式，但是这些预设的聚合方式不能完全适合数据分组后的计算。在这种情况下，可使用对应的 M 函数 Table.Group 来解决。如果加载到 Power Query 中的数据不需要太细的颗粒度，可以使用该功能在上传到 Power BI 之前完成数据的缩减，这样在数据刷新和计算时，速度更快。

4.3.8　追加查询和合并查询

追加查询和合并查询虽然具有相近或者相同的功能，但是它们是两个完全不同的操作。

追加查询是按照列名的一致性将相同列的数据的表连接起来；而合并查询的功能类似于 Excel 的 VLOOKUP 函数的功能，是根据一定的规则进行匹配。追加查询与合并查询都在"主页"选项卡下面，这两个功能都有两个选项：一个与它们本身的名字相同，是在选中查询的基础上生成新的结果；另一个是将查询合并（追加）为新查询，不覆盖已经选中的查询，而是重新创建一个新的查询并生成结果，如图 4-48 所示。

图 4-48　追加查询与合并查询菜单

追加查询

追加查询时，相同字段的列会进行追加。如果一个查询中与另一个查询中的字段的列不同，则不会追加，而是分别以新列的方式出现，没有该字段的查询的值会被填充为 null 值。

如图 4-49 所示，存在三个查询，其中 data1 和 data2 的字段相同，data3 少一个字段，这里使用追加查询的方法将这三个查询合并为一个新的查询。

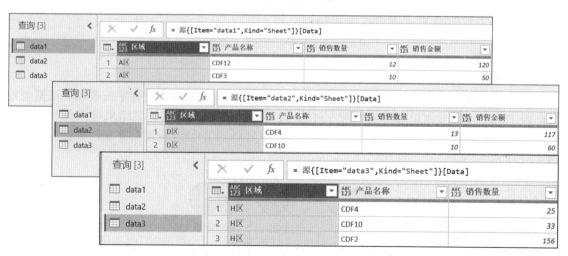

图 4-49　使用追加查询合并为一个新的查询

具体的操作步骤：依次选择"主页"选项卡→"追加查询"→"将查询追加为新查询"选项，在弹出的对话框中选择"三个或更多表"选项，在左侧的"可用表"中选中要追加的查询后单击"添加"按钮,将其添加到右侧的"要追加的表"中,最后单击"确定"按钮完成操作,如图 4-50 所示。

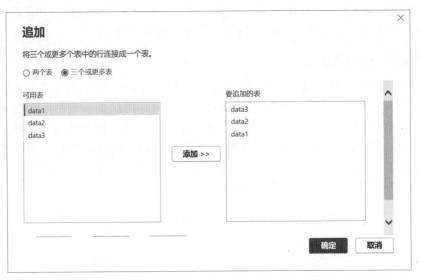

图 4-50　追加查询设置

创建的新的查询的结果如图 4-51 所示。data3 查询中没有销售金额的列,所以被填充为 null,而 data1 和 data2 查询中的值则以实际数值显示。

查询 [4]		✕ ✓ fx	= Table.Combine({data3, data2, data1})		
▦ data1		▦▾ 区域	ABC123 产品名称	ABC123 销售数量	ABC123 销售金额
▦ data2		1	H区　CDF4	25	null
▦ data3		2	H区　CDF10	33	null
▦ 追加1		3	H区　CDF2	156	null
		4	D区　CDF4	13	117

图 4-51　追加查询的结果(局部)

合并查询

合并查询的功能类似于 Excel 的 VLOOKUP 功能,它根据相同的关键字或者匹配依据查找目标表中的值。使用合并查询可以是一对条件,也可以是多对条件,其结果可以是对应的一行或多行,也可以一次选择查询多列结果。Power Query 中的合并查询共有 6 种联接方式,如图 4-52 所示。

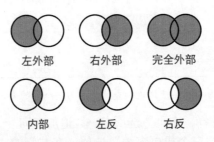

图 4-52　合并查询的 6 种联接方式

合并查询只支持两张表的联接，联接的类型最常用的是左外部。以先选择的表为基础，去匹配后选择的表中的行和列。下面以左外部为例，具体学习合并查询的功能。

如图 4-53 所示，使用合并查询功能，在 data 表上匹配 product 表中的颜色和产地。

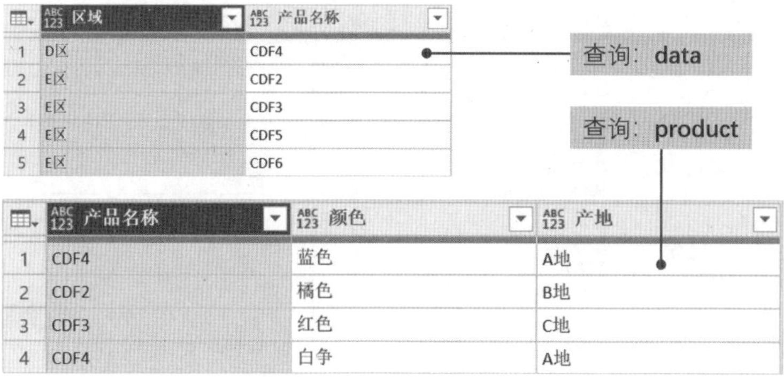

图 4-53　在 data 表中使用合并查询匹配 product 表中的颜色和产地

具体步骤如下。

步骤❶ 在 data 表查询中，在"主页"选项卡下选择"合并查询"选项，在弹出的对话框中，data 表已经给出，在匹配表的下拉菜单中选择 product 表，然后依次选中两个表的关键列"产品名称"，当这两列的状态变成灰色时，"联接种类"选项才能被激活，"联接种类"选择"左外部"，最后单击"确定"按钮，如图 4-54 所示。

图 4-54　合并查询设置

步骤❷ data 表中会增加一个 product 列，每一行都有一个 table。以"CDF4"为例，因为该产品名称匹配到的是 product 表中的数据，单击"Table"就可以看到预览数据。然后单击 product 列上的扩展按钮，勾选"颜色"和"产地"，不勾选"使用原始列名作为前缀"选项，最后单击"确定"按钮，如图 4-55 所示。

图 4-55　展开查询的数据

最后的结果如图 4-56 所示。如合并查询到的数据有多行多列，展开时就会得到多行多列，未查询到的数据会以"null"显示。

区域	产品名称	颜色	产地
D区	CDF4	蓝色	A地
D区	CDF4	白争	A地
E区	CDF2	橘色	B地
E区	CDF3	红色	C地
E区	CDF5	null	null
E区	CDF6	null	null

图 4-56　合并查询的结果

虽然合并查询非常有用，但是在数据量较大的情况下，其性能表现不佳，查询的耗时明显增加，并且上载的速度变慢。如非必须，可以通过 Power BI 的数据模型的表间关系来解决查询和计算问题。这些内容我们将在后面的章节中逐一讲解。

4.4　数据应用到数据模型

经过 Power Query 获取并转换数据后，在 Power BI 的数据模型中应用数据时，还需要对查询进行一些设置和操作，以便减少不必要的麻烦。

4.4.1　应用数据时需要的设置

在 Power Query 中需要将转换的数据上载到 Power BI 中才能进行建模和分析。数据应用到数据模型的操作菜单，位于 Power Query 的"主页"选项卡下的"关闭并应用"选项。

在应用数据前，我们需要关闭自动检测和创建关系的设置。当我们从 Power Query 中应用数据到数据模型后，Power BI 会默认检测表间关系并自动创建关系；但这不仅不准确，还会给我们造成不必要的麻烦和额外的工作量，所以，我们在应用数据之前需要关闭该功能。

具体操作：依次选择"文件"→"选项和设置"→"选项"，在"当前文件"菜单下的"关系"选项中，取消勾选"在第一次加载时从数据源导入关系"和"加载数据后自动检测新关系"选项，如图 4-57 所示。

另外，在应用数据的时候，对于一些不需要加载到数据模型中的表（比如转换时添加的辅助表），可以在查询区域中选中对应的查询后，单击鼠标右键，在快捷菜单中不勾选"启用加载"选项。启用后，该查询的名称会以斜体显示，如图 4-58 所示。

除此之外，如果查询中有错误值，在应用数据时会提示报错，并无法将数据加载到数据模型中。报错的处理会在后面的章节中予以介绍。

图 4-57　关闭自动检测关系的设置

4.4.2 管理查询

在 Power Query 编辑器中，查询可以直接引用，也可以复制或者分组。查询的快捷设置方法：选中查询后，单击鼠标右键，在快捷菜单中选择相应的选项，如图 4-59 所示。

引用查询的方法是选中查询后，单击鼠标右键，在快捷菜单中选择"引用"选项；也可以在公式中引用，方法是输入"= 查询名称"，查询引用只引用查询的最后一步的结果。

复制查询是指将查询复制一份，保留被复制查询的所有应用步骤，方法是选中查询，单击鼠标右键，在快捷菜单中选择"复制"选项。

分组查询适用于将具有相同属性的查询归置在一个文件夹中，以便于管理和编辑，比如将表示维度的表放在一起，将表示业务的表放在一起等。创建分组的方法：在查询区的空白位置或者选中任一查询单击

图 4-58　将不需要的查询不加载到数据
模型的设置

图 4-59　查询的快捷设置

鼠标右键，在快捷菜单中选择"创建组"选项后，在弹出的对话框中输入分组的名称，然后单击"确定"按钮，再将相应的查询拖入其中，如图 4-60 所示。

图 4-60　使用创建的分组管理查询

创建分组时，默认的分组为"其他查询"，该分组无法修改名称。

4.4.3 数据刷新及报错处理

当查询的数据源有变化时，利用数据刷新功能可以获得最新的数据。

在 Power Query 中，数据刷新按钮位于"主页"选项卡下，其中包括"刷新预览""全部刷新""取消查询"选项。其中，"刷新预览"用于对当前的查询进行刷新，"全部刷新"用于对所有的查询进行刷新。

应用到数据模型的查询可以使用 Power BI 的"报表视图"的"主页"选项卡下的"刷新"按钮来刷新数据，该按钮可以刷新全部的查询。

在应用数据或者刷新数据时，可能会出现报错的情况。当查询报错后，是无法应用数据到数据模型的，需要将查询中的错误进行修整后才能应用到数据模型中。以下是需要注意的几种常见的错误。

💧 文件路径发生变化。

Power Query 的路径文件支持的是绝对路径，不支持相对路径，所以当文件的路径发生变化时，刷新数据会发生报错提示"DataSource.Error..."，如图 4-61 所示。解决的方法是在对应查询的第一个应用步骤"源"中找到表示文件路径的文本字符串并且修改它。

图 4-61　数据源路径发生变化时的错误提示

💧 找不到列名。

在转换数据的过程中，如果数据源的列名发生了变化或者没有正确地输入列名，刷新数据时会发生错误提示"Expression.Error..."，如图 4-62 所示。解决的方法是检查发生错误的查询的应用步骤，并修改为正确的列名。

图 4-62　列名变化或者列名输入错误时的提示

💧 转换数据类型错误。

数据类型转换时也会发生错误。如图 4-63 所示，无法将列中的值转换化为日期时发生错误提示"DataFormat.Error..."，在单元格中显示为"error"。解决的方法是使用"保留错误值"功能定位错误，然后在找到原因后重新设置正确的数据类型。

图 4-63　数据类型转换不正确时的错误提示

数据源中的错误。

在 Excel 中，由于公式计算发生的错误值（如 #N/A、#NAME? 等），如果此类错误没有被处理就被导入 Power Query 中，也会在单元格中显示 "error"，错误提示为 "DataFormat.Error..."，如图 4-64 所示。解决的方法是，如果不想删除这些错误值，可以选中错误列后执行"替换错误值"操作，具体见 4.3.3 小节。

> ⚠ DataFormat.Error: 无效的单元值"#N/A"。

图 4-64　数据源中的错误提示

以上是 Power Query 数据转换过程中一些常见的错误及其解决方法。在实际操作过程中错误的类型可能更多。在遇到错误时，建议认真分析错误提示并使用"保留错误值"功能和"列质量"功能快速定位错误并且寻求解决方式。

4.5　Power Query 高阶知识：M 语言

虽然 Power Query 丰富的界面操作能帮助用户解决大部分常规数据转换问题，但是它无法处理较为复杂的数据转换任务，这时就需要使用 Power Query 强大的 M 语言。本节我们将介绍 M 语言的一些基本知识。

4.5.1　初识 M 语言

M 语言是 Excel 和 Power BI 的组件 Power Query 的专属语言，主要用来获取和转换数据。

Power Query 的界面操作中每操作一次都会生成对应的 M 公式，但是生成的公式大多较为烦琐。因此我们需要掌握一些 M 语言常用的语法和函数，以解决界面操作无法解决的问题。

M 语言是一种函数式语言。其中包含 24 类、共有上千个函数，不过常用的函数只有 100 个左右。绝大部分 M 函数由两部分组成（如 Table.Group），这两部分通过一个点分隔开来。点之前的部分是函数操作的对象，而点之后的部分则类似于对象的属性或者方法。函数严格区分大小写，函数操作对象的首字母需要大写，方法和属性也需要大写，否则 Power Query 无法识别函数。M 函数、数据结构、运算符、关键字和计算规则共同组成了 M 公式，复杂的计算并不由单个函数来完成，而是由函数的嵌套来完成的。这种嵌套方式同 Excel 的嵌套类似。

Power Query 的每一个部分都对应着 M 公式中的每一个计算步骤，所有应用步骤加以组合就组成了一个完整的 M 公式。M 公式的每一个计算步骤可以在公式编辑栏中查看，而完整的 M 公式需要在"高级编辑器"中查看。高级编辑器不仅可以查看公式，而且可以直接编写和修改代码。如图 4-65 所示，这里展示了一个完整的数据转换的 M 公式。

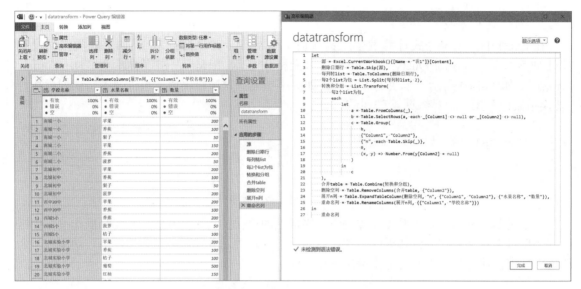

图 4-65　高级编辑器中的 M 公式与对应的应用步骤

学习 M 语言需要大量练习，方可融会贯通、灵活使用。如果你是一名 Power BI 的初学者，只需要熟练使用界面操作即可；如果你已经能够熟练使用 Power BI，则可以抽出一部分时间来学习 M 语言，它能帮助你更高效地解决数据转换问题。

4.5.2　M 语言常见表达式的语法格式

M 语言是通过函数的嵌套来转换数据的。一个完整的查询的数据转换通常是多个应用步骤的组合，每个应用步骤都是一个转换的过程。

在大多数情况下，一个完整的查询的代码通常以 let 开始，以 in 结束，let 和 in 之间可能包含多个应用步骤。let 相当于开始，而 in 相当于最后一个应用步骤的结果输出。应用步骤的格式是"步骤名称 = 表达式"，应用步骤的表达式中也可以嵌套 let 和 in 来充当变量，从而大幅地简化公式。

```
let
    步骤名称 1 = 表达式 1,
    步骤名称 2 = 表达式 2,
    ...
    步骤名称 N = 表达 N
in
```

需要注意的是，let 和 in 属于 M 语言的保留字，它们以小写的形式出现，只有函数对象的首字母需要大写。

在 M 语言中，进行分支判断不使用类似于 IF 的函数，而是采用 if … then … else … 语句，且该语句中的关键字都要小写。if … then … else … 语句必须是完整出现的，if … then … 语句是不允许的。

常用的分支判断的语法如下：

```
if 判断条件 then
    条件为真时结果表达式 1
else if 判断条件 then
    条件为真时结果表达式 2
…
else
    条件为假时结果表达式
```

除了分支判断的语句，M 语句中还有容错语句，其类似于 Excel 中 IFERROR 函数的功能，语法是 try … otherwise …。

```
try 表达式 otherwise 报错时返回的表达式
```

其他大多数的转换都是通过函数嵌套来完成的，所以学习和理解最常用的函数是很重要的。

4.5.3 M 语言的数据结构

M 语言中共有 3 类数据结构（也叫数据容器），分别是列表（List）、记录（Record）和表（Table）。

列表

列表用来放置多个可以重复的有序元素。有序元素的类型有多种，包括值、列表、记录、表、函数、错误值以及二进制数据等。列表一般使用 {} 表示，里面的元素用逗号来隔开，如：

```
= {2,3,5,"xiaobi",#date(2024,1,1),List.Sum}
```

如果要取出列表中的元素，可以在列表后面写上大括号，里面写上列表的索引（索引通常从 0 开始）。比如，列表 {2} 表示取出列表中的第 3 个元素。

另外，还有一些常用的固定的列表，如：

```
= {0..99}   // 表达 0 到 99 的数值型数字，数值可以超过 99
= {"0".."9"}   // 表示 0 到 9 的文本数字
= {"A".."Z","a".."z"}   // 表示从 A 到 z 的所有英文字母
= {"一".."龟"}   // 表示常用的大多数的汉字列表
```

对列表的处理，要使用以 List 开头的函数，或者与列表相关的函数。
表中单独的一列也是一个列表。

记录

记录是由 key 和 value 组成的用来记录具有唯一性的数值的结构。每个记录中的 key 都是唯一的。value 的值可以是值、列表、记录、表、函数、错误值以及二进制等。在记录中，方

括号字符 [] 表示记录表达式的开始和结束，用于从记录中获取字段值。

```
[ key1 = value1, key2 = value2, ……]
```

key 即使是文本，也不能使用双引号，而 value 如果是文本时则需要使用双引号。比如：

```
= [ 姓名 =" 张三 ", 年龄 = 20, 爱好 = {" 阅读 "," 跑步 "}, 学历 =[ 高中 =" 铁一中 ",
大学 =" 交大 "]]
```

如果取出记录中的一个或多个值时，可以在记录后面使用中括号 []，中括号中写上 key 的值即可，如：

```
[ 姓名 =" 张三 ", 性别 =" 男 "][ 性别 ]        // 取出性别的值是 " 男 "
```

对记录的处理，要使用以 Record 开头的函数或者与记录相关的函数。

表中单独的一行也是一个记录。

表

表是由行和列组成的。在 Power Query 中，不仅可以从外部导入表，也可以通过输入数据直接创建一个表，还可以使用 #table 函数创建一个表。

如果把表中的一列取出来（也叫深化），则形成一个列表，如：

```
= 订单表 [ 订单编号 ]        // 拿出订单表中的订单编号列，它是一个列表类型
```

如果把表中的一行取出来，则形成一个记录，如：

```
= 订单表 {0}    // 拿出订单表的第一行的记录，表中的标题都会唯一对应第一行的每一个值
```

如果同时从表中取出一行和一列，就得到一个值，这个值是行与列的交叉处的值，如：

```
= 订单表 [ 订单编号 ]{0}      // 拿出订单表的订单编号列的第一行的值
```

对表的处理要使用以 Table 开头的函数或者与表相关的函数。

M 语言的基础是 M 函数以及三大数据结构，数据的转换也是围绕三大数据结构展开的。

第 5 章

核心基础：Power BI 与数据模型

前一章主要介绍了数据的获取、清洗和加载。不同类型的表加载到 Power BI 的数据模型中，还需要通过一定的规则联系起来，即建立具有联系的数据模型，才能进行数据分析和可视化。数据模型是 Power BI 数据分析和可视化的基石。正是有了数据模型，DAX 才能准确高效地执行计算，可视化对象之间才能更好地进行交互。本章将主要介绍数据模型的概念和类型，以及如何在 Power BI 中创建数据模型。

5.1 认识数据模型

如果你想拥有准确而又快速的计算分析能力，那么你不仅仅需要学会编写 DAX 公式，更需要了解如何创建数据模型。

5.1.1 数据模型及其常见类型

微软在 Excel 2013 中引入了"数据模型"的概念，它允许 Excel 加载更多表并通过关系将多张表连接起来。这使得用户拥有了创建强大的数据模型进行计算的能力。Power BI 也没有例外地保留了这个概念（在 Power BI 中也称语义模型）。

简单地讲，数据模型就是通过关系相互连接的一组表。单张表也是一个数据模型，只不过对于它的分析能力比较受限。所以，在 Power BI 中，大多数情况下都需要创建一个多表模型。因为业务实际可能不止一张表，往往是多张不同业务类型的表，所以非常适合创建多表数据模型。常见的多表数据模型有星形模型、雪花模型和星座模型等。

星形模型

星形模型是一种简单的数据模型。在星形模型中只有一张事实表，事实表与维度表之间通过主键和外键连接，维度表之间不存在关联关系，所有的维度表都与事实表相关联，如图 5-1 所示。

雪花模型

雪花模型是星形模型的扩展，其造型类似于雪花。在雪花模型中，一个或者多个维度表并不直接与事实表相关联，而是通过其他的维度表与事实表相关联。雪花模型中的多个维度表会形成一个小的局部层次关系，这些层次维度表有一个顶端的维度表，并且直接受顶端维度表的控制，如图 5-2 所示。

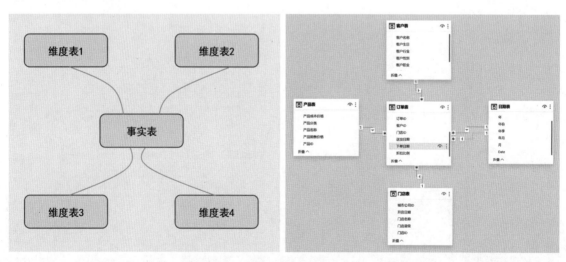

图 5-1 星形模型（左为示意图，右为 Power BI 实例图）

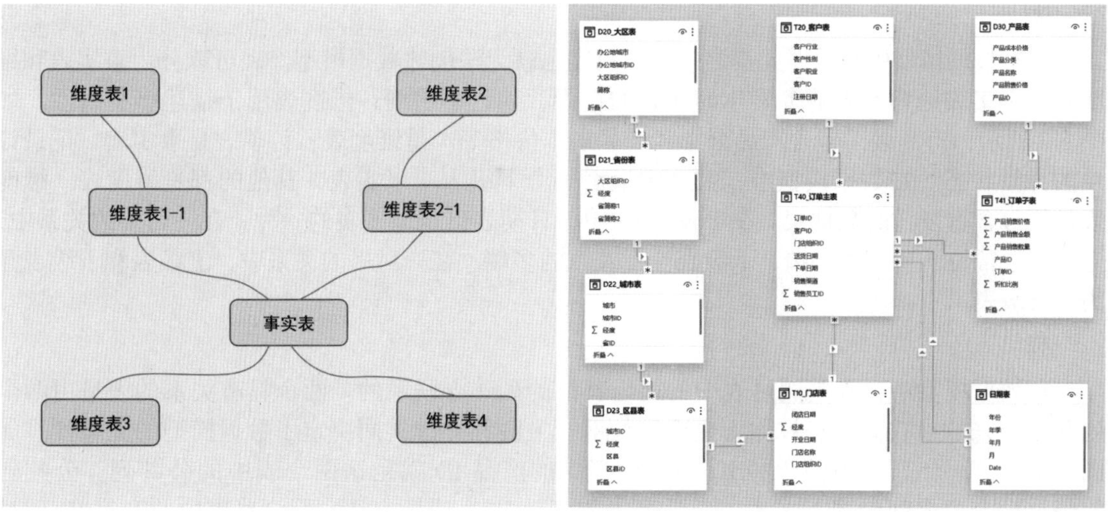

图 5-2　雪花模型（左为示意图，右为 Power BI 实例图）

星座模型

星座模型也是星形模型的一种扩展，也叫星系模型。不同于星形模型，星座模型有多个事实表，不同的事实表之间共享维度表，常用于复杂的数据关系场景。

在 Power BI 中，星形模型是最为常见的数据模型，但在实际使用的过程中，我们可能要根据业务需求灵活选择合适的数据模型，甚至构建不同于上述数据模型的其他模型。

注意，Power BI 中的数据模型是一个关系型数据库，每一张表最佳状态是一维表。

5.1.2　数据模型的要素

数据模型将多个表通过一定的规则建立联系，使得它们成为一个整体，进而实现各种多表联动分析。数据模型主要由表、列、基数和方向等要素构成。这里以 Power BI 数据模型中的一个局部关系为例，来介绍数据模型的主要构成要素，如图 5-3 所示。

图 5-3　Power BI 数据模型的局部

表

表是数据模型中最重要元素之一，没有表也就无法创建数据模型。表可以分为事实表和维度表。事实表通常反映业务发生时状态的记录，如订单明细；维度表用于描述事物属性。如图 5-3 所示，产品表（包含产品分类和产品成本价格等）是维度表；订单表是事实表，记录订单的详细状态。在数据模型中，关系中最后一个下级表叫事实表，其他的都是维度表。维度表是不包含重复行的数据表。在 Power BI 中，日期表也是维度表的一种。在一对多的关系中，上级表通常位于关系的一端，下级表位于关系的多端。在一对一的关系中，上级表和下级表互为上下级表。

列

在数据模型中，表是通过表中的列与其他的列建立联系的。两个具有关系的表是由两个列联系起来的，它们分别被称为主键和外键。主键和外键共同决定了数据模型的完整性。如图 5-3 所示，产品表中的产品 ID 和订单表中的产品 ID 就是这两个表中的公共列。公共列使得这两个表之间创建了关系。产品表中的产品 ID，就是主键，而订单表中的产品 ID 就是外键。

需要注意的是，如果订单表中的产品 ID 唯一值数量多于产品表中的产品 ID 数量，那么在分析时就会出现一行空值。这行空值显示了订单表中的产品 ID 不在产品表的所有记录中，这违反了关系型数据库的参照完整性原则。所以，在一般情况下，维度表中的主键数量不能少于事实表中的外键数量，维度表的主键要完全包含事实表的外键数量。同时，维度表中的主键不能有重复值，要确保其唯一性，否则无法创建关系。

基数

基数是指数据模型中表与表之间关系的连接数量。在通常情况下，基数有 5 种类型：多对一（*:1）、一对一（1:1）、一对多（1:*）、多对多（*:*）以及无关系。其中，一端使用数字 1 来表示，多端的表使用星号（*）来表示。多对多的关系是最为复杂的一种关系，只在较少数情况下才会用到。如图 5-3 所示，产品表属于关系的一端，用 "1" 来表示，订单表属于关系的多端，用 "*" 来表示。

无关系是指两个表之间没有任何的连线。在 Power BI 中，通常使用 DAX 函数来隐式地创建虚拟关系，以达到与物理关系同样的效果。

方向

两个创建了关系的表之间必须要有方向。方向表示在数据模型中交叉筛选的传递流向。两个表之间连线上的箭头指明关系的方向。方向有单向和双向之分。单向使用一个单向箭头来表示，双向使用双向箭头来表示。如图 5-3 所示，关系的方向是从产品表指向订单表，因为这两个表之间的连线上有一个指向明确的单向箭头。

在多对一或一对多关系中，交叉筛选方向始终从一端开始；在一对一关系中，交叉筛选方向始终同时从两个表开始；在多对多关系中，交叉筛选方向可以从其中一个表开始，也可以同时从两个表开始。

需要注意的是，双向关系可能导致性能问题，同时导致筛选器传播的路径不明，给分析造成一定的困扰。

如图 5-4 所示，在 Power BI 的模型视图下选择关系中任意一条连线，单击鼠标右键选择"查看"选项，就会显示该条关系的 4 个构成要素。

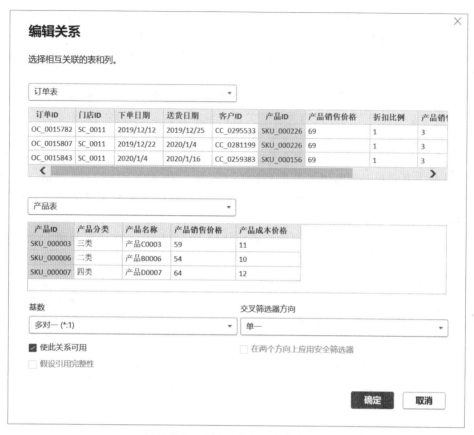

图 5-4　数据模型中关系的属性

数据模型中的 4 个构成要素十分重要，关系到后面度量值是否有效。所以在正式分析数据之前，应当充分地考虑数据模型的架构。

5.2　Power BI 中的数据模型

在 5.1 节中我们已经认识了数据模型及其构成要素，但是为了深化对数据模型的理解，我们还需要将理论知识应用到实际场景中，即在 Power BI 中创建和使用数据模型。

5.2.1　在 Power BI 中创建一个数据模型

Power BI 数据模型的创建就是将加载到表格视图中的表，在 Power BI 的模型视图下建立关系。

数据模型的创建并不是简单地将具有相同属性的字段连线，而是需要对实际的业务场景进行剖析后，依照实际情况创建最优的数据模型，这样才能方便后面的计算和分析。在 Power BI 中创建数据模型一定要注意以下几个方面。

（1）数据模型中主键和外键的属性要相同。具有关系的两个表的主键和外键的字段名称不一定相同，但是属性一定要相同，并且主键的范围大于或等于外键的范围，否则就违反了关系的参照完整性原则。

（2）主键和外键的数据类型要相同。Power BI 对于数据类型的要求较高，不同数据类型的表的主键与外键无法创建有效的关系。

（3）注意关系的筛选方向。在大多数情况下，维度表与事实表之间的筛选方向是单向的，即维度表筛选事实表，所以两表之间的方向是维度表指向事实表，但个别场景除外。

（4）注意关系的基数。在创建模型前，要明确两个表之间的主键与外键的对应关系。一般来说，维度表与事实表之间的主键与外键的关系，最常见的是一对多关系和一对一关系。

（5）关系的数量。一个维度表和事实表之间可以有多条关系，但是需要注意的是，如果维度表的一个主键对应事实表中的多个外键，那么有且只能有一条关系是实线关系（活动关系），而另外的关系会自动变为虚线关系（非活动关系）。如果将虚线的关系激活，那么实线关系将变为虚线关系。如果需要使用虚线关系，可以在 CALCULATE 函数的筛选器参数中使用 USERELATIONSHIP 函数，以激活虚线关系。

在 Power BI 中创建关系时，必须先将表加载到表格视图中。在模型视图下创建关系的方式有两种：一种是手动拖动主键到对应表的外键，另一种是使用创建关系对话框创建关系。

方式 1：手动拖动主键至对应表的外键

在 Power BI 的模型视图下，选择一张维度表的主键，并将其拖动至创建关系的另外一张表的外键上，就可以创建关系，如图 5-5 所示。

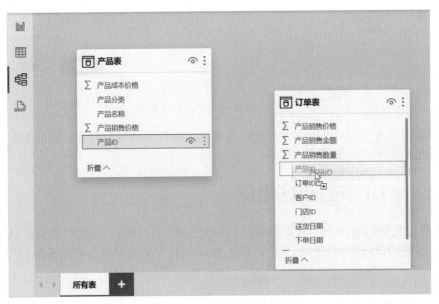

图 5-5　鼠标拖动创建表间关系

在这种方式下，由于关系的方向和基数是由 Power BI 自动判断的，所以还需要用户判断已经创建的关系是否正确，如有不妥，可以选中表间关系的连线，单击鼠标右键，在快捷菜单中选择"属性"选项，然后在打开的"编辑关系"对话框中进行调整。

方式 2：使用管理关系对话框创建关系

在模型视图下，依次选择"管理关系"→"新建"选项，在打开的管理关系对话框中，选中要创建关系的两个表和对应的公共字段，选择相应的基数和交叉筛选的方向，最后单击"确定"按钮，即可完成关系的创建，如图 5-6 所示。

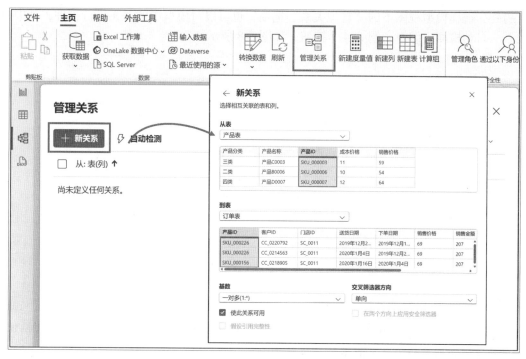

图 5-6 使用"管理关系"对话框创建关系

方式 1 较为快捷，但是可控性差；方式 2 更加可控，可以一次性设置准确。

如图 5-6 所示，如果勾选"使此关系可用"，那么创建的就是实线关系，否则为虚线关系。创建表间关系只能在两个表之间进行创建，不能一次性与多个表同时创建关系。

5.2.2 管理 Power BI 中的数据模型

在 Power BI 的模型视图下，如果要编辑和删除表间的关系，可以选中对应的表间关系，然后单击鼠标右键，在快捷菜单中选择"删除"选项；选择"属性"选项，则可以进行入"管理关系"的对话框，如图 5-7 所示。

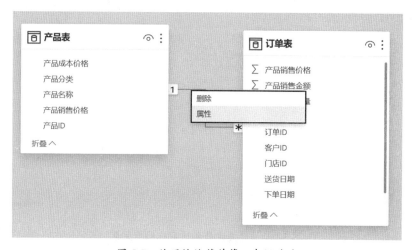

图 5-7 使用快捷菜单管理表间关系

另外，选择模型视图下的"管理关系"选项，也可以对模型中的关系进行管理，其中包括新关系、自动检测、编辑和删除 4 个按钮，如图 5-8 所示。

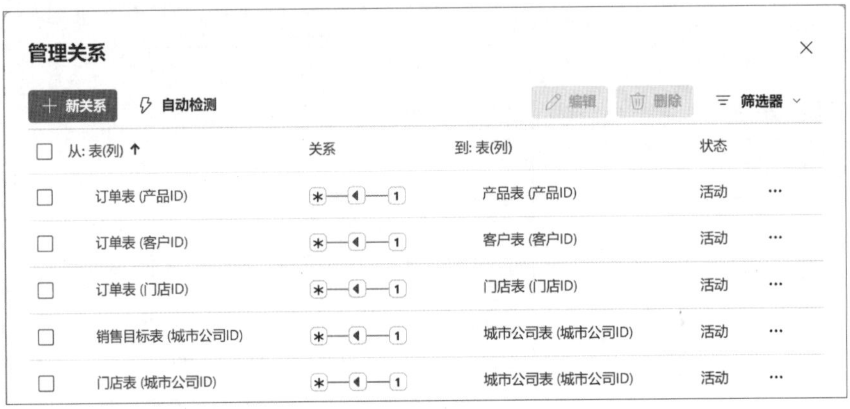

图 5-8　通过"管理关系"选项管理表间关系

 新关系：可以打开创建关系的界面。

 自动检测：可以自动检测模型中未创建的关系，然后自动创建关系。此按钮请谨慎使用，因为自动检测并创建的关系可能不适合实际需要。

 编辑：在列表中选中已经创建的关系，单击"编辑"按钮，可以打开类似新建关系的对话框，来对已经创建的关系进行编辑。

 删除：选中列中已经创建的关系，单击"删除"按钮即可删除关系。

在管理关系的对话框中，如果关系的状态为"活动"，则表示该关系为已经激活的关系，即实线关系；如果关系的状态为"非活动"，则表示该关系为未激活的关系，即虚线关系。

除此之外，在模型视图下，选中表间已经创建的关系，可以激活属性窗格，并对已经创建的关系进行编辑和修改，如图 5-9 所示。

图 5-9　通过关系的属性窗格编辑关系

数据模型是数据分析和可视化的基石，没有正确的数据模型，就谈不上正确地计算和分析，更不必说创建优秀的便于交互的可视化仪表板了。所以，我们一定要熟练地创建和管理数据模型，反复琢磨和思考，使数据模型达到最佳状态。

5.2.3 使用数据模型的注意事项

在实际应用数据模型的过程中我们需要注意以下 3 点，以减少后续学习中的疑惑。

（1）尽可能地使用一对多的关系。一对多关系的数据模型不仅易于理解，而且在性能方面比较有保障。对于 Power BI 新手用户来说，这无疑是最容易驾驭的一种关系，但是这并不意味着不能使用其他类型的关系。

（2）谨慎使用双向关系和多对多关系。如果不是特别必要，在创建数据模型时，不要开启双向交叉筛选。因为双向交叉筛选会给计算和理解带来一定的难度，这对于数据模型和 DAX 新手用户是一个非常大的挑战。

同时，也应该谨慎使用多对多的关系类型，因为它是所有关系类型中最为复杂的一类。多对多的关系可以通过一定的方法转换为一对多的关系。

（3）谨慎使用 Power BI 自动创建的关系。在绝大多数的情况下，Power BI 自动创建的关系是错误和不必要的，所以在创建关系时要特别慎重，建议手动创建，并且反复检查，以确保创建的关系是正确且可用的。避免 Power BI 自动检测和创建关系的方法是，在 Power BI 的设置中取消勾选"加载数据后自动检测新关系"选项下进行，具体可以参考 4.1.2 小节的内容。

关于本书中数据模型的特别说明：鉴于大多数 Power BI 用户对 DAX 原理的理解尚不深入，加之笔者对本书的整体内容体系的安排，**本书第 6 章及以后的内容中所涉及的数据模型都是一对多的单向关系数据模型，这样可以帮助 Power BI 用户快速掌握最核心的知识和原理。**

第6章

Power BI 灵魂：
数据分析表达式——DAX

　　将获取到的数据进行转换后，接下来便是对数据进行分析，而分析数据需要分析的语言。比如，Excel 可以通过数据透视表和工作表函数来完成数据的分组和聚合。那么，Power BI 的分析语言是什么呢？答案是DAX。DAX 是 Power BI 的灵魂，也是驱动数据模型和数据可视化的利器。Power BI 之所以能够高效地处理大量复杂的数据计算，正是由于DAX 强大的功能。本章将主要介绍 DAX 的基础知识，通过学习这些基础知识，读者就可以解决日常工作中的绝大多数计算和分析问题。同时，本章内容将不同于你之前学过的任何知识，所以请你做好接受全新知识的准备。

6.1 认识 DAX

DAX 函数和 Excel 的工作表函数公式一样，是一门函数语言。本节主要介绍 DAX 的概念及其函数类型、运算符，以及使用 DAX 时如何引用表、列和度量值等基础内容。

6.1.1 DAX 及其函数类型

DAX（Data Analysis Expressions，数据分析表达式），是在 Power BI、SQL Server Analysis Services 和 Microsoft Power Pivot for Excel 中使用的分析语言。DAX 最早出现于 Power Pivot for Excel 2010，这也是 Power Pivot 发布的第一个版本。

DAX 不同于你以前学习过的任何语言。虽然它的函数有些与 Excel 相同，但是它同 Excel 函数公式是两个完全不同的函数语言。虽然 DAX 可以执行查询，但是它也不同于 SQL 语言。所以对于大多数新接触 Power BI 和 Power Pivot 的用户来说，DAX 的确是一个全新的函数语言，需要我们以全新的眼光去对待和学习。在学习 DAX 的过程中，请将学习 Excel 工作表函数公式以及 SQL 的经验全部暂时忘掉，不要将它们带入学习 DAX 语言的过程中，以避免产生不必要的困惑。

DAX 函数总计有 200 个左右，常见的不足 100 个。根据函数的类型可以分为 15 类，分别是窗口函数、聚合函数、日期和时间函数、筛选器函数、财务函数、信息函数、逻辑函数、数学函数、父/子函数、关系函数、统计函数、表函数、文本函数、时间智能函数以及其他函数。

在 DAX 函数中，结果能返回一个表的函数叫作表函数；结果能返回单个值的函数叫作值函数。了解表函数和值函数的区别非常重要，因为在调用函数时，很多用户会将这两种函数用错。在 DAX 中，除了可以通过编写度量值和新建新列来生成单个值，还可以通过新建表和编写查询来生成单个值。具体的函数类型列表，可以查看微软 DAX 的官方文档。

6.1.2 创建 DAX 表达式时，表、列和度量值的引用方式

在 Power BI 中，对数据的操作都是以列和表为基本的单位，这不同于 Excel，所以对于表和列的引用的方式也是不一样的。

表的引用方式是将表名使用英文单引号包围起来，如：

```
'表名'
'订单表'
```

表名如果是中文，那么必须使用英文单引号将表名引起来；如果是英文表名且不是数字、空格及 DAX 的保留字，则可以省略单引号，直接写表名。

列的引用方式是先书写表名，并用单引号将其引起来，接着用方括号将列号括起来，如：

```
'表名'[列名]
'订单表'[订单编号]
```

度量值是使用 DAX 函数创建的一个表达式。度量值可以创建在任何一个表中，但是度量值并不属于该表。换言之，度量值不属于任何表，但可以随意放置在任意表中。度量值的引用

虽然可以带上表名，使用同列名一样的引用方式，但是为了与引用的列进行区分，强烈建议用户引用度量值时，直接在方括号中写入度量值名：

[度量值名称]

[销售总金额]

在之后的章节中，我们将频繁地使用表、列和度量值的引用方式，所以建议大家牢记这3 个对象的引用规则。

6.1.3 DAX 运算符和数据类型

DAX 运算符和数据类型是 DAX 最基本的运算构成要素，是编写 DAX 表达式时使用的基本知识。

表 6-1 所示是 Power BI 中 DAX 的运算符类型。

表 6-1　Power BI 中 DAX 的运算符类型

运算符类型	运算符说明	运算符	应用举例
四则运算	加	+	5+5
	减 / 负	–	6–5
	乘	*	2*3
	除	/	10/5
比较	等于	=	'产品表' [产品分类] = "一类"
	严格相等	==	'产品表' [产品分类] == 　BLANK()
	不等于	<>	'产品表' [产品分类] <> "一类"
	大于或等于	>=	'产品表' [成本价格] >= 90
	大于	>	'产品表' [成本价格] > 90
	小于或等于	<=	'产品表' [成本价格] <= 90
	小于	<	'产品表' [成本价格] < 90
文本连接	连接	&	"最大销售额" & [最大销售额]
逻辑运算符	或	||	'产品表' [产品分类] = "一类" || '产品表' [成本价格] < 90
	与	&&	'产品表' [产品分类] = "一类" && '产品表' [成本价格] < 90
	包含	IN	'产品表' [产品分类]　IN {"一类","三类"}
	非	NOT	NOT '产品表' [成本价格] < 90

逻辑运算符的"或"和"与"对应的函数是 OR 及 AND。但是前者是运算符，后者是 DAX 函数，这两者都可以用来表达"或"及"与"的问题。下面以"与"的情况为例进行说明。

'产品表'[产品分类] = "一类"　|| 　'产品表'[成本价格] < 90

AND （'产品表'[产品分类] = "一类", 　'产品表'[成本价格] < 90 ）

上述这两种情况是等价的，但是前者可以支持多个条件的串连，后者只能接受两个参数；

前者的写法比较简便，后者的写法比较复杂。在实际使用中，建议直接使用运算符的方式。

> 条件表达式 1 && 条件表达式 2 && … && 条件表达式 n

IN 运算符会在后面的章节中进行讲解。在 DAX 中，要想提升计算的优先级，可以使用小括号将其括起来。

除了运算符类型之外，数据类型也是 Power BI 中必须规范使用的知识点。表 6-2 所示是 Power BI 中 DAX 的 9 种数据类型。

表 6-2　Power BI 中 DAX 的 9 种数据类型

序号	数据类型	说明
1	整数	表示 64 位整数值
2	十进制数字	是最常见的数据类型，可以处理具有小数值和整数的数字，即浮点数
3	定点小数	定点小数的十进制分隔符位置是固定的。十进制分隔符右侧始终有四位数，并可以表示有意义的 19 位数。货币数据类型也叫定点小数
4	日期 / 时间	DAX 中的日期和时间可以与十进制数字进行转换。数据类型支持介于 1900 年和 9999 年之间的日期，如 2024-01-21 15：00：00
5	日期	仅表示日期部分，没有时间部分，如 2024-01-21
6	时间	仅表示时间部分，没有日期部分，如 15：00：00
7	文本	在默认情况下，字符的比较不区分大小写，并将字母的不同大小写形式视为相同值，如 "A" 等于 "a"
8	True/False	True 或 False 的布尔值。为了获得最佳和最一致的结果，将包含布尔信息的列加载到 Power BI 中时，需将列类型设置为 "True" 或 "False"
9	二进制	Power BI 数据模型不支持二进制列。由于遗留原因，"二进制"选项存在于数据视图和报表视图菜单中

数据类型直接决定表达式能不能进行计算，在编写表达式之前一定要仔细检查相关列的数据类型设置是否合适。比如，要对销售金额求和，但是该列的数据类型是文本型，没有转换为定点小数，那么 DAX 表达式会报错，并提示文本值不能进行聚合运算。

6.2　新建列、新建表和度量值

上一节内容介绍了 DAX 的概念、运算符以及数据类型等基础知识。从这一节开始，我们将正式开始学习并使用 DAX。这些知识将令你惊叹于 DAX 的高效与神奇，同时也会让你产生很多困惑，因为 DAX 不同于你的知识库中的其他知识。同时，请你做好学习 DAX 的准备，即使你第一次学习时没有理解它也很正常，因为要想掌握它，需要反复的学习和大量的练习。

6.2.1　新建列与新建表

新建列和新建表一般情况下在 Power BI 的表格视图下实现。

新建列

新建列是指为已经添加到模型中的表添加一个新列。该列是由 DAX 公式来创建的，而不是从数据源加载过来的。新建列与表中的其他列都是一样的，都可以在视觉对象中被使用（如同在数据透视表中使用列一样）。新建列也叫计算列，其创建过程必须在模型的一个表中进行。新建列的表达式生成的结果是一个值（标量表达式）。新建列的格式如下：

> 列名 = 标量表达式

在表格视图下，选中要添加新列的表（右侧的数据窗格中）后，在"表工具"选项卡中选择"新建列"选项，就可以添加新列了，如图 6-1 所示。

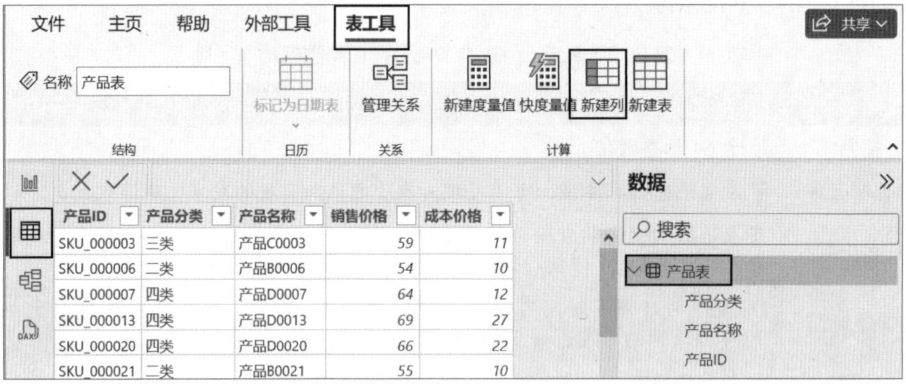

图 6-1　新建列选项

比如，要在产品表中添加一个新列来计算销售价格和成本价格的价差，可按图 6-1 所示的步骤执行后，激活公式编辑栏，在公式编辑栏中输入以下计算价格差的公式，然后按 Enter 键完成添加，如图 6-2 所示。

> 价格差 = '产品表'[销售价格] - '产品表'[成本价格]

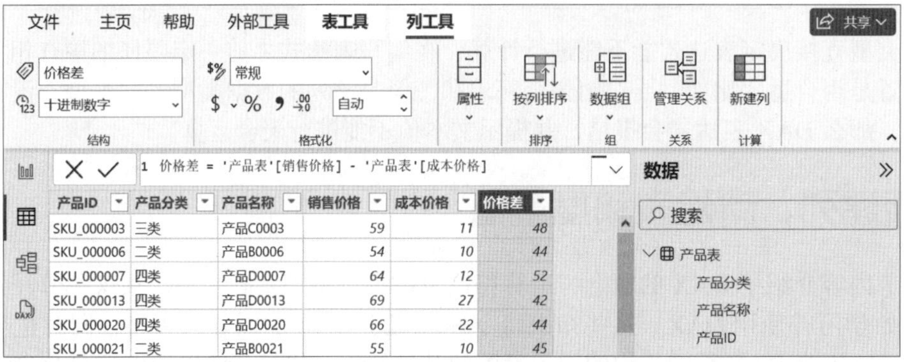

图 6-2　在产品中添加新列来计算价格差

在公式编辑栏中输入公式时，可以利用 Power BI 公式的智能提示，减少对表名和列名的直接输入。在等号（=）后面输入一个英文单引号（'），能智能地提示所有的表名和列名。选择表名后，再输入一个左中括号（[），可以只提示当前表中的所有列。在提示中可以直接使用键盘上的方向键来选择表名和列名，这种智能提示方式在各种需要键入公式的场景中都能使用，如图 6-3 所示。

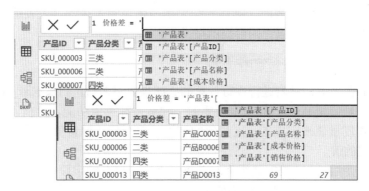

图 6-3　输入公式时使用智能提示快速引用表和列

一般来说，在复杂的计算场景下，新建列可以极大地提升计算效率，但是在实际操作中，并不建议过多地创建新列，因为创建的新列会占用大量的计算机内存，降低计算效率，建议更多使用度量值，但是这也要区分场景。

新建表

在表格视图下，同新建列一样，还可以使用新建表功能。新建表，顾名思义，就是创建一个新表，这个新表可以同其他的表一样，正常参与各种计算和查询。新建表的格式如下：

表名 = 表表达式

这里新建一个表，从客户表中筛选出女性客户的明细。步骤为，在表格视图下选择"新建表"选项后，在公式编辑栏中输入表表达式，如图 6-4 所示。

女性客户表 = FILTER（'客户表'，'客户表'[客户性别]="女"）

图 6-4　使用新建表功能创建新表

需要注意的是，新建列时，需要一个结果是标量值（单个值）的表达式（标量表达式），新建列也可以叫计算列；新建表时，则需要结果是一张表的表达式（表表达式），新建表也可以叫计算表。如果表达式不对应，则会提示报错。

6.2.2 度量值的创建、管理和格式化

新建列是添加在表中，对表进行逐行计算的。如果要对多行进行聚合计算，度量值是一种非常好的方法。度量值是 Power BI 中最重要的一种聚合计算值功能。分析计算中 90% 以上的场景都是通过创建度量值来完成的。度量值的结果是单个值（标量值），但它可以根据行列环境的不同产生不同的值。

度量值就像在使用 Excel 数据透视表时，将一个用于聚合的字段拖放至值字段中并设置计算方式（如求和等）。创建度量值的格式如下：

度量值名称 = 表达式

在 Power BI 中的报表视图、表格视图以及模型视图中都可以创建度量值。创建度量值的方法很简单，在上述三种视图中（通常在表格视图下）单击"新建度量值"按钮，激活公式编辑栏即可。比如，要创建一个计算所有产品的销售数量的度量值，可以在表格视图中，单击"表工具"选项卡下的"新建度量值"选项，然后键入度量值的名称和表达式，按 Enter 键或者执行按钮，如图 6-5 所示。

销售总数量 = SUM（ '订单表' [销售数量] ）

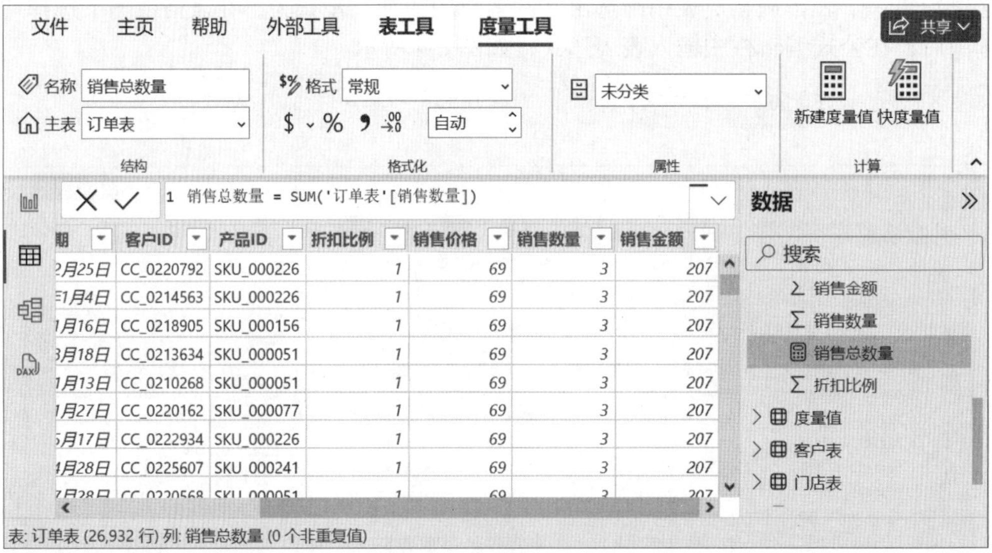

图 6-5　创建度量值

新建度量值或者列时，名称前都不需要带表名，直接输入指定的名称即可。

度量值本身不属于任何表，可以放置于任意一个表中。图 6-5 所示，在"度量工具"选项卡下的"主表"选项中，可以将度量值放置于任意表中（如订单表），放置的位置对度量值的结果没有任何影响。度量值与新建列一样，都可以设置数据类型和格式。

度量值是可以被其他的度量值引用的。也就是说，在另外一个度量值中，可以引用已有的

度量值，在此基础上计算新值。在引用度量值时，为了与列名进行区分，建议直接输入中括号后选择度量值，不要带表名。比如，创建一个新的度量值，将销售总数量的度量值除以 500。

```
销售总数量除以 500 = [ 销售总数量 ] / 500
```

对于度量值也可以进行修改和删除。修改度量值的方法是找到已创建的度量值，将其选中，然后在公式编辑栏中直接进行修改。删除度量值的方法是找到度量值，将其选中，单击鼠标右键，在快捷菜单中选择"从模型中删除"。

当创建的度量值太多，需要集中管理时，我们可以创建一个只有一行一列的空表，或者使用 Power Query 创建一个空表并加载进来，然后将度量值集中放置于该表中。具体的方法：在模型视图下，将已经创建的度量值拖入刚创建的新表中。后面创建度量值时，可直接在该表中进行创建或者将度量值的所属表选择为该表，如图 6-6 所示。

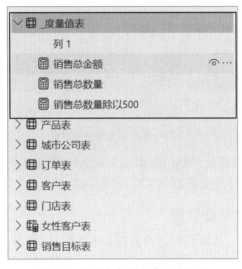

图 6-6　使用表来集中管理度量值

DAX 函数不区分大小写，但是为了增强代码的可读性，建议将函数名称大写。由于 DAX 代码有时会比较长，此时需要注意规范地书写代码。

（1）度量值名称和等号通常书写在第一行，表达式从第二行开始写起。换行时可以使用 <Shift+Enter> 键进行缩进对齐，缩进时使用 4 个空格或者 Tab 键。

（2）函数名与左括号书写在同一行，并且始终使用空格将函数名与其他的术语分隔开来；函数的不同参数的换行应尽可能地对齐；在书写多行公式时，函数结尾的右括号独自成一行，并与函数的左括号对齐。

（3）尽可能在逗号后面使用空格，不要在逗号之前使用空格；表示参数结束的逗号应该与参数处于同一行。

（4）引用表名和列名时必须使用"表名 [列名]"的形式，引用度量值时建议使用"[度量值名]"。

（5）DAX 代码的注释规则主要有两种：一种是"--"和"//"，其用来添加单行注释；另一种是"/*"和"*/"，其用来添加多行注释，注释内容写在两个星号中间。

在书写 DAX 代码时还要注意格式。同时，也可以使用格式化工具对代码进行格式化：一是，将书写好的代码复制粘贴到"DAX Formatter"网站的格式化代码框中进行格式化；二是，使用 DAX Studio 或者 Tabular Editor 软件对 DAX 代码进行格式化。如图 6-7 所示，这里是使用 DAX Studio 软件对已经编写好的代码进行格式化的结果。

```
1  毛利润 =
2  /*
3  销售毛利 = 销售金额 - 销售数量*成本价格
4  毛利率 = 销售毛利 / 销售金额
5  */
6  VAR salestotal =
7      SUM ( '订单表'[销售金额] ) -- 计算销售金额
8  VAR costtotal =
9      SUMX (
10         '订单表',
11         '订单表'[销售数量] * RELATED ( '产品表'[成本价格] )
12     ) --计算成本
13 VAR gross_margin =
14     salestotal - costtotal --计算销售毛利
15 VAR gross_margin_pct =
16     DIVIDE (
17         gross_margin,
18         salestotal
19     ) --计算毛利率
20 RETURN
21     gross_margin_pct
22
```

图 6-7　格式化度量值并注释

度量值是 Power BI 中最重要、使用频率非常高的计算类型，所以只有熟练掌握度量值的创建、管理和格式化方法，才能更好地驾驭后面的内容。

6.2.3 　如何选择度量值与新建列

度量值与新建列都能完成计算，但是两者有着本质的区别。新建列是依附于表中的，以行为上下文进行计算，对报表的操作不会影响已经创建的新建列；而度量值是在指定的上下文环境中对数据进行聚合。比如，在矩阵等视觉对象中，当行、列、图例、切片器或者筛选器中的筛选条件变化时，度量值都会发生相应的变化。因此，在实际操作的过程中，应当正确地选择度量值和新建列。

在以下 4 种情况中，建议使用新建列。

（1）需要对值进行分类并用作切片器时，比如对价格划分区间范围（如 50 元以内、50~100 元、100 元以上）。

（2）需要将结果用于视觉对象的行、列、图例、切片器以及筛选器的筛选条件时，就必须使用新建列。

（3）当创建的计算是基于行的，且需要和表中其他的列进行绑定时，建议使用新建列。比如，要计算产品表中的单个产品的毛利，则可以添加一个新建列：毛利 = 销售价格—成本价格。

（4）在使用度量值编写复杂的分析时，可以使用新建列来简化计算的复杂度。

虽然新建列和度量值都能完成计算，但是使用新建列会占用内存，而度量值则不会。所以除上述情况外，在报表分析时最好优先选用度量值。

6.2.4 在视觉对象中使用度量值和表中的字段

在学习 DAX 之前，需要先掌握如何创建视觉对象以及使用度量值和表中的字段。在 Power BI 中，专门展示数据分析结果的图表叫视觉对象。本节内容将以 Power BI 内置的视觉对象为例，来简单地介绍如何展示分析结果。

Power BI 中视觉对象的使用方法类似于 Excel 中的数据透视表和数据透视图，都是将表中的字段添加到视觉对象中。在报表视图下，使用"插入"选项卡下的"视觉库"选项，或者在右侧的窗格切换区都可以看到的视觉对象，如图 6-8 所示。（注意，图 6-8 所示的界面，在设置预览功能时开启了"对象上交互"选项，旧版本或者未勾选该选项时界面会稍有不同。）

图 6-8　Power BI 中的视觉对象

下面以矩阵（类似于数据透视表）、堆积条形图和切片器的使用为例，学习视觉对象的使用。

矩阵是一类常用的 Power BI 视觉对象，它类似于 Excel 中的数据透视表，只要将字段和度量值添加到对应的框中，就可以生成结果。比如，要在矩阵中计算每个大区的每个产品分类的销售总金额，可按如下步骤进行操作。

在报表视图下，依次选择"插入"选项卡→"矩阵"视觉对象，然后将"城市公司表"中的"大区名称"字段添加到"生成视觉对象"窗格中的"行"，将"产品表"中的"产品分类"字段添加到"列"，将"度量值"表中的"销售总金额"添加到"值"，矩阵视觉对象就会生成结果，如图 6-9 所示。添加字段或者度量值可以通过鼠标拖选，也可以在"生成视觉对象窗格"中单击"添加数据"按钮来进行选择。

同样，我们还可以在当前画布上插入一个堆积条形图和一个用于控制图表交互的切片器，并分别添加对应的字段和度量值，如图 6-10 所示。

视觉对象的格式化，可以在"格式"设置窗格中根据自己的需要进行设置。

在生成视觉对象时，表中的字段一般用于表示维度，如大区名称和产品分类；度量值一般用于表示聚合计算的值，如销售总金额。当然，也可以添加订单表中的"销售金额"列，设置计算方式为求和（类似于数据透视表的设置），但是不建议这样做，因为使用度量值更加方便和灵活。

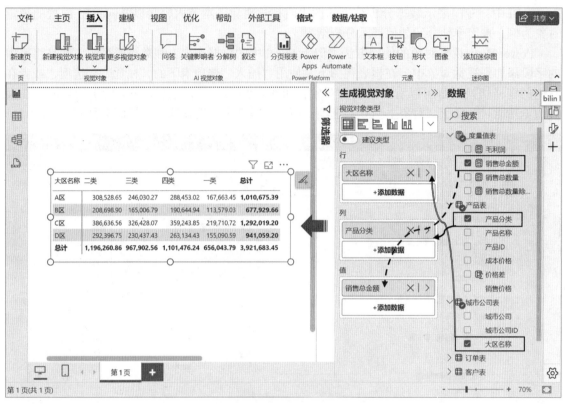

图 6-9　在 Power BI 中使用矩阵视觉对象生成结果

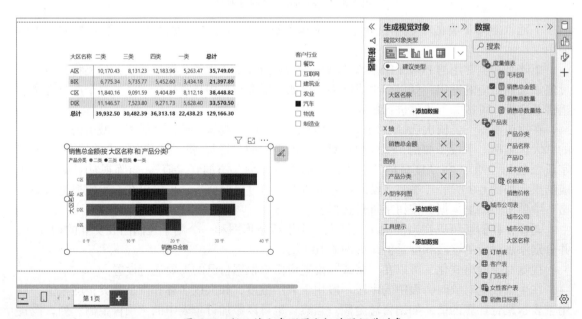

图 6-10　插入堆积条形图和切片器视觉对象

视觉对象只能通过表中的列和度量值才能产生对应的视觉效果；所有已经生成的视觉对象都是一个由列和度量值组成的表，并可在视觉对象右上角更多选项中的"以表的形式显示"中看到。

6.3 理解 Power BI 的数据模型

本节将主要介绍 Power BI 的数据模型是如何工作的。

6.3.1 数据模型中表间关系的传递

在图 6-9 和图 6-10 中，大区名称列来自城市公司表，产品分类来自产品表，度量值——销售总金额来自订单表。它们之所以能正确地在矩阵和视觉对象中计算出结果，都归功于图 6-11 所示的数据模型。本小节将以数据模型中的城市公司表、门店表和订单表的关系链为例（高亮部分），介绍数据模型中的关系的传递方式。

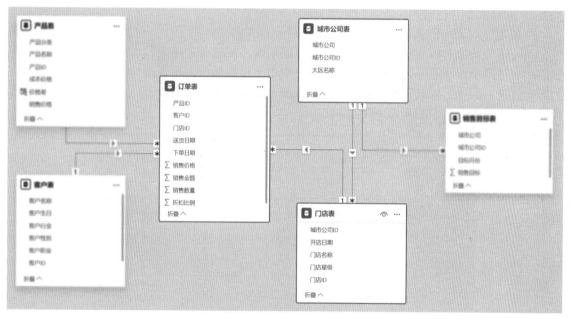

图 6-11　Power BI 中的数据模型

在矩阵视觉对象中，将城市公司表中的大区名称添加到行，将度量值——销售总金额和销售总数量添加到值，计算结果如图 6-12 所示。

```
销售总数量 = SUM ( '订单表'[销售数量] )
销售总金额 = SUM ( '订单表'[销售金额] )
```

从计算结果可以看到，"销售数量"和"销售金额"列都是订单表中的列，行标签是城市公司表中的大区名称列。在图 6-11 的数据模型中，城市公司表和订单表没有直接的关系，中间还间隔着一个门店表。那为什么还能计算出正确的结果呢？这一切都得从数据模型的要素说起。

大区名称	销售总数量	销售总金额
A区	22,308.00	1,010,675.39
B区	16,230.00	677,929.66
C区	30,656.00	1,292,019.20
D区	23,690.00	941,059.20
总计	**92,884.00**	**3,921,683.45**

图 6-12　计算各大区的销售总数量和销售总金额

城市公司表与门店表之间是一对多的关系，箭头方向是从城市公司表指向门店表，也就是说城市公司表的每一个城市公司 ID 关联了门店表中的多个门店对应的城市公司 ID，因为方向是确定的，所以，城市公司表中的每一个城市公司 ID 对应的值都能对门店表中对应的值进行筛选；同样，门店表的主键门店 ID 也能对订单表中的外键门店 ID 对应的值进行筛选。

为什么城市公司表与订单表之间隔了一个门店表也能进行筛选和传递呢？这是因为中间的门店表作为媒介，使城市公司表、门店表和订单表之间形成了"通路"，从而城市公司表也可以通过关系规定的方向对订单表进行筛选。与此类似，在城市公司表和订单表之间不管间隔多少个表，只要存在统一方向的关系，城市公司表就可以对订单表进行筛选。换言之，关系始终能从开始的表传递到末端的表，但前提是所有的关系要具备相同的基数（比如这里的一对多关系），并且都要有相同的传递方向。

在城市公司表—门店表—订单表关系链路（有方向的链路）中，城市公司表是最开始的表，而订单表是最末端的表。最末端的表可以隐形地匹配这条链路上其所有的上级表的列。例如门店表可以隐形地通过公共列将它的所有上级表（包括城市公司表及其他上级表）中的所有列匹配过来；同样，订单表也可以将它的上级表（包括门店表和城市公司表）中的所有列隐形地匹配到一张表中，如图 6-13 所示。

列名	城市公司表	门店表	订单表
城市公司	◆	◆	◆
城市公司ID	◆	◆	◆
大区名称	◆	◆	◆
城市公司ID		●	●
开店日期		●	●
门店名称		●	●
门店星级		●	●
门店ID		●	●
产品ID			■
客户ID			■
门店ID			■
送货日期			■
下单日期			■
销售价格			■
销售金额			■
销售数量			■
折扣比例			■

图 6-13　城市公司表—门店表—订单表关系链路

在数据模型中，关系的传递总是沿着表间关系的箭头方向进行。在单向的一对多关系中，上级表可以筛选下级表，但是下级表不能筛选上级表，每个表都可能有多个上级表或者下级表。如果表间存在关系，关系就会按照方向一直传递到最后一个表，不管中间间隔了多个表。

当我们将城市公司表中的大区名称列放在矩阵中时，模型已事先为我们做好了隐形匹配，即将订单表中隐藏的大区名称列放在矩阵中。我们只需要建立关系，就可以让 Power BI 高效地完成计算。上述内容以一对多关系为例，介绍了关系的传递方式，但这仅是关系传递众多情形中的一种，并不代表全部的关系传递类型。 Power BI 数据模型的关系传递是一个复杂的过程，它需要大量的实践来支撑理论学习。如果学有余力，可以进一步深入了解扩展表的原理。

6.3.2 数据模型中的跨表引用

Power BI 中的一切计算都是基于数据模型的，单表是数据模型，多个表也是数据模型。对于多个表来说，有时候需要跨表引用。这好比我们在使用 Excel 时，需要利用 VLOOKUP 函数将另一个表中的数据按规则匹配在当前表中。

Power BI 中，实现跨表引用或者匹配数据的函数主要有 RELATED、RELATEDTABLE 和 LOOKUPVALUE 函数。跨表引用列的操作既可以在创建列时使用，也可以在创建度量值时使用。本节内容将以创建列为例，来介绍这几个函数在一对多的关系模型中的使用。

RELATED 函数主要在关系的多端表中使用，用来获取已经创建关系的一端表中的数据。该函数只有一个参数：一端表的列名。需要哪一列就写哪一列。其语法如下：

```
RELATED ( 列名 )
```

比如，在门店表中新建“大区名称”列的方法是，在门店表中，选择“新建列”选项，然后输入以下公式，就可以返回每个门店对应的城市公司名称。因为这两个表之间已经创建了关系，RELATED 函数只是利用关系返回了对应的值，如图 6-14 所示。

```
大区名称 = RELATED ( '城市公司表'[ 大区名称 ] )
```

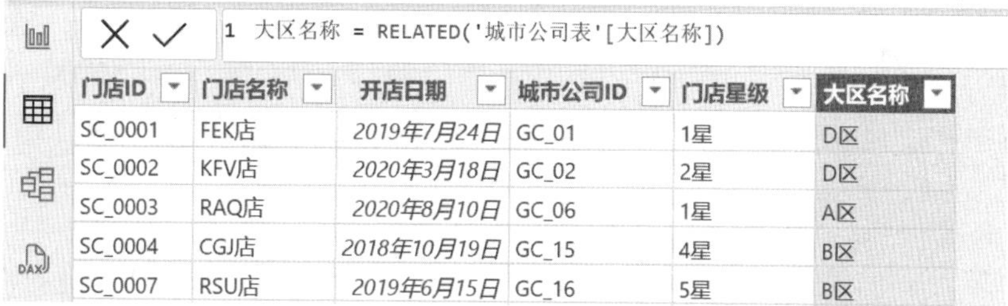
1 大区名称 = RELATED('城市公司表'[大区名称])

门店ID	门店名称	开店日期	城市公司ID	门店星级	大区名称
SC_0001	FEK店	2019年7月24日	GC_01	1星	D区
SC_0002	KFV店	2020年3月18日	GC_02	2星	D区
SC_0003	RAQ店	2020年8月10日	GC_06	1星	A区
SC_0004	CGJ店	2018年10月19日	GC_15	4星	B区
SC_0007	RSU店	2019年6月15日	GC_16	5星	B区

图 6-14　使用 RELATED 函数实现跨表引用

反过来，在一端的表中引用多端表中的列，需要使用 RELATEDTABLE 函数。该函数主要用于一端表中，从多端表中取出数据，返回结果为一个表。它需要与聚合函数搭配使用，其语法如下：

```
= RELATEDTABLE ( 表名 )
```

比如，在城市公司表中，新建一列，用于计算每个城市公司有多少个门店。因为城市公司表和门店表是一对多的关系，所以每一个公司可能存在多个门店。在引用时需要搭配使用聚合函数 COUNTROWS 和从多端表中匹配数据的 RELATEDTABLE 函数，如图 6-15 所示。

```
门店数量 = COUNTROWS(RELATEDTABLE(' 门店表 '))
```

```
1 门店数量 = COUNTROWS(RELATEDTABLE('门店表'))
```

大区名称	城市公司ID	城市公司	门店数量
D区	GC_01	北京公司	1
D区	GC_02	天津公司	2
D区	GC_03	长春公司	10
D区	GC_04	吉林公司	9
A区	GC_05	南宁公司	7

图 6-15　使用 RELATEDTABLE 函数跨表计算门店数量

RELATEDTABLE 函数返回的结果是一个表，不能直接用于新建列或者度量值，需要配合聚合函数，不然结果会报错；而 RELATED 只返回单个值。在一对一的关系中，这两个函数可以同时使用，因为在一对一的关系中，得到的结果是单行单列表，此时 DAX 可以自动将其转换为标量值。

除此之外，当不能使用 RELATED 函数利用数据模型现有的关系获取数据时，可以使用类似于 VLOOKUP 的函数——LOOKUPVALUE。该函数适用于根据关键字进行匹配的场景，是一个搜索函数。其语法如下：

```
LOOKUPVALUE ( 结果列, 查找列, 查找值, [ 查找列, 查找值, … ], [ 替换值 ] )
```

比如，在门店表中创建一个新列，匹配当前表中每个门店所在的大区，对于找不到或者对应多个值的情况可以指定一个替换值空，结果如图 6-16 所示。

```
LOOKUPVALUE 大区名称 =
LOOKUPVALUE ( '城市公司表'[ 大区名称 ], '城市公司表'[ 城市公司 ID], '门店
表'[ 城市公司 ID], BLANK() )
```

```
1 LOOKUPVALUE大区名称 = LOOKUPVALUE('城市公司表'[大区名称],'城市公司表'[城市公司ID],'门店表'[城市公司ID],BLANK())
```

门店ID	门店名称	开店日期	城市公司ID	门店星级	大区名称	LOOKUPVALUE大区名称
SC_0001	FEK店	2019年7月24日	GC_01	1星	D区	D区
SC_0002	KFV店	2020年3月18日	GC_02	2星	D区	D区
SC_0003	RAQ店	2020年8月10日	GC_06	1星	A区	A区
SC_0004	CGJ店	2018年10月19日	GC_15	4星	B区	B区
SC_0007	RSU店	2019年6月15日	GC_16	5星	B区	B区
SC_0008	MIB店	2018年8月31日	GC_14	4星	C区	C区
SC_0009	LFM店	2019年11月17日	GC_03	4星	D区	D区
SC_0011	UKM店	2018年12月31日	GC_03	1星	D区	D区
SC_0012	JAY店	2021年1月6日	GC_09	3星	D区	D区

图 6-16　使用 LOOKUPVALUE 函数匹配结果

这些引用或者搜索函数的使用，要视具体的场景来确定。建议优先使用 RELATED 函数，因为利用数据模型是最高效和最有用的方式。

6.3.3 数据模型的参照完整性

本小节将通过一个数据设计示例，来介绍数据模型的参照完整性原则。

在 Power Query 编辑器中，将城市公司表中的“D 区”数据删除。在矩阵视觉对象的行

中添加"城市公司"列，值中分别添加度量值"销售总金额"和"销售总数量"，再将城市公司表中的"大区名称"添加到切片器中，此时发现在矩阵和切片器中都出现了"（空白）"，如图 6-17 所示。

城市公司	销售总金额	销售总数量
	941,059.20	23,690.00
成都公司	264,928.91	6,204.00
广州公司	537,059.06	10,779.00
杭州公司	177,212.99	5,053.00
合肥公司	398,097.96	9,273.00
南京公司	215,644.59	5,823.00
南宁公司	187,502.08	4,497.00
上海公司	10,903.96	391.00
武汉公司	501,063.66	10,507.00
西安公司	115,938.20	2,541.00
长沙公司	275,210.29	6,641.00
郑州公司	243,428.50	5,699.00
重庆公司	53,634.05	1,786.00
总计	3,921,683.45	92,884.00

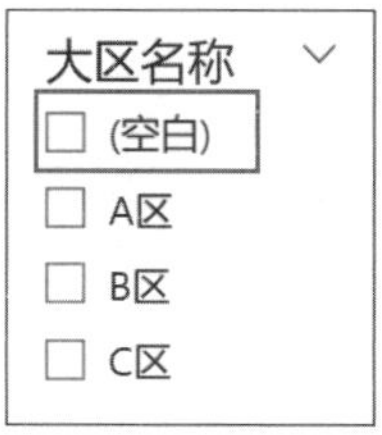

大区名称 ∨
- ☐ （空白）
- ☐ A区
- ☐ B区
- ☐ C区

图 6-17　在矩阵的行标签和切片器选项中出现了"（空白）"

空白的出现会不会是本身就存在空行呢？通过检查城市公司表中的"城市公司"列和"大区名称"列都没有发现有缺失数据的存在，那到底是为什么呢？

在关系型数据库中有三类完整性约束：实体完整性、参照完整性和用户自定义完整性。这里重点介绍一下参照完整性。参照完整性是具有关联关系的两个表之间的引用关系。简单地说，就是外键必须包含在主键中，可以和主键的数量一样多，但是不能多于主键。比如，主键有 A、B 和 C，而外键有 A、B、C 和 D，那么外键明显比主键多了一个元素 D，此时就违反了关系模型中的参照完整性原则。

在图 6-17 中，城市公司表中已经删除了"D 区"数据，沿着关系传递到门店表和订单表，因此城市公司表中的"大区名称"列的唯一值明显就比门店表和订单表中的少，所以，这就违反了参照完整性原则，出现了空白，即城市表中的城市公司的唯一值少于订单表中的城市公司的唯一值。换言之，在订单表中的部分城市公司无法匹配到城市表中的城市公司，因为订单表中未匹配到的城市公司在城市表中不存在。

在 Power BI 中，允许违反参照完整性原则的情况出现。如图 6-17 所示，维度表与事实表出现了不匹配的情况，未匹配的数据统一显示为一行"（空白）"，切片器也是同样的原理。空白不代表不匹配的记录条数，即使存在多条不匹配的记录也只显示一个空白行。除此之外，如果维度表中本身就存在空白，也会出现空白。在实操的过程中，要注意区分和判断。

那么如何处理空白呢？一种方法是将维度表补全，使维度表和事实表完全匹配；另一种方法是，如果确实不需要这些不匹配的数据，可以在筛选器窗格中将空白筛掉，如图 6-18 所示。

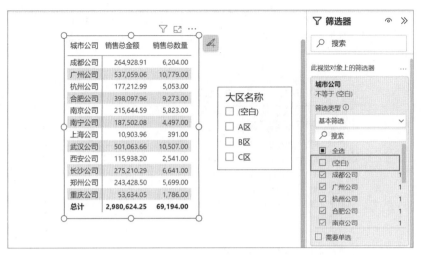

图 6-18　在筛选器窗格中取消"（空白）"项勾选

在实际使用过程中，要谨慎区分空白是由于缺失数据造成的，还是违反参照完整性原则造成的，以便采取不同的解决办法。

6.4　初识 DAX 基础函数

通过学习前面三节内容，我们已经对 DAX 有了一个基本的认识，领略了 DAX 和数据模型的强大功能，但是这还不足以让我们灵活地应用这些函数。所以本节内容我们将学习 DAX 中使用频率最高的一些基础函数，以解决分析中的大多数问题。

6.4.1　认识和使用结尾带有"X"的迭代函数

在前面我们已经认识了一些简单的聚合函数，如 SUM、AVERAGE、COUNTROWS、MAX 和 MIN 等。这些函数只有一个参数，写入列名或者表名就可以计算相应的值。除了 MAX 和 MIN 可以分别对文本求最大值和最小值以外，其他的聚合函数都只能对数值和日期进行计算。

比如，销售总金额的度量值，可以写成：

```
销售总金额 = SUM（'订单表'[销售金额]）
```

在上述这些函数的末尾连接"X"，就会将其变成一个迭代函数。

在通常情况下迭代函数有两个参数：一个参数是要扫描的表，另外一个参数是为表的每一行计值的表达式。在完成对表的扫描并逐行计算表达式之后，迭代函数将根据其聚合的类型聚合部分结果。迭代函数中的迭代并不是常规意义上的迭代，而是可以理解为按行扫描或者遍历。

迭代函数有两种类型：一种是"聚合函数 +X"且对结果进行聚合的形式，比如 SUMX、AVERAGEX、MINX、MAXX、COUNTX 和 CONCATENATEX 等函数；另一种是不对结果进行聚合的函数，比如常用的 FILTER 和 ADDCOLUMNS 等函数。

本小节将以 SUMX 函数为例来讲解"聚合函数 +X"类迭代函数的用法。其他的迭代函数将在后面的章节中进行介绍。用 SUMX 函数扫描整个表，对表中的每一行执行第 2 个参数的表达式，最后再对结果执行求和。其具体的语法如下：

> SUMX（表名，表达式）

比如，计算每个大区的折扣金额，常规的方法是先在订单表中创建一个新列，计算出每一个订单的折扣金额。计算列的公式如下：

> 折扣金额 = '订单表'[销售价格] * (1-'订单表'[折扣比例]) * '订单表'[销售数量]

然后再创建一个度量值列用于计算折扣总金额。

> 折扣总金额（普通）= SUM（'订单表'[折扣金额]）

这种方法就类似于添加一个辅助列，但是创建列会占用大量的内存，因此可以选择不占用内存的迭代函数来直接创建一个度量值，即

> 折扣总金额 (sumx) =
> SUMX（'订单表'，'订单表'[销售价格] * (1 - '订单表'[折扣比例]) * '订单表'[销售数量]）

两种不同的方法计算出的结果，如图 6-19 所示。

大区名称	销售总金额	折扣总金额(普通)	折扣总金额(sumx)
A区	1010675.39	302,868.61	302,868.61
B区	677929.66	276,832.34	276,832.34
C区	1292019.20	510,933.80	510,933.80
D区	941059.20	453,028.80	453,028.80
总计	3921683.45	1,543,663.55	1,543,663.55

图 6-19　两种不同的方法计算出的折扣总金额

在 SUMX 计算的过程中，先对订单表进行扫描，然后再逐行计算折扣金额，最后才对结果进行求和。迭代函数 SUMX 与聚合函数 SUM 是对应关系，使用前者并不会带来性能问题，因为 SUM 是 SUMX 函数的"语法糖"形式（也就是简化形式）。

其他的结尾带有"X"的迭代函数的用法和原理也是一样的，只不过聚合方式不同。

6.4.2　FILTER 函数和运算符的用法

在上一小节中，我们认识了"聚合函数 +X"的迭代函数，下面我们将学习迭代函数 FILTER。该函数既是一个表函数（即结果生成表的函数），又是一个迭代函数，主要用来返回筛选表中满足条件的行。第一个参数是要迭代的表，第二个参数是一个条件表达式，即返回 TRUE 或 FALSE 的表达式。其语法如下：

> FILTER（表名，条件表达式）

FILTER 函数经常与运算符一起搭配使用。下面来看几个例子。

FILTER 是一个表函数。可以使用 DAX 查询视图或者新建表的方法查看 FILTER 的筛选结果。比如，我们要筛选客户表中为男性的记录，新建表的公式可以写成：

```
FILTER ( '客户表', '客户表'[客户性别] = "男" )
```

💧 计算客户表中性别为男性，并且注册日期在 2021 年以后的客户数量。

FILTER 的条件表达式只能是一个参数，此时可以使用 AND（&&）以及 OR（‖）函数或运算符来串联多个条件。度量值可以写成：

```
2021 年后注册的客户数量 =
COUNTROWS (
    FILTER ( '客户表',
'客户表'[客户性别] = "男" && '客户表'[注册日期] >= DATE ( 2021, 1, 1 ) )
)
```

💧 计算客户表中职业是销售、运营和个体户等销售类客户的数量。

如果使用 OR（‖），那么公式会写很长，因此可以使用包含运算符（IN）。度量值可以写成：

```
销售类客户数量 =
COUNTROWS (
    FILTER('客户表', '客户表'[客户职业] IN {"销售","运营","个体户"} )
)
```

需要注意的是，{"销售","运营","个体户"}部分是一个匿名表，相当于一个一列三行的表，使用 FILTER 逐行判断客户职业有没有在这个匿名表中出现，如果出现就是 TRUE。

IN 运算符可用于判断值是否包含在一个表中。IN 运算符是函数 CONTAINSROW 的"语法糖"形式。所以上面的度量值也可以写成：

```
销售类客户数量 (CONTAINSROW) =
COUNTROWS (
    FILTER('客户表', CONTAINSROW({"销售","运营","个体户"}, '客户表'[客户职业] ) )
)
```

判断字符串的包含可以使用 CONTAINSSTRING 函数或者 FIND 函数。

💧 计算客户性别为男性且折扣比例大于或等 0.6 的销售总金额。

```
折扣高于 0.6 的男性的销售总金额（方式 1）=
```

```
SUMX (
    FILTER (
        FILTER ( '订单表', RELATED ( '客户表'[客户性别] ) = "男" ),
        '订单表'[折扣比例] >= 0.6
    ),
    '订单表'[销售金额]
)
```

在这个例子中，FILTER 嵌套了两次，在具有多个条件嵌套时，要在最内层使用最具有约束性的条件表达式，这有助于提高公式的效率。上述嵌套相当于将这两个 FILTER 的条件表达式使用 AND 运算符连接起来，所以表达式还可以写成：

```
折扣高于 0.6 的男性的销售总金额（方式 2）=
SUMX (
    FILTER ('订单表', RELATED ( '客户表'[客户性别] ) = "男" && '订
单表'[折扣比例] >= 0.6 ),
    '订单表'[销售金额]
)
```

将上述度量值放入矩阵中，行来自客户表的"客户行业"列，其计算结果如图 6-20 所示。

客户行业	2021年后注册的客户数量	销售类客户数量	销售类客户数量(CONTAINSROW)	折扣高于0.6的男性的销售总金额
餐饮	1	159	159	304,093.24
互联网	5	220	220	514,671.20
建筑业	1	170	170	392,265.21
农业	2	197	197	384,203.23
汽车		57	57	69,183.13
物流		128	128	184,087.81
制造业	3	196	196	540,389.20
总计	12	1127	1127	2,388,893.02

图 6-20 计算结果

另外，与 FILTER 具有相同筛选功能的函数还有 CALCULATETABLE，不过后者比前者更强大，但是两者都有不同的使用场景。本小节的这些度量值都是为了演示 FILTER 函数而设计。当你学习了 CALCULATE 函数以后，可以使用更加简单的表达式来重新编写这些度量值。

6.4.3 认识 VALUES 函数和 DISTINCT 函数

返回一列中的唯一值的函数有 ALL、VALUES 和 DISTINCT。本小节将主要介绍后面的 2 个函数。

VALUES 函数和 DISTINCT 函数都只有一个参数，接受来自表中的一个列，功能是返回

一列中的唯一值。这两个函数的主要的区别是处理表中空行的方式不同。为了展示这种区别，我们在 Power Query 中删除城市公司表中"D 区"的数据，因而产生了如 6.3.3 小节所述的空行，空行是由于违反了参照完整性原则所产生的，而不是城市公司表中"大区名称"列所固有的。

编写 2 个计算城市公司数量的度量值，结果如图 6-21 所示。

```
城市公司数量 (DISTINCT) =
COUNTROWS ( DISTINCT ( '城市公司表'[城市公司 ID] ) )


城市公司数量 (VALUES) =
COUNTROWS ( VALUES ( '城市公司表'[城市公司 ID] ) )
```

大区名称	城市公司数量(DISTINCT)	城市公司数量(VALUES)
		1
A区	4	4
B区	4	4
C区	4	4
总计	12	13

图 6-21　VALUES 和 DISTINCT 的区别

在图 6-21 第一行的空白中，DISTINCT 函数没有显示结果，而 VALUES 函数却显示了结果。换言之，VALUES 函数会将非显式创建的空行作为有效数据显示出来，而 DISTINCT 函数则不显示。在实操中，一个优秀的模型不应该存在这种无效的关系，所以对于这种情况，正确的做法应该是修整关系。

VALUES 有时也会被用来从事实表提取不重复的值来创建维度表。当创建的维度表与事实表之间违反了参照完整性时，在 VALUES 函数创建的维度表中就会显示一行空行，并提示关系不可用，而 DISTINCT 函数则不会出现这种情况。

当一个表只有一列时，VALUES 和 DISTINCT 函数返回的结果也不一样。VALUES 函数返回表的所有行，不去重，并且保留空行；DISTINCT 函数去重并且保留唯一值。

另外，当 VALUES 函数的参数是单行单列表时，VALUES 函数返回的值可以转换成一个标量值。基于这个特点，在 Excel PowerPivot 中，我们可以用 VALUES 函数来代替 SELECTEDVALUE 函数，具体的内容在后面的章节会有涉及。

来看一个例子，在数据模型的关系调整为符合参照完整性的情况下，计算每个城市公司所管辖的门店数量，对于只有一家门店的城市公司，列出对应的门店名称，如图 6-22 所示。

```
门店数量 = COUNTROWS('门店表')


单家门店 =
IF ( [门店数量] = 1, VALUES ( '门店表'[门店名称] ) )
```

从图 6-22 中可以看出，上海公司的门店数量为 1，此时 VALUES（'门店表'[门店名称]）的范围是一个单行单列表。在这种情况下，VALUES 函数的结果就可以转换为一个标量值。IF 函数用来规避多个值所带来的报错情况。

VALUES 函数是 DAX 中一个非常重要的函数，使用频率非常高，所以熟练地掌握它十分重要。

大区名称	门店数量	单家门店
⊟ A区	35	
广州公司	17	
南宁公司	7	
上海公司	1	RAQ店
长沙公司	10	
⊞ B区	31	
⊞ C区	38	
⊞ D区	34	
总计	138	

图 6-22　VALUES 函数的结果转换为标量值使用

6.4.4　认识 ALL 类函数

DAX 中 的 ALL 函 数 包 含 ALL、ALLSELECTED、ALLEXCEPT、ALLNOBLANKROW 和 ALLCROSSFILTERED 等函数。ALL 类函数有两个作用：一个是作为表函数使用，另一个是作为 CALCULATE 函数的调节器参数使用。在本小节中，我们主要了解前三个最基本的函数以及它们作为表函数的特点，调节器参数功能在后面的章节中会具体讲解。

当 ALL 函数作为表函数使用时，可以返回一列或多列的所有值、表的所有行。该函数的参数可以是一个表，也可以是一个表中的多个列，还可以没有任何参数。其语法如下：

```
ALL（[表名或列名]，[列名1, 列名2 …]）
```

比如，计算每个大区的销售总金额的占比，需要以总计值作为分母时，ALL 函数就非常重要。该函数可以忽略视觉对象或者其他切片器引入的筛选项（需要给 ALL 指定忽略的列）。度量值如下，结果如图 6-23 所示。

```
销售总金额(ALL) = SUMX（ALL（'城市公司表'[大区名称]），[销售总金额]）
销售金额占比 = DIVIDE（[销售总金额]，[销售总金额(ALL)]）
```

大区名称	销售总金额	销售总金额(ALL)	销售金额占比
A区	1010675.39	3,921,683.45	25.77%
B区	677929.66	3,921,683.45	17.29%
C区	1292019.20	3,921,683.45	32.95%
D区	941059.20	3,921,683.45	24.00%
总计	3921683.45	3,921,683.45	100.00%

图 6-23　使用 ALL 函数计算占比

为了展示 ALL 函数的效果，这里将这两个度量值分开编写。ALL（'城市公司表'[大区名称]）返回了大区名称列中所有的不重复值。所以对于矩阵中的行标签大区名称来讲，每一行都是所有大区的总计值，SUMX 返回了所有的大区的合计值，所以在图 6-23 中各个大区显示了同一个总计值。

DIVIDE 函数是"安全除法"函数，当分母为 0 时，就会返回空值。因此在 DAX 中处理除法问题时，建议尽可能使用 DIVIDE 函数，而不是运算符"/"。

当 ALL 函数的参数是单列时，返回的是所有唯一值；如果是多列，就返回多个列的组合值；如果是一个表，则返回整个表。与前面学习过的 VALUES 函数不同的是，VALUES 函数是从单列的可见值中返回唯一值，而 ALL 函数是返回单列中的所有唯一值。

当 ALL 函数的参数是一个表中的多个列时，则可以使用 ALLEXCEPT 函数。该函数的第一个参数和第二个参数是必需参数，第一个参数之后的列名都是要排除的列。

```
ALLEXCEPT ( 表名 , 列名 , [ 列名 , … ] )
```

比如，在产品表中，以下两个表达式是等价的。ALL 函数的参数中的列是我们想要的，ALLEXCEPT 函数的参数是我们不需要的。ALLEXCEPT 通常用于 CALCULATE 函数的筛选器参数中。

```
ALL ( '产品表'[产品 ID], '产品表'[产品分类], '产品表'[产品名称] )
-- 等价于
ALLEXCEPT ( '产品表', '产品表'[销售价格], '产品表'[成本价格] )
```

在上面的例子中，我们将"大区名称"列放在一个切片器中，并且选择切片器中的若干值。结果如图 6-24 所示。

大区名称	销售总金额	销售总金额(ALL)	销售金额占比
A区	1010675.39	3,921,683.45	25.77%
B区	677929.66	3,921,683.45	17.29%
C区	1292019.20	3,921,683.45	32.95%
总计	**2980624.25**	**3,921,683.45**	**76.00%**

大区名称
- A区
- B区
- C区
- □ D区

图 6-24　将"大区名称"列放在一个切片器中并选择若干值的计算结果

从图 6-24 中可以看到，当选择不包含"D 区"后，占比的总计由原来的 100.00% 变成了76.00%，而这并不是我们想要的。如果要让选择后的占比也是 100.00%，就需要将 ALL 函数替换成 ALLSELECTED 函数。该函数接受外部筛选器，忽略内部筛选器，返回表中的所有行或列中的所有值。ALLSELECTED 函数的语法如下：

```
ALLSELECTED ( [表名或列名] , [ 列名 1,列名 2 … ] )
```

如果想要对切片器筛选后的可见值（即筛选后的大区名称分别为 A 区、B 区和 C 区为可见值）视作一个整体来计算各个大区的销售金额占比，销售金额占比还显示为 100.00%，应当将总金额度量中的 ALL 函数修改为 ALLSELECTED 函数。结果如图 6-25 所示。

```
总金额 (ALLSELECTED) =
SUMX ( ALLSELECTED ( '城市公司表'[大区名称] ), [销售总金额] )


销售金额占比 (ALLSELECTED) = DIVIDE ( [销售总金额], [总金额 (ALLSELECTED)] )
)
```

大区名称	销售总金额	总金额(ALLSELECTED)	销售金额占比(ALLSELECTED)
A区	1010675.39	2,980,624.25	33.91%
B区	677929.66	2,980,624.25	22.74%
C区	1292019.20	2,980,624.25	43.35%
总计	2980624.25	2,980,624.25	100.00%

大区名称

■ A区
■ B区
■ C区
□ D区

图 6-25　使用 ALLSELECTED 函数计算占比

注意，这种计算占比的方法只是为了演示 ALL 函数作为表函数时的效果，建议使用 CALCULATE 函数的筛选器参数来编写上述度量值，因为它更容易理解。关于 CALCULATE 函数的用法，将在本章的后面进行讲解。

6.4.5 使用 HASONEVALUE 改变总计值

如果要列出每个大区的 5 星门店的名称，并且使用字符串将它们连接起来，可以使用 CONCATENATEX 函数来完成，运行结果如图 6-26 所示。

```
城市公司 =
CONCATENATEX ( FILTER ( '门店表 ', '门店表 '[门店星级 ] = "5 星 " ), '门
店表 '[门店名称 ], "," )
```

大区名称	销售总金额	城市公司
A区	1010675.39	PIJ店,WQC店,UZX店,LOH店,WFG店,XMQ店,GJE店
B区	677929.66	RSU店,KYP店
C区	1292019.20	JRS店,XAI店,CQS店
D区	941059.20	XRL店,SME店,WEY店,QNL店
总计	3921683.45	RSU店,XRL店,JRS店,PIJ店,KYP店,XAI店,SME店,WQC店,UZX店,LOH店,WFG店,WEY店,CQS店,XMQ店,GJE店,QNL店

图 6-26　列出的每个大区的 5 星门店

虽然每个大区的 5 星门店都被列举了出来，但是总计的值并不是我们想要的，因为它太长了，其门店也没有必要一一列举出来。

在这种情况下，可以使用 IF 函数配合 HASONEVALUE 函数来改变总计的值。HASONEVALUE 函数可以帮我们判断当前矩阵中的行标签是否具有不重复的值，结果返回 TRUE 或者 FALSE。其语法如下：

```
= HASONEVALUE ( 列名 )
```

对上述的度量值可以加上 HASONEVALUE 函数进行判断，各个大区具有唯一值，显示对应门店的度量值；总计行对应的是所有大区，不是一个值，也是不需要的值，使用 BLANK() 返回空值即可。结果如图 6-27 所示。

```
城市公司 =
IF (
```

```
        HASONEVALUE ( '城市公司表'[大区名称] ),
        CONCATENATEX ( FILTER ( '门店表', '门店表'[门店星级] = "5星" ),
'门店表'[门店名称], "," ),
        BLANK ()
)
```

大区名称	销售总金额	城市公司
A区	1010675.39	PIJ店,WQC店,UZX店,LOH店,WFG店,XMQ店,GJE店
B区	677929.66	RSU店,KYP店
C区	1292019.20	JRS店,XAI店,CQS店
D区	941059.20	XRL店,SME店,WEY店,QNL店
总计	3921683.45	

图 6-27　计算出的每个大区的 5 星门店（修整后）

HASONEVALUE 是一个非常有用的函数，经常和 IF 函数配合使用，多用来处理矩阵的无效总计值问题。

6.4.6　使用 SELECTEDVALUE 函数获取选择的值

SELECTEDVALUE 函数也是 DAX 中的一个常用函数，当指定的列中只有一个值时返回该值，否则返回指定的替代值，如果替代值省略，则默认返回空值。其语法如下：

```
SELECTEDVALUE ( 列名，[ 替代值 ] )
```

在报表中添加一个用来转换数值单位的切片器，当选择不同的单位时，显示对应的值，如图 6-28 所示。

大区名称	一类	二类	三类	四类	总计
A区	16.77	30.85	24.60	28.85	**101.07**
B区	11.36	20.87	16.50	19.06	**67.79**
C区	21.97	38.66	32.64	35.92	**129.20**
D区	15.51	29.24	23.04	26.31	**94.11**
总计	**65.60**	**119.63**	**96.79**	**110.15**	**392.17**

单位　∨
○ 元
◉ 万元
○ 百万

图 6-28　使用切片器控制矩阵的单位转换

图 6-28 中的切片器的列，需要事先创建一个表任务单位转换的参数表（可以使用代码，也可以直接导入已有的表）。在表格视图下，单击新建表后，输入以下新建表的表达式创建一个参数表，对单位列设置"按列排序"（即按序号列排序），方便在切片器中进行排序，如图 6-29 所示。

```
参数表_单位转换 =
DATATABLE (
    "序号", INTEGER,
    "单位", STRING,
    "数值", INTEGER,
    {
        { 1, "元", 1 },
        { 2, "万元", 10000 },
        { 3, "百万", 1000000 }
    }
)
```

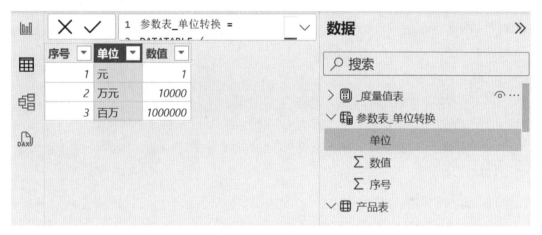

图 6-29　创建用于单位转换切片器的参数表

然后创建用于计算销售总金额的度量值，代码如下。在矩阵中行标签为城市公司表中的大区名称，列标签为产品表中的产品分类。结果如图 6-28 所示。

```
销售总金额 =
DIVIDE ( SUM ( '订单表'[销售金额] ), SELECTEDVALUE ( '参数表_单位转换'[数
值] ) )
```

在这个例子中，需要注意当 SELECTEDVALUE 函数遇到切片器选择多个值时会返回空白。但是多选没有任何实际意义，所以需要选中切片器，在设置选择中将切片器的选择方式设置为"单项选择"。

在 Excel PowerPivot 中，并没有 SELECTEDVALUE 函数，但是可以构建等价的表达式。在前面我们提到过的 VALUES 函数中，当 VALUES 函数的参数中的可见值是单行单列时，可以自动转换成一个标量值。因此 SELECTEDVALUE 函数的等价写法是 IF+HASONEVALUE+VALUES 函数，但在 Power BI 中优先使用 SELECTEDVALUE 函数。

```
SELECTEDVALUE ( ' 参数表 _ 单位转换 ' [ 数值 ] )
-- 等价于
IF ( HASONEVALUE ( ' 参数表 _ 单位转换 ' [ 数值 ] ), VALUES ( ' 参数表 _ 单位转
换 ' [ 数值 ] ) )
```

另外，DATATABLE 函数经常用于在表格视图下创建一个自定义参数表或者维度表。

6.4.7　逻辑函数 IF 和 SWITCH

DAX 函数中具有条件判断的函数有两个：IF 和 SWITCH 函数。

IF 函数和 Excel 中的 IF 函数的用法相同，前面章节中已经多次使用了 IF 函数。另外一个具有条件判断功能的函数是 SWITCH 函数，该函数是多层 IF 函数的简化。其语法如下：

```
SWITCH ( 表达式，值，结果，[ 值，结果，… ]，[ 备选结果 ] )
```

下面展示最常用的一种方法，比如在产品表中使用新建列功能重新判断产品分类。

```
判断产品分类 =
SWITCH (
    TRUE (),
    ' 产品表 ' [ 产品分类 ] = " 一类 "，"S+",
    ' 产品表 ' [ 产品分类 ] = " 二类 "，"A",
    ' 产品表 ' [ 产品分类 ] = " 三类 "，"B",
    "C"
)
```

上面的新建列的表达式还可以写成：

```
判断产品分类（等价） =
SWITCH (
    ' 产品表 ' [ 产品分类 ],
    " 一类 "，"S+",
    " 二类 "，"A",
    " 三类 "，"B",
    "C"
)
```

IF 和 SWITCH 函数都是值函数，只能返回单个值。在具体的实操过程中可以根据需要选择适合的函数。SWITCH 函数在后面的章节中还会频繁地使用。

6.5 认识 DAX 的计值上下文

本节内容将是 DAX 最核心，也是贯穿整个报表开发始终的知识点，因此可能需要反复地理解和学习。

DAX 的表达式都需要在上下文中计算。所谓的"上下文"，是指公式计算的"环境"。换言之，公式的计算结果总是受到环境的影响。DAX 的上下文有两种：一种是筛选上下文，另一种是行上下文。两者统一称为计值上下文。

6.5.1 认识筛选上下文

在前面我们已经熟悉了度量值的创建和常用的视觉对象的使用。为了认识筛选上下文，我们从一个最简单的度量值开始讲解。

```
销售总金额 = SUM('订单表'[销售金额])
```

这个度量值计算了订单表中的销售金额的总计值。将它放在矩阵视觉对象的"值"中时，画布上只显示了一个数字，如图 6-30 所示。

销售总金额
3921683.45

在没有任何的行、列以及切片器的情况下，这个度量值计算了所有的订单的销售金额，但是它仅仅是一个数字，没有任何意义。当我们将城市公司表中的"大区名称"列和产品表中的"产品分类"列分别添加到矩阵的"行"和"列"中时，结果开始变得有意义了。因为这个度量值交叉计算了大区名称和产品分类的数值，如图 6-31 所示。

图 6-30　没有任何行、列和切片器时计算的销售总金额

大区名称	一类	二类	三类	四类	总计
A区	167663.45	308528.65	246030.27	288453.02	**1010675.39**
B区	113579.03	208698.90	165006.79	190644.94	**677929.66**
C区	219710.72	386636.56	326428.07	359243.85	**1292019.20**
D区	155090.59	292396.75	230437.43	263134.43	**941059.20**
总计	**656043.79**	**1196260.86**	**967902.56**	**1101476.24**	**3921683.45**

图 6-31　交叉计算了以大区名称和产品分类为行、列的销售总金额

继续在上述操作的基础上插入一个切片器，在切片器中添加门店表中的"门店星级"列，并且筛选"5星"和"6星"选项。此时，计算的结果较上面又发生了变化。此时度量值计算了各个大区的"5星"和"6星"门店的不同产品分类的销售总金额，如图 6-32 所示。

大区名称	一类	二类	三类	四类	总计
A区	56912.60	108801.47	81054.42	93423.10	**340191.59**
B区	42370.61	78814.41	57290.88	70203.62	**248679.52**
C区	45308.81	87040.25	70696.69	73383.90	**276429.65**
D区	41355.53	77304.86	67324.17	76701.82	**262686.38**
总计	**185947.55**	**351960.99**	**276366.16**	**313712.44**	**1127987.14**

门店星级
- ☐ 1星
- ☐ 2星
- ☐ 3星
- ☐ 4星
- ☑ 5星
- ☑ 6星

图 6-32　添加切片器并选择项目后计算的销售总金额

从上述变化中可以看出，当我们添加了行、列以及切片器等筛选项后，利用同一个度量值所计算的值发生了不同的变化。以图 6-32 中的第一个单元格中的值 56912.60 为例，度量值销售总金额受到了矩阵的行（当前值为"A 区"）、列（当前值为"一类"）以及切片器的选项（"5 星"和"6 星"）的影响。这三个影响因素是整个模型中的一部分，并且筛选了整个数据模型，所以在不同的单元格中产生了不同的数值。这就是 DAX 在计算值时所处的上下文环境。在不同的上下文环境中，度量值受到的影响是不同的。在一类产品的销售总金额的总计中，只有门店星级的筛选项和"一类"两个影响因子；在 A 区的总计中，只有门店星级和"A 区"两个影响因子；总计值只受到了门店星级筛选的影响。

类似于上述影响因素，视觉对象上的行、列、图例、切片器筛选的值及筛选器窗格筛选的值，均可以称为外部筛选器。度量值会自动地根据外部筛选器来改变对应的值，除非在表达式中显式地创建了其他筛选器。

综上所述，我们可以简单地认为筛选上下文能决定公式在不同筛选项组合下的计算结果。

最后请记住，筛选上下文会筛选整个模型。

6.5.2 认识行上下文

在 6.2.1 小节中我们学习了如何在表中创建一个新列。比如，在订单表中创建一个计算折扣金额的列，运行结果如图 6-33 所示。

折扣金额 = '订单表'[销售价格] * (1-'订单表'[折扣比例]) * '订单表'[销售数量]

门店ID	下单日期	送货日期	客户ID	产品ID	折扣比例	销售价格	销售数量	销售金额	折扣金额
SC_0054	2021年7月1日	2021年7月13日	CC_0220611	SKU_000070	0.8	53	6	254.4	63.6
SC_0054	2021年9月16日	2021年9月29日	CC_0212287	SKU_000070	0.49	53	6	155.82	162.18
SC_0054	2021年11月14日	2021年11月27日	CC_0223769	SKU_000180	0.57	67	6	229.14	172.86
SC_0054	2021年11月25日	2021年12月7日	CC_0211257	SKU_000088	0.66	57	6	225.72	116.28
SC_0055	2019年10月8日	2019年10月21日	CC_0210978	SKU_000219	0.71	58	6	247.08	100.92
SC_0055	2019年12月6日	2019年12月18日	CC_0217531	SKU_000145	0.91	55	6	300.3	29.7

图 6-33　在订单表中创建一个计算折扣金额的列

图 6-33 中，使用的是同一个公式，但是每一行都计算出了一个不同的值。

对于这个公式，你可能会有疑问：同一个公式，表中没有行号，也不像 Excel 中的单元格地址一样，每一行都有地址标识，为什么能计算出正确的结果？这是因为上述公式可以用于创建一个新列。DAX 会逐行计算，对于每一行，都会返回一个不同的结果。执行标识行的计算并不是由上述公式决定的，而是由行上下文来定义的。

在表中创建新列时，DAX 会从表的第一行就开始逐行迭代，直到迭代完成表中的所有行，对于每一行，都会创建一个包含该行的行上下文并执行公式计算，这就是行上下文。

行上下文的创建只有两种方式：一种是通过新建列来创建；另一种是使用迭代函数来创建。此外，前面的"聚合函数 +X"的返回标量值的迭代函数和以 FILTER 为代表的返回表的迭代函数都能创建行上下文。

将上面的计算折扣金额的公式写成度量值。SUMX 对订单表创建了行下文并逐行计算，第二个参数在当前行的行上下文中计值。第一个参数计值时受到外部上下文的影响（如矩阵等的行列），第二个参数同时使用了外部上下文和新创建的行上下文，最后返回了计算值的总和。

```
折扣金额（迭代函数） =
SUMX (
    '订单表',   -- 外部上下文
    '订单表'[销售价格] * ( 1 - '订单表'[折扣比例] ) * '订单表'[销售数量]
    -- 外部上下文和新的行上下文
)
```

筛选上下文和行上下文是 DAX 中非常重要的概念，这里只是对其进行了初步的介绍。

注意，筛选上下文用于筛选整个报表，行上下文用于迭代表；筛选上下文只筛选不迭代，行上下文只迭代不筛选。关于筛选上下文如何创建和行上下文如何转换为筛选上下文，将在后面的章节中详细讲解。

6.6 CALCULATE 函数与计值上下文

CALCULATE 函数与计值上下文共同构成了 DAX 的灵魂，是 DAX 中使用最频繁、最有用和最复杂的函数，几乎每一个表达式都需要 CALCULATE 函数。本节我们将重点学习 CALCULATE 函数以及它与计值上下文的关系。

6.6.1 认识 CALCULATE 函数

CALCULATE 函数和 CALCULATETABLE 函数是 DAX 中仅有的两个可以修改筛选上下文的函数，前者返回一个标量值，后者返回一个表。两个函数的用法一样，所以本节内容以 CALCULATE 函数为例进行讲解，CALCULATETABLE 函数的用法也是如此。

CALCULATE 函数在修改过的筛选上下文中对表达式进行求值，可以通俗地理解为在特定的筛选条件下求值。其语法如下：

```
CALCULATE( 表达式 , [ 筛选器 1 ], [ 筛选器 2 ] … )
```

该函数的第 1 个参数是需要计值的表达式，可以是一个返回标量值的表达式或者度量值，属于必需参数；第 2 个参数及后面的都是筛选器参数，属于可选参数，该参数需要定义一个返回布尔值的表达式或者返回表的表达式，也可以是 ALL 等函数组成的调节器。第 2 个参数如果有多个筛选器，各个筛选器之间的关系是 AND。

CALCULATE 函数的语法包括两个组成部分：一个是计算器参数，另一个是筛选器参数。

CALCULATE 函数的筛选器参数有三种：筛选器无参数、布尔型筛选器和表筛选器。

筛选器无参数

度量值天生具有筛选性，这是因为 DAX 会隐式地给度量值外面套一个 CALCULATE 函数。以下三个计算销售总金额的度量值是等价的，因为它们都没有使用任何的筛选器，结果如图 6-34 所示。

```
销售总金额 1 = SUM('订单表'[销售金额])
销售总金额 2 = CALCULATE( [销售总金额 1] )          -- 第 1 个参数引用度量值
销售总金额 3 = CALCULATE( SUM('订单表'[销售金额]) )     -- 第 1 个参数是标
量表达式
```

产品分类	销售总金额1	销售总金额2	销售总金额3
一类	656043.79	656,043.79	656,043.79
二类	1196260.86	1,196,260.86	1,196,260.86
三类	967902.56	967,902.56	967,902.56
四类	1101476.24	1,101,476.24	1,101,476.24
总计	3921683.45	3,921,683.45	3,921,683.45

图 6-34　CALCULATE 函数筛选器无参数返回了同样的结果

筛选器无参数的情况多用于行上下文，如果在行上下文中使用一个标量表达式时，需要使用 CALCULATE 函数将行上下文转换为筛选上下文。这部分内容将在 6.6.3 小节中具体讲述。

布尔型筛选器

布尔型筛选器的返回值为 TRUE 或 FALSE。与 FILTER 函数的筛选表达式一样，CALCULATE 函数也使用布尔表达式作为筛选器参数。

比如，要计算"5 星"门店的销售总金额，度量值可以写成：

```
5 星门店销售总金额 =
CALCULATE ( SUM ( '订单表'[销售金额] ), '门店表'[门店星级] = "5 星" )
```

在 CALCULATE 函数的筛选器参数中，如果有多个不同表的条件，使用逗号分隔，依次写上布尔表达式即可。比如，要计算"5 星"门店的折扣比例大于或等于 0.5 且小于 0.8 的销售总金额时，度量值可以写成：

```
5 星门店折扣大于或等于 0.5 且小于 0.8 的销售总金额 =
CALCULATE (
    SUM ( '订单表'[销售金额] ),
    '门店表'[门店星级] = "5 星",
    '订单表'[折扣比例] >= 0.5 && '订单表'[折扣比例] < 0.8
)
```

又如，要计算销售类客户折扣比例大于或等于 0.5 且小于 0.8 的客户职业类型为"销售""运营"和"个体户"的销售总金额，度量值可以写成：

销售类客户折扣大于或等于 0.5 且小于 0.8 的销售总金额 =
```
CALCULATE (
    SUM ( '订单表'[销售金额] ),
    '客户表'[客户职业] IN { "销售", "运营", "个体户" },
    '订单表'[折扣比例] >= 0.5 && '订单表'[折扣比例] < 0.8
)
```

上述度量值在矩阵视觉对象中的结果如图 6-35 所示。

大区名称	5星门店销售总金额	5星门店折扣在0.5和0.8之间的销售总金额	销售类客户折扣在0.5和0.8之间的销售总金额
A区	255,401.14	29,802.58	156,686.92
B区	38,479.15	16,126.76	163,292.14
C区	109,180.04	55,871.85	237,353.01
D区	138,264.00	72,560.02	212,998.00
总计	541,324.33	174,361.21	770,330.07

图 6-35 CALCULATE 函数的布尔型筛选器的计算结果

布尔型筛选器必须遵循以下几项规则：

（1）不能引用度量值。

（2）不能使用嵌套的 CALCULATE 函数。

（3）可以引用单个表中的列。

比如，以下三个表达式都是错误的。

错误示范 1 =
```
CALCULATE ( AVERAGE ( '订单表'[销售价格] ), [销售总金额1] >= 100000 )
```

错误示范 2 =
```
CALCULATE (
    AVERAGE ( '订单表'[销售价格] ),
    CALCULATE ( SUM ( '订单表'[销售金额] ) ) >= 100000
)
```

错误示范 3 =
```
CALCULATE (
    SUM ( '订单表'[销售金额] ),
    '订单表'[销售价格] * '订单表'[折扣比例] >= FILTER ( '产品表', '产品表'[成本价格] >= 50 )
)
```

注意 在 Power BI 的早期版本（2021 年 8 月）以及 Excel PowerPivot 版本中，一个布尔型筛选器中只能包含来自一个表中的列，如果有来自多个表中的列，需要再增加布尔型筛选器；但是 2021 年 8 月之后更新的版本，允许一个布尔型筛选器中有来自不同表中的列。

表筛选器

布尔型筛选器实质上是表筛选器的一种"语法糖"形式。CALCULATE 筛选器参数接受一个返回表的表达式（简称表表达式）。表筛选器可以是对模型表的直接引用，也可以是返回表对象的函数，还可以是一个无参数的函数，如 CALCULATE 的调节器函数。

布尔型筛选器可以改写成表筛选器的形式：

```
CALCULATE （ 表达式 / 度量值， 列名的布尔表达式 ）
    -- 改写成
    CALCULATE （表达式 / 度量值，FILTER （ ALL ［列名］，列名的布尔表达式 ） ）
```

所以上述三个度量值，可以改写为表筛选器的形式。

```
5 星门店销售总金额（表筛选器） =
CALCULATE （
    SUM （ '订单表'［销售金额］ ），
    FILTER （ ALL （ '门店表'［门店星级］ ），'门店表'［门店星级］ = "5 星" ）
）
```

```
5 星门店折扣大于或等于 0.5 且小于 0.8 的销售总金额（表筛选器） =
CALCULATE （
    SUM （ '订单表'［销售金额］ ），
    FILTER （ ALL （ '门店表'［门店星级］ ），'门店表'［门店星级］ = "5 星" ），
    FILTER （ ALL （ '订单表'［折扣比例］ ），'订单表'［折扣比例］ >= 0.5 &&
'订单表'［折扣比例］ < 0.8 ）
    ）
```

```
销售类客户折扣大于或等于 0.5 且小于 0.8 的销售总金额（表筛选器） =
CALCULATE （
    SUM （ '订单表'［销售金额］ ），
    FILTER （ ALL （ '客户表'［客户职业］ ），'客户表'［客户职业］ IN { "销售",
"运营", "个体户" } ），
    FILTER （ ALL （ '订单表'［折扣比例］ ），'订单表'［折扣比例］ >= 0.5 &&
'订单表'［折扣比例］ < 0.8 ）
    ）
```

将改写后的度量值放入矩阵中，得到的结果与图 6-35 中的结果一样。改写后的结果如图 6-36 所示。

大区名称	5星门店销售总金额(表筛选器)	5星门店折扣在0.5和0.8之间的销售总金额(表筛选器)	销售类客户折扣在0.5和0.8之间的销售总金额(表筛选器)
A区	255,401.14	29,802.58	156,686.92
B区	38,479.15	16,126.76	163,292.14
C区	109,180.04	55,871.85	237,353.01
D区	138,264.00	72,560.02	212,998.00
总计	541,324.33	174,361.21	770,330.07

图 6-36　CALCULATE 函数的表筛选器的计算结果

布尔型筛选器参数不能引用度量值或者使用嵌套的 CALCULATE 函数，但是表筛选器参数允许进行这样的操作。比如，计算每个大区的每个门店的平均折扣比例小于 0.6 的门店销售总金额的总计值。结果如图 6-37 所示。

```
门店平均折扣比例小于 0.6 的销售总金额 =
CALCULATE(
    [销售总金额1],
    FILTER(
        ALL('门店表'[门店名称]),CALCULATE(AVERAGE('订单表'[折扣比
例]))<0.6)
)
```

大区名称	销售总金额1	门店平均折扣比例小于0.6的销售总金额
A区	1010675.39	138,388.74
B区	677929.66	124,084.56
C区	1292019.20	285,150.62
D区	941059.20	268,745.34
总计	3921683.45	816,369.26

图 6-37　表筛选器引用度量值或者嵌套的 CALCULATE 函数

在这个例子中，上述代码中的加粗的部分可以单独写成一个度量值，然后在这段代码中引用度量值，效果是一样的。

虽然 CALCULATE 函数的布尔型筛选器可以改写成表筛选器的形式，但并不是所有的表筛选器类型都可以改写成布尔型筛选器。

CALCULATE 函数的表筛选器筛选，除了可以使用 FILTER 函数返回表的形式以外，还可以使用其他的结果返回表的函数，如 TOPN（前 N 名）、VALUES 函数等，它们的用法都是一样。另外，CALCULATE 的筛选器还有一种调节器形式，在 6.7 节中将对其进行详细的讲解。

6.6.2 CALCULATE 函数与筛选上下文

视觉对象的行、列和图例，切片器，筛选窗格以及其他视觉对象的选择项等都是外部筛选器，也可以称为初始筛选器；而通过 CALCULATE 函数添加的筛选器一般称为显式筛选器，是在公式中显式创建的筛选器（如布尔型筛选器或者表筛选器）。

下面所提到的不同列，不仅仅指列名不一样，还需要区分所属的表，只有列名和表名都一致的情况下才能称为相同列，否则就称为不同列。

统一了这些名称之后，我们再来学习筛选上下文的交互方式。

不同列的筛选器的交互方式为相交

在矩阵视觉对象中，行是城市公司表中的"大区名称"列。在度量值 5 星门店销售总金额中，显式地创建一个筛选器，门店星级等于"5 星"，这个筛选器来自门店表中的"门店星级"列；切片器中列来自客户表中的"客户性别"列。这三个列属于不同的列，所以筛选器的交互方式为相交，即 AND 的关系。5 星门店的销售总金额就是由这三个筛选器共同筛选出来的。结果如图 6-38 所示。

5 星门店销售总金额 =
CALCULATE(SUM('订单表'[销售金额]),'门店表'[门店星级] = "5 星")

大区名称	销售总金额	5星门店销售总金额
A区	808188.57	206,947.42
B区	552426.34	30,959.30
C区	1048030.68	89,184.73
D区	753126.26	112,939.63
总计	3161771.85	440,031.08

客户性别 ⋁
■ 男
☐ 女

图 6-38　不同列上的筛选器的交互方式为相交

相交（AND）不是取交集，而是指形成笛卡尔积的组合。

相同列的筛选器的交互方式为覆盖

相同列的筛选器的交互方式为覆盖，新增的筛选器覆盖已经有的筛选器。

在矩阵视觉对象中，行是城市公司表中的"大区名称"列，A 区销售总金额的度量值是由 CALCULATE 函数创建的大区名称等于"A 区"的筛选器，矩阵中的大区名称列和 A 区销售总金额的度量值中的大区名称列，都属于城市公司表中的"大区名称"列。这两个列属于相同列，行上的是初始筛选器，度量值中的筛选器参数属于新增的筛选器。根据相同列上的筛选器的交互方式，CALCULATE 函数创建的大区名称等于"A 区"的筛选器覆盖了矩阵视觉对象的行上的"大区名称"列的筛选器；而切片器中的"客户性别"列的筛选器来自客户表，与新增的筛选器（由 CALCULATE 创建）不是同一列，所以最终筛选器的交互方式为相交。结果如图 6-39 所示。

A 区销售总金额 =
CALCULATE([销售总金额],'城市公司表'[大区名称] = "A 区")

从图中可以看到，A 区销售总金额全部是同一个值。以行中的"B 区"为例，行中"B 区"

被新增的筛选器"A 区"覆盖后，再与不同列的客户列筛选器"男"相交，得到的是 A 区的男性客户的销售总金额。

大区名称	销售总金额	A区销售总金额
A区	808188.57	808,188.57
B区	552426.34	808,188.57
C区	1048030.68	808,188.57
D区	753126.26	808,188.57
总计	3161771.85	808,188.57

客户性别
■ 男
□ 女

图 6-39　相同列上的筛选器的交互方式为覆盖

需要注意的是，如果是相同列上的 CALCULATE 函数的嵌套，筛选器的交互方式是最内层的筛选器覆盖最外层的筛选器，如图 6-40 所示。

```
销售总金额（相同列上 CALCULATE 的嵌套计算） =
CALCULATE (
    CALCULATE（[ 销售总金额 ]，' 城市公司表 '[ 大区名称 ] = "C 区 " ),
    ' 城市公司表 '[ 大区名称 ] = "A 区 "
)
```

大区名称	销售总金额	销售总金额(相同列上 CALCULATE的嵌套计算)
A区	1010675.39	1,292,019.20
B区	677929.66	1,292,019.20
C区	1292019.20	1,292,019.20
D区	941059.20	1,292,019.20
总计	3921683.45	1,292,019.20

图 6-40　相同列上 CALCULATE 的嵌套计算

从图 6-40 中可以看到，最内层的筛选器"C 区"覆盖了最外层的"A 区"，所以得到了 C 区的销售总金额。

初始筛选器交互方式为相交

初始筛选器，不管是相同列上的还是不同列上的，交互方式都为相交，即 AND 的关系。例如，在画布上添加两个切片器，放入同一列上的筛选器，选择不同的值，得到的结果是两个切片器的相交的结果。

这些内容对于编写 DAX 表达式非常重要，因为所有的表达式都是在上下文中计值，都离不开筛选上下文，所以了解筛选上下文的交互方式是正确编写表达式的前提。

6.6.3　CALCULATE 函数与行上下文

行上下文是可以转换为筛选上下文的，而实现这一转换的工具正是 CALCULATE 函数。

在产品表中使用新建列功能添加一个新列，用于计算平均销售价格。这个公式对所有产品的销售价格计算了平均值，每一行都返回了同一个值，即所有产品的平均销售价格都一样。结果如图 6-41 所示。

平均销售价格 ＝ AVERAGE （ '产品表' [销售价格] ）

产品ID	产品分类	产品名称	销售价格	成本价格	产品分类编号	平均销售价格
SKU_000003	三类	产品C0003	59	11	3	58.71
SKU_000006	二类	产品B0006	54	10	2	58.71
SKU_000007	四类	产品D0007	64	12	4	58.71
SKU_000013	四类	产品D0013	69	27	4	58.71
SKU_000020	四类	产品D0020	66	22	4	58.71
SKU_000021	二类	产品B0021	55	10	2	58.71
SKU_000022	一类	产品A0022	52	9	1	58.71

图 6-41　产品表中计算平均销售价格得到了同一个值

这是因为公式在行上下文中进行计算时，并没有筛选上下文，所以每一行都是同一个数。为了改变这种状况，在公式的外部套上一个 CALCULATE 函数，虽然此时并未添加任何的筛选器参数，但是得到了与图 6-41 不一样的结果，即每一行的平均销售价格都与当前行的销售价格相等。结果如图 6-42 所示。

平均销售价格 ＝ CALCULATE(AVERAGE(' 产品表 ' [销售价格]))

产品ID	产品分类	产品名称	销售价格	成本价格	产品分类编号	平均销售价格
SKU_000003	三类	产品C0003	59	11	3	59.00
SKU_000006	二类	产品B0006	54	10	2	54.00
SKU_000007	四类	产品D0007	64	12	4	64.00
SKU_000013	四类	产品D0013	69	27	4	69.00
SKU_000020	四类	产品D0020	66	22	4	66.00
SKU_000021	二类	产品B0021	55	10	2	55.00
SKU_000022	一类	产品A0022	52	9	1	52.00

图 6-42　嵌套 CALCULATE 函数发生了上下文转换

为什么结果有了变化？这是因为 CALCULATE 函数执行了上下文的转换，准确来说是将现有的行上下文转换为等效的筛选上下文。例如，CALCULATE 将第一行的行上下文转换成等效的筛选上下文，也就是说将这一行的所有列的值（共 6 个值）全部隐式地添加为筛选器。所以每一行的平均销售价格都与销售价格一样，因为每一行的值组合起来的筛选器都是不一样的。

在前面我们提到过，度量值隐式地嵌套了 CALCULATE 函数，在计算列中引用度量值时也会发生上下文转换。比如，把计算平均销售价格的计算列的公式改写为度量值，然后在产品表中创建一个新列，引用刚才创建的度量值，得到的结果与在计算列中嵌套 CALCULATE 函数的效果是一样的。

上下文转换的另一个重要的特点：筛选上下文会沿着关系方向进行传递，而行上下文不会，所以当发生上下文转换时，筛选上下文会传递到相关的表。例如，在城市公司表中创建一个新列"销售总金额（列）"，引用度量值销售总金额，结果如图 6-43 所示。

从图 6-43 中可以看到，在城市公司表中并没有"销售总金额（列）"，也没有使用 RELATEDTABLE 函数引用订单表中的列，但是却为每个城市公司计算了不同的值。这是因为度量值本身隐含的 CALCULATE 函数将当前行的行上下文转换成了筛选上下文，并从一端的城市公司表自动传递到了多端的订单表中，从而计算了每个城市公司的销售总金额，即当前新建的列的公式引用了度量值"销售总金额"，使得行上下文转换成了筛选上下文，从而将当前行的列值作为筛选器筛选了具有一对多关系的订单表，为每一行计算了对应的销售总金额的值。

大区名称	城市公司ID	城市公司	销售总金额(列)
D区	GC_01	北京公司	11032.36
D区	GC_02	天津公司	28283.9
D区	GC_03	长春公司	268544.39
D区	GC_04	吉林公司	251831.3
A区	GC_05	南宁公司	187502.08
A区	GC_06	上海公司	10903.96
C区	GC_07	南京公司	215644.59
C区	GC_08	杭州公司	177212.99
D区	GC_09	济南公司	381367.25
B区	GC_10	郑州公司	243428.5
C区	GC_11	武汉公司	501063.66
A区	GC_12	长沙公司	275210.29
A区	GC_13	广州公司	537059.06
C区	GC_14	合肥公司	398097.96
B区	GC_15	重庆公司	53634.05
B区	GC_16	成都公司	264928.91
B区	GC_17	西安公司	115938.2

图 6-43　引用度量值时发生的上下文转换和传递

6.7　CALCULATE 的调节器函数

本节将主要介绍常用的 CALCULATE 的调节器函数。

6.7.1　CALCULATE 的调节器：ALL 类函数

ALL 类函数用作表函数时，返回表的所有行；但是在作为 CALCULATE 的筛选器参数时，其主要作用是移除筛选器，不返回表。

ALL 类函数

使用 ALL 函数作为 CALCULATE 函数的筛选器计算每个大区的销售总金额的占比时，会移除分母（大区名称列）上的筛选器，使得分母返回所有大区的销售总金额的合计值。结果如图 6-44 所示。

```
销售总金额占比 =
DIVIDE（[销售总金额]，CALCULATE（[销售总金额]，ALL（'城市公司表'[大区名称]）））
```

大区名称	销售总金额	销售总金额占比
A区	1010675.39	25.77%
B区	677929.66	17.29%
C区	1292019.20	32.95%
D区	941059.20	24.00%
总计	3921683.45	100.00%

图 6-44　使用 CALCULATE 的调节器函数 ALL 计算占比

ALL 函数用作 CALCULATE 函数的调节器时,与 REMOVEFILTERS 函数的作用是一样的。不过后者只能用作调节器函数,而不能用作表函数。由于 ALL 函数具有两个特点,在使用的过程中,新手用户难以区别其作用,所以在移除筛选器的场景中建议使用 REMOVEFILTERS 函数。故上面的表达式也可以改写为:

> 销售总金额占比 (REMOVEFILTERS) =
> DIVIDE ([销售总金额], CALCULATE ([销售总金额], REMOVEFILTERS ('城市公司表'[大区名称])))

ALL 函数用作 CALCULATE 函数的调节器参数时,使用场景非常丰富,并不只是计算占比,凡是需要移动列或者表上的筛选器的时候都可以使用它。

ALLSELECTED 函数

同 ALL 函数一样,ALLSELTECTED 函数也可以用作表函数或者 CALCULATE 函数的调节器参数。比如,在上述的例子中,添加一个来自城市公司表中"大区名称"列的切片器。不论切片器选择了哪些值,销售总金额占比总能计算所选项的占比,结果如图 6-45 所示。

> 筛选时的销售总金额占比 =
> DIVIDE ([销售总金额], CALCULATE ([销售总金额], ALLSELECTED ('城市公司表'[大区名称])))

大区名称	销售总金额	筛选时的销售总金额占比
B区	677929.66	23.29%
C区	1292019.20	44.38%
D区	941059.20	32.33%
总计	2911008.06	100.00%

大区名称
☐ A区
☑ B区
☑ C区
☑ D区

图 6-45 使用 CALCULATE 的调节器函数 ALLSELECTED 计算占比

ALLSELECTED 函数是 DAX 中比较复杂的函数之一,所以新手用户一般只需要掌握其基本的用法即可,待对其原理和特点有一定的了解后再做深入学习。

ALLEXCEPT 函数

前面我们已经学习了该函数的基本语法和原理。这里继续以 6.6.3 小节中的问题来介绍该函数用作调节器时的用法。在产品表中使用新建列功能创建一个新列,计算每个产品分类的平均销售价格,结果如图 6-46 所示。

> 平均销售价格 =
> CALCULATE (AVERAGE ('产品表'[销售价格]), ALLEXCEPT ('产品表', '产品表'[产品分类]))

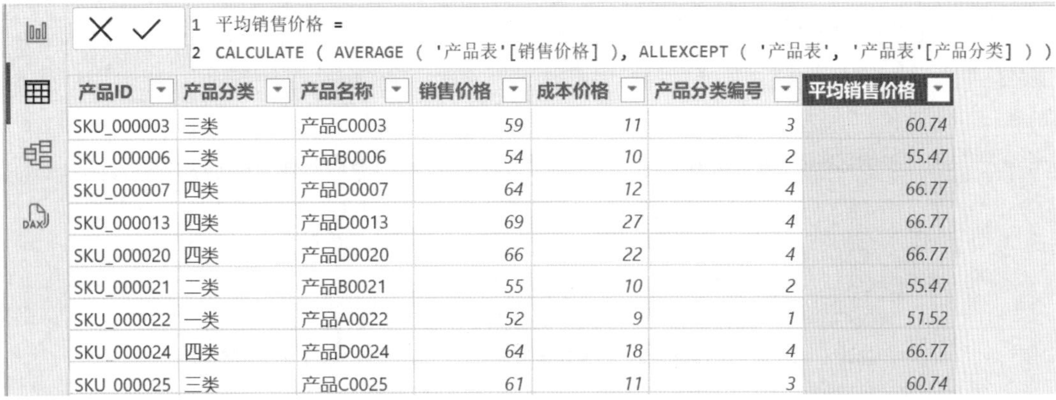

```
1 平均销售价格 =
2 CALCULATE ( AVERAGE ( '产品表'[销售价格] ), ALLEXCEPT ( '产品表', '产品表'[产品分类] ) )
```

产品ID	产品分类	产品名称	销售价格	成本价格	产品分类编号	平均销售价格
SKU_000003	三类	产品C0003	59	11	3	60.74
SKU_000006	二类	产品B0006	54	10	2	55.47
SKU_000007	四类	产品D0007	64	12	4	66.77
SKU_000013	四类	产品D0013	69	27	4	66.77
SKU_000020	四类	产品D0020	66	22	4	66.77
SKU_000021	二类	产品B0021	55	10	2	55.47
SKU_000022	一类	产品A0022	52	9	1	51.52
SKU_000024	四类	产品D0024	64	18	4	66.77
SKU_000025	三类	产品C0025	61	11	3	60.74

图 6-46　在计算列中使用 CALULATE 的调节器函数 ALLEXCEPT

以这个例子的第一行为例，CALCULATE 函数将当前行的行上下文全部转换为等效的筛选上下文，但是每一行都有 6 个筛选器，我们只想要计算产品分类的平均销售价格，所以需要保留产品分类列上的筛选器，移除其他列上的筛选器。这时就可以使用 ALLEXCEPT 调节器移除不包含产品分类列上的筛选器。

如何区分 ALL 类函数到底是表函数还是调节器参数呢？在表达式中，当 ALL 类函数用作 CALCULATE 函数或者 CALCULATETABLE 函数的筛选器参数并且 ALL 函数外面没有嵌套任何函数时就是调节器参数，其余皆为表函数。

其他 ALL 类函数的调节器函数用法均类似，在具体场景中灵活应用即可。

6.7.2 CALCULATE 的调节器：KEEPFILTERS 函数

在 6.6.2 小节中我们了解到，CALCULATE 的筛选器参数的交互方式是同一列上新增的筛选器覆盖已有的筛选器。如图 6-47 所示的度量值计算了“A 区”的销售总金额。

```
A 区销售总金额 =
CALCULATE([ 销售总金额 ], '城市公司表'[ 大区名称 ] = "A 区" )
```

大区名称	销售总金额	A区销售总金额
A区	1010675.39	1,010,675.39
B区	677929.66	1,010,675.39
C区	1292019.20	1,010,675.39
D区	941059.20	1,010,675.39
总计	**3921683.45**	**1,010,675.39**

图 6-47　CALCULATE 的筛选器参数于相同列上进行了覆盖

如果不需要使用度量值中的“A 区”覆盖现有矩阵的行上的“大区名称”的筛选器，可以对上述度量值中筛选器参数使用 KEEPFILTERS 函数。对于矩阵的行上为“A 区”的，显示为 A 区的销售总金额，对于其他的显示为空白值，如图 6-48 所示。

```
A 区销售总金额 (KEEPFILTERS) =
```

```
CALCULATE ( [销售总金额], KEEPFILTERS ( '城市公司表'[大区名称] = "A区"
) )
```

大区名称	销售总金额	A区销售总金额	A区销售总金额(KEEPFILTERS)
A区	1010675.39	1,010,675.39	1,010,675.39
B区	677929.66	1,010,675.39	
C区	1292019.20	1,010,675.39	
D区	941059.20	1,010,675.39	
总计	**3921683.45**	**1,010,675.39**	**1,010,675.39**

图 6-48　CALCULATE 的调节器参数 KEEPFILTERS

KEEPFILTERS 函数并不会覆盖已有的筛选器，而是保留已有的筛选器，并将新的筛选器追加到筛选上下文中。KEEPFILTERS 函数改变了筛选器的交互方式，即使是相同列上的筛选器，筛选器的交互方式会被修改为相交，而不是覆盖。

以图 6-48 中的"B区"所在行的值为例，已有的筛选器是矩阵的行标签的"B区"，而新添加的是 CALCULATE 的筛选器参数"A区"。KEEPFILTERS 函数将新添加的这个筛选器追加到了已有的筛选器中，这两个筛选器相交，生成了一个"B区"和"A区"的筛选上下文，结果是空集，所以最终得到的结果为空白。

另外，KEEPFILTERS 函数除了可以与布尔类型的筛选器一起使用，也可以与表表达式一起使用。比如，计算在 B 区和 D 区的城市公司的销售总金额，度量值可以写成：

```
B区和D区的销售总金额 =
CALCULATE (
    [销售总金额],
    KEEPFILTERS (
        FILTER ( ALL ( '城市公司表'[大区名称] ), '城市公司表'[大区名称]
IN { "B区", "D区" } )
    )
)
```

KEEPFILTERS 函数的难度与 ALLSELECTED 函数相当，所以希望大家熟练掌握其用法和原理。

6.7.3　CALCULATE 的调节器：USERELATIONSHIP 函数

本小节将主要学习一个很重要的 CALCULATE 筛选器——USERELATIONSHIP 函数，通过在 CALCULATE 函数中使用 USERELATIONSHIP 函数，可以激活数据模型中不活动的关系（即虚线关系）。

当数据模型中的两个表之间有多个关系时，Power BI 只允许有一个关系处于活动状态（实线关系），而其他的关系都处于不活动状态（虚线关系）。如果要使用这些不活动关系，并且还不需要手动修改关系的情况下，使用 CALCULATE 函数和 USERELATIONSHIP 函数是非常有效的。

该函数只有 2 个参数，分别是用来指出已经建立关系的两个主键的列名，两者不分先后顺序。

```
USERELATIONSHIP ( 列名 1，列名 2 )
```

在数据模型的订单表中有两列日期：一列是"下单日期"，用来记录产品的下单时间；另一列是"送货时间"，用来记录产品的送货时间。它们是两个完全不同的日期列。日期表中的"日期"列分别与这两列建立了一对多的关系，日期表中的"日期"列与"下单日期"的关系是活动关系，与"送货日期"的关系是非活动关系。

因为在计算时两个表之间的活动关系只能有一条，即活动关系是日期表的"日期"列和订单表的"下单日期"列。在计算送货总金额时，日期表的"日期"列是通过订单表中的"下单日期"列来筛选订单表的，而不是"送货日期"列，所以得到的送货总金额是错误的。

在计算销售总金额（与下单日期关联）和送货总金额（与送货日期关联）时，前者应该使用活动关系来计算，后者应该使用非活动关系来计算。数据模型如图 6-49 所示。

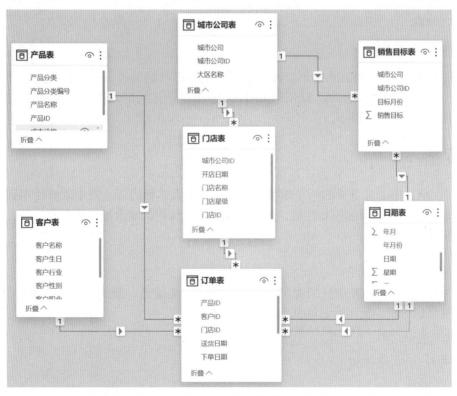

图 6-49　数据模型中的日期表"日期"列与"送货日期"列的关系是不活动关系

关于日期表的创建和使用问题，在第 7 章会有详细的描述。

最好的方法是在计算时使用 USERELATIONSHIP 函数激活不活动关系，这样就能避免因关系的活动状态而产生计算混乱的问题。计算各个大区的销售总金额（即下单金额）和送货总金额的度量值分别如下，最后结果如图 6-50 所示。

年份	销售总金额	送货总金额
⊞ **2019年**	**800078.62**	**760120.48**
⊟ **2020年**	**1325037.10**	**1305029.02**
2020Q1	224286.90	231136.54
2020Q2	331189.10	317444.64
2020Q3	341631.12	334593.39
2020Q4	427929.98	421854.45
⊟ **2021年**	**1796567.73**	**1856533.95**
2021Q1	350920.93	350375.41
2021Q2	478395.65	475967.45
2021Q3	474517.35	459142.23
2021Q4	492733.80	571048.86
总计	**3921683.45**	**3921683.45**

图 6-50　计算销售总金额和送货总金额

```
销售总金额 = SUM（'订单表'[销售金额]）


送货总金额 =
CALCULATE（[销售总金额], USERELATIONSHIP（'日期表'[日期], '订单表'[送
货日期]））
```

使用 USERELATIONSHIP 并不会改变数据模型中已有的关系，只是在公式计算时激活需要的关系。另外，需要注意的是 USERELATIONSHIP 并不会引入任何的筛选器，它只是改变了筛选器用于数据模型的方式。

6.8　变量

变量是 DAX 中非常重要的一个知识点，几乎在绝大多数的表达式中需要使用到变量。使用变量可以提高代码的可读性和性能，简化调试并降低代码的复杂度。本节将主要介绍变量的使用方法以及注意事项。

6.8.1　认识变量

变量可以使用在 DAX 中任何类型的表达式中，如度量值、新建列、新建表以及 DAX 查询等。以度量值为例，使用变量的基本语法格式如下：

```
度量值名称 =
VAR 变量名 = 表达式 1
VAR 变量名 = 表达式 2
…
RETURN
    变量名 / 表达式
```

定义变量时需要使用关键字 VAR，后面跟上变量名称，输出结果时使用 RETURN 关键字。

在同一个表达式模块中，可以有多个变量，每个变量都需要使用 VAR 关键字来定义。输出结果时，只需要一个 RETURN 关键字，结果部分可以是一个表达式，也可以是一个变量名。

在大多数情况下，变量都是定义在表达式名称后面的代码开始的位置。在整个表达式中，变量都可以被调用，但是有一个原则：先定义了变量才能调用，也就是先定义了一个变量，然后在后面的代码中才可以使用该变量，不能先使用后定义。

变量名的定义需要遵循以下规则，不然在编写代码时会报错。

（1）不允许以数字和中文开头，可以是英文字母或者下画线开头。

（2）不允许使用 DAX 中保留的关键字。

（3）不允许使用现有表的名称。

（4）不允许使用空格和其他的特殊字符。

定义变量时，变量的表达式可以是度量值、常量、表表达式、标量表达式或其他已经定义的变量名。

比如，计算每个大区的"一类产品"的销售金额的占比，度量值如下：

```
一类产品销售占比 =
DIVIDE (
    CALCULATE ( SUM ( '订单表'[销售金额] ), '产品表'[产品分类] = "一
类" ),
    CALCULATE ( SUM ( '订单表'[销售金额] ), ALL ( '城市公司表'[大区名称]
) )
)
```

上述度量值的代码看起来有些烦琐，可以使用变量对其进行简化。经过变量简化的代码更加清晰、易于阅读，即

```
一类产品销售占比（变量） =
VAR t1_salesamount=
    CALCULATE ( SUM ( '订单表'[销售金额] ), '产品表'[产品分类] = "一
类" )
    -- 计算一类产品销售总金额
VAR salesamount =
    CALCULATE ( SUM ( '订单表'[销售金额] ), ALL ( '城市公司表'[大区名称]
) )
    -- 计算产品销售总金额
VAR pct =
    DIVIDE ( t1_ salesamount, salesamount )
    -- 计算占比
RETURN
    pct
```

变量只能在所属的表达式中引用。比如，在度量值 A 中定义的变量，不能被度量值 B 所引用。

6.8.2 变量的使用

变量可以用作标量值，也可以使用在表表达式中，甚至还可以嵌套在函数中使用。

创建一个度量值，计算所有"5 星"门店的销售总金额。在这个度量值中，我们将 CALCULATE 的筛选器参数写到变量中，很明显变量 tab1 中的 FILTER 返回的结果是一个表。

```
计算 5 星门店的折扣金额 =
VAR tab1 =
    FILTER ( ALL ( '门店表'[门店星级] ), '门店表'[门店星级] = "5 星" )
VAR rs =
    CALCULATE (
        SUMX ( '订单表', '订单表'[销售数量] * ( 1 - '订单表'[折扣比例]
) * '订单表'[销售价格] ),
        tab1
    )
RETURN
    rs
```

当然，我们也可以直接写成 CALCULATE 的"语法糖"形式，即布尔型筛选器。

下面将再通过一个示例来演示 VAR 嵌套在函数中的使用以及变量的引用范围（该案例只为说明 VAR 的嵌套和引用范围而设计，在实际的场景中不需要如此麻烦）。

```
毛利 =
SUMX (
    '订单表',
    (
      VAR sales=
        '订单表'[销售数量] * '订单表'[销售价格] * '订单表'[折扣比例]
      RETURN
          salesamount
    )
  - (
        VAR costamount=
            '订单表'[销售数量] * RELATED ( '产品表'[成本价格] )
        RETURN
```

```
                    costamount
          )

    )
```

在这个例子中，变量 salesamount 是不能被变量 costamount 所引用的。因为这两个变量作用的范围是代码中各自括号的范围，它们的 VAR 都有彼此对应的 RETURN，在 VAR 和对应的 RETURN 中形成了闭环。所以，这两个变量都是不能被引用的。

在使用变量的过程中，新手用户经常会犯错误。比如，计算各大区的"5 星"门店的销售总金额的占比，新手用户可能会书写以下错误的度量值。结果如图 6-51 所示。

大区名称	销售总金额	5星门店销售占比(错误示范)
A区	1010675.39	100.00%
B区	677929.66	100.00%
C区	1292019.20	100.00%
D区	941059.20	100.00%
总计	3921683.45	100.00%

图 6-51 销售占比计算的结果全是 100%

```
5 星门店销售总金额占比（错误示范）=

VAR salesamount =

    SUM ( '订单表'[销售金额] )

VAR start_5_salesamount =

    CALCULATE ( salesamount, '门店表'[门店星级] = "5 星" )

RETURN

    DIVIDE ( start_5_salesamount, salesamount )
```

从结果可以看出，计算占比的度量值都返回了 100.00%，也就是说表达式的分子和分母的值都是一样的。变量 start_5_salesamount 的 CALCULATE 的筛选器参数并没有起到筛选的作用，很明显这种写法是错误的。变量在被定义的计值上下文中计算，而不在使用它们的环境中计算，一旦变量被计算，它的值就不再变化。这里的 start_5_salesamount 定义在没有筛选器的环境中使用，即使有 CALCULATE 来调用，结果也不会发生变化。正确的写法应该是 CALCULATE 函数的计算器参数使用度量值或者表达式。上述错误的度量值可修改为：

```
5 星门店销售总金额占比（正确示范）=

VAR salesamount =

    SUM ( '订单表'[销售金额] )

VAR start_5_salesamount =

    CALCULATE ( SUM ( '订单表'[销售金额] ), '门店表'[门店星级] = "5 星" )

RETURN

    DIVIDE ( start_5_salesamount, salesamount )
```

正确地使用变量对分析数据时编写表达式十分有用。新手用户需要不断地练习和使用才能正确掌握。

第 7 章

分析实践：时间序列实践分析

时间序列计算是数据分析中非常重要和复杂的计算，涉及的维度广，计算指标多，计算场景复杂。在 Power BI 中，如果使用原生的代码去编写时间序列类的计算逻辑，非常耗费时间，并且非常考验 Power BI 开发人员的代码编写能力。即使这样，复用已经编写的代码也会让整个表达式显得非常冗余。

时间智能函数的出现，使这些场景的处理变得更加简单和高效。因为这些函数属于 DAX 内置函数，性能更高效，语法更简洁，调用更加方便。本章将主要介绍这些函数在计算时间序列相关指标时的用法。

7.1 关于日期表和时间智能函数

本节将主要介绍三个方面的内容：一是日期时间函数与时间智能函数的区别，二是日期表的创建与使用注意事项，三是当时间序列相关的常见分析指标。

7.1.1 Power BI 的日期时间函数和时间智能函数

DAX 中常用的日期时间函数与 Excel 中同类函数的功能和用法一样，都是返回一个标量值。这些日期时间函数在统计分析时，只能嵌套在一些标量值中使用，但是在诸如同比、环比以及累计等计算方面缺乏灵活性，并不适用。因此，DAX 为时间序列方面的计算提供了一系列时间智能函数。这些函数只包含了日期（date）类型，并没有提供时间（time）类型，大幅简化了使用基本函数编写时间序列类指标表达式的难度。

表 7-1 列举了 DAX 函数中常用的时间智能函数。

表 7-1　DAX 函数中常用的时间智能函数

函数	功能	函数	功能
DATESYTD	返回年初至今的日期	PREVIOUSYEAR	返回上一个年度
DATESQTD	返回季初至今的日期	PREVIOUSQUARTER	返回上一个季度
DATESMTD	返回月初至今的日期	PREVIOUSMONTH	返回上一个月
TOTALYTD	返回年初至今的值	PREVIOUSDAY	返回上一日
TOTALQTD	返回季初至今的值	SAMPERIODLASTYEAR	返回上年同期的日期
TOTALMTD	返回月初至今的值	DATEADD	移动一定间隔后的时间
FIRSTDATE	返回第一个日期	STARTOFYEAR	返回所在年度的第一天
LASTDATE	返回最后一个日期	STARTOFQUARTER	返回所在季度的第一天
NEXTYEAR	返回次年	STARTOFMONTH	返回所在月度的第一天
NEXTQUARTER	返回次季	ENDOFYEAR	返回所在年度的最后一天
NEXTMONTH	返回次月	ENDOFQUARTER	返回所在季度的最后一天
NEXTDAY	返回次日	ENDOFMONTH	返回所在月度的最后一天
DATESBETWEEN	返回两个日期之间的时间段	DATESINPERIOD	返回给定期间中的日期
PARALLELPERIOD	返回移动指定间隔的完整时间段		

另外，对于不支持时间智能函数和特殊的时间序列类指标的计算，用户仍需要使用 DAX 的基本函数来编写。

7.1.2 日期表的创建与使用注意事项

在 Power BI 的数据模型中，只要涉及时间序列的计算，都需要创建一个日期表。

日期表是特殊的维度表，是一个具有连续日期且包含常用的日期属性的表。比如，利用日期表中的日期列可以提取该列对应的年、季度、月、日、周和星期等相关的属性。有了这些属性列，就可以对数据按所需的时间维度进行切片和筛选。更重要的是，大多数的时间智能函数都需要一个单独的日期表才能正常使用。

在使用日期表和时间智能函数之前，最好取消勾选 Power BI 设置中的"新文件的自动日期/时间"选项，如图 7-1 所示。该选项在默认情况下处于开启状态，Power BI 会自动为数据模型中各个表中每个日期或日期/时间类型的列创建一个日期表。这些日期表是隐藏的，用户并不能修改它们。

这种默认的设置并不友好，一方面会给用户带来一些不必要的干扰；另一方面在数据量大的情况下会增加文件的大小和模型占用的内存量。

图 7-1　取消勾选"新文件的自动日期/时间"选项

日期表的创建方法一般有三种：第一种是从外部数据导入，第二种是使用 Power Query 创建，第三种是使用 DAX 直接新建表。这三种方法都可以，本小节将介绍最后一种方法。即使用 DAX 直接新建表，在创建日期表之前，也要先了解一下日期表的一些规则：

（1）日期表中的日期列的日期必须是连续的，不能有间断，并且日期列的值是唯一值。

（2）日期表要包含分析的日期区间的所有日期。比如，本小节的数据模型中用到的日期列中有下单日期、送货日期、销售任务对应的月份日期等，日期表中的最大日期比这些日期列中的最大日期大，日期表中的最小日期比它们小。

（3）日期表中的日期要包含事实表中进行分析所必需的日期列的范围，而无须包含所有的。比如，如果客户表中记录了客户的出生日期，那么日期表中就不必包含这些日期范围，因为出生日期列的范围过大，并且该列也不是需要的日期范围。

（4）日期表的开始日期要以覆盖分析时间范围的最小日期对应的 1 月 1 日为开始值，以覆盖分析范围的最大日期对应的 12 月 31 日为结束值。

创建的日期表要使用"标记为日期表"功能，才能安全地使用时间智能函数。

DAX 中能够生成连续日期的函数分别是 CALENDARAUTO 函数和 CALENDAR 函数。使用这两个函数新建表后会生成一个单列的日期类型的表，然后向表添加该日期列对应的其他日期属性（如年、年月、月、日等）就可以创建一个日期表。

CALNEDARAUTO 函数会自动寻找整个数据模型中的所有日期列的最小值和最大值，生成包含这些日期的所有日期的单列。如果使用该函数创建日期表时，要对生成的日期区间按实际需求进行缩减，大多数的情况下生成的日期区间都偏大。

日期表的日期区间要包含目前的分析场景的日期范围，不能过大，需要多少就创建多少。因此建议使用 CALENDAR 函数创建自定义的日期表。CALENADR 函数的语法如下：

```
CALENDAR ( 开始日期 , 结束日期 )
```

本小节的数据模型中的日期列，日期范围是根据下单日期和送货日期确定的完整年的动态日期序列。在 Power BI 的表格视图下，选择新建表功能，使用 CALENDAR 函数编写下列表达式来创建日期表。结果如图 7-2 所示。

```
日期表 =
VAR mindte =
    MINX ( { MIN ( '订单表'[下单日期] ), MIN ( '订单表'[送货日期] ) },
[Value] )
    -- 计算日期区间的开始日期
VAR maxdte =
    MAXX ( { MAX ( '订单表'[下单日期] ), MAX ( '订单表'[送货日期] ) },
[Value] )
    -- 计算日期区间的结束日期
VAR calendar_table =
    ADDCOLUMNS (
        CALENDAR ( DATE ( YEAR ( mindte ), 1, 1 ), DATE ( YEAR (
maxdte ), 12, 31 ) ),
                -- calendar 生成所有的连续不间断的日期单列表
        "年", YEAR ( [Date] ),
        "年份", FORMAT ( [Date], "YYYY 年" ),
        "年月", YEAR ( [Date] ) * 100 + MONTH ( [Date] ),
        "年月份", FORMAT ( [Date], "YYYY 年 M 月" ),
        "季", QUARTER ( [Date] ),
        "季度", "Q" & QUARTER ( [Date] ),
        "年季", YEAR ( [Date] ) & "Q" & QUARTER ( [Date] ),
        "月", MONTH ( [Date] ),
        "月份", FORMAT ( [Date], "M 月" ),
        "星期", WEEKDAY ( [Date], 2 ),
        "中文星期", FORMAT ( [Date], "aaa" ),
        "日", DAY ( [Date] )
```

```
    )   -- 添加其他日期的属性列
RETURN
    calendar_table
```

Date	年	年份	年月	年月份	季	季度	年季	月	月份	星期	中文星期	日
2019/1/1	2019	2019年	201901	2019年1月	1	Q1	2019Q1	1	1月	2	周二	1
2019/1/2	2019	2019年	201901	2019年1月	1	Q1	2019Q1	1	1月	3	周三	2
2019/1/3	2019	2019年	201901	2019年1月	1	Q1	2019Q1	1	1月	4	周四	3
2019/1/4	2019	2019年	201901	2019年1月	1	Q1	2019Q1	1	1月	5	周五	4
2019/1/5	2019	2019年	201901	2019年1月	1	Q1	2019Q1	1	1月	6	周六	5
2019/1/6	2019	2019年	201901	2019年1月	1	Q1	2019Q1	1	1月	7	周日	6
2019/1/7	2019	2019年	201901	2019年1月	1	Q1	2019Q1	1	1月	1	周一	7
2019/1/8	2019	2019年	201901	2019年1月	1	Q1	2019Q1	1	1月	2	周二	8
2019/1/9	2019	2019年	201901	2019年1月	1	Q1	2019Q1	1	1月	3	周三	9
2019/1/10	2019	2019年	201901	2019年1月	1	Q1	2019Q1	1	1月	4	周四	10
2019/1/11	2019	2019年	201901	2019年1月	1	Q1	2019Q1	1	1月	5	周五	11

图 7-2　使用 CALNEDAR 函数创建的日期表

在创建日期表后，还有一个重要的步骤是将其标记为日期表。具体的步骤：在表格视图下，选择已经创建的日期表，在打开的对话框中，单击"标记为日期表"按钮后，在"选择日期列"下拉列表中选择日期列"Date"，最后保存即可，如图 7-3 所示。

图 7-3　标记为日期表设置

日期表的创建方法有很多，大家在创建日期表时，选择适合自己的方法即可。可以创建一个适合自己的日期表模型，在需要时直接套用；或者使用 Excel 或者 SQL 编写一个日期表，然后导入 Power BI 中作为日期表。

日期表的创建可以给时间智能函数的使用带来方便。在时间智能函数中不应直接使用事实表的日期，因为这些日期是不完整且不连续的，虽然某些情况下也能得出正确的结果。

创建好的日期表还需要在模型中与其他的事实表创建关系，这样才能通过日期表去筛选模型、切片数据和进行时间序列相关的分析。本书案例中的日期表还需要与订单表和销售任务表等建立关系，如图 7-4 所示是已经建立的关系。

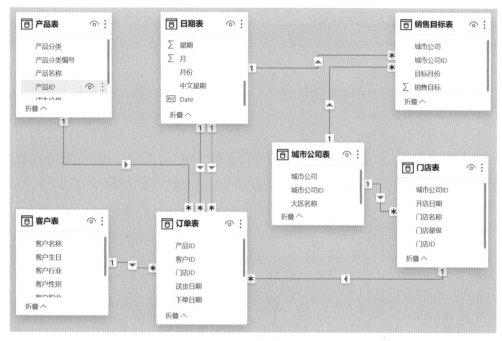

图 7-4　日期表在数据模型中的关系

7.1.3 时间序列相关的常见分析指标

时间序列的分析指标非常多，容易混淆。本小节整理了常见的分析指标及其计算公式，如表 7-2 所示。

表 7-2　常用的时间序列分析指标及计算公式

指标分类	中文名称	英文简称	计算公式
本期至今	年初至今	YTD	
	季初至今	QTD	
	月初至今	MTD	
上期的本期至今	上年的年初至今	PYTD	
	上季的季初至今	PQTD	
	上月的月初至今	PMTD	
上年的本期至今	上年的年初至今	PY YTD	
	上年的季初至今	PY QTD	
	上年的月初至今	PY MTD	
环比差异	本季季初至今与上期季初至今的差异	QOQ	[QTD] – [PQTD]
	本季季初至今的环比	QOQ%	QOQ / PQTD * 100%
	本月月初至今与上期月初至今的差异	MOM	[MTD] – [PMTD]
	本月月初至今的环比	MOM%	MOM / PMTD * 100%

指标分类	中文名称	英文简称	计算公式
同比差异	本年年初至今与上年同期的差异	YOY YTD	[YTD] – [PY YTD]
	本年年初至今的同比	YOY YTD%	[YOY YTD] / [PY YTD] * 100%
	本季季初至今与上年同期的差异	YOY QTD	[QTD] – [PY QTD]
	本季季初至今的同比	YOY QTD%	[YOY QTD] / [PY QTD] * 100%
	本月月初至今与上年同期的差异	YOY MTD	[MTD] – [PY MTD]
	本月月初至今的同比	YOY MTD%	[YOY MTD] / [PY MTD] * 100%

熟悉了上表中的时间序列指标之后，时间序列类分析也就更加容易理解了。

7.2 时间序列分析实践

在 7.1 节中介绍了日期表和常见的时间序列指标。本节将主要介绍如何利用时间智能函数计算这些指标。

7.2.1 累计分析

累计分析主要有三种：年初至今（YTD）、季初至今（QTD）和月初至今（MTD）。年初至今是以指定年份对应的日或月为单位，计算年初第一天开始到本年指定日期的总计。季初至今和月初至今都与年初至今类似，但是月初至今只有到日级的维度时才有意义。

本小节将主要以年初至今和季初至今为例介绍对应函数的用法。

时间智能函数计算累计的函数有两类：一类是 DATESYTD、DATESQTD 和 DATESMTD；另一类是 TOTALYTD、TOTALQTD 和 TOTALMTD。

DATESYTD / DATESQTD

这两个函数返回一个表，计算包含从年初（季初）到当前筛选上下文中的包含最后一个日期的所有日期。该函数在计算时用作 CALCULATE 的筛选器参数。其语法如下：

```
DATESYTD （ 日期表的日期列，［截止日期］）
DATESQTD （ 日期表的日期列，［截止日期］）
```

第一个参数必须来自日期表中的日期列（必选）；第二个参数用于自定义截止日期，属于可选参数，通常在一些财年的计算场景中可能用到。

计算销售总金额的年初至今（YTD）的度量值：

```
销售总金额 YTD（函数 DATES 版）=
CALCULATE （ SUM （ '订单表'[销售金额]），DATESYTD （ '日期表'[Date]））
```

计算销售总金额的季初至今（QTD）的度量值：

```
销售总金额 QTD（函数 DATES 版）=
CALCULATE （ SUM （ '订单表'[销售金额]），DATESQTD （ '日期表'[Date]））
```

将两个度量值添加到矩阵视觉对象中，结果如图 7-5 所示。

年份	销售总金额	销售总金额YTD(函数DATES版)	销售总金额QTD(函数DATES版)
⊟ **2021年**	**1796567.73**	**1,796,567.73**	**492,733.80**
⊟ **2021Q1**	**350920.93**	**350,920.93**	**350,920.93**
202101	136629.63	136,629.63	136,629.63
202102	65759.87	202,389.50	202,389.50
202103	148531.43	350,920.93	350,920.93
⊟ **2021Q2**	**478395.65**	**829,316.58**	**478,395.65**
202104	156146.73	507,067.66	156,146.73
202105	168417.35	675,485.01	324,564.08
202106	153831.57	829,316.58	478,395.65
⊟ **2021Q3**	**474517.35**	**1,303,833.93**	**474,517.35**
202107	148175.23	977,491.81	148,175.23
202108	143990.69	1,121,482.50	292,165.92
202109	182351.43	1,303,833.93	474,517.35
⊟ **2021Q4**	**492733.80**	**1,796,567.73**	**492,733.80**
202110	185404.52	1,489,238.45	185,404.52
202111	189406.92	1,678,645.37	374,811.44
202112	117922.36	1,796,567.73	492,733.80

图 7-5　使用 DATESYTD 和 DATESQTD 计算的年初至今的累计值

销售总金额 QTD 的年份的总计行返回本年最后一个季度的总计值。这是因为 DATESQTD 的总计行只有 2021 年的筛选上下文，所以返回了 2021 年的最后一个季度的总计值。

TOTALYTD / TOTALQTD

这两个函数返回的是标量值，也不需要与 CALCULATE 函数配合使用，属于 DATESYTD、DATESQTD 和 CALCULATE 组合的简化版。与 DATESYTD 和 DATESQTD 函数相比，它们在形式上更加简单。其语法如下：

```
TOTALYTD ( 计值表达式, [ 日期表的日期列 ], 筛选器, [ 截止日期 ] )

TOTALQTD ( 计值表达式, [ 日期表的日期列 ], 筛选器, [ 截止日期 ] )
```

第一个参数属于必需参数，是一个使用聚合的计值表达式；第二个参数一般来自日期表的日期列；第三个参数属于可选参数，使用类似于 CALCULATE 函数的筛选器参数、布尔类型或者表类型均可；最后一个参数属于可选参数，同 DATESYTD 一样，可以自定义截止日期。

计算销售总金额 YTD 的销售总金额 QTD 的度量值如下，计算结果同图 7-5 一样。

```
销售总金额 YTD ( 函数 TOTAL 版 ) =

TOTALYTD ( SUM ( '订单表'[ 销售金额 ] ), '日期表'[Date] )

---------------------------

销售总金额 QTD ( 函数 TOTAL 版 ) =

TOTALQTD ( SUM ( '订单表'[ 销售金额 ] ), '日期表'[Date] )
```

TOTALYTD 函数隐藏了内部的 CACULATE 函数，所以该函数才能同 DATESYTD 函数一样计值，但是在实操过程不推荐使用 TOTALYTD 函数。

> 7.2.2 ⟩ **同比和环比分析**

同比和环比实质是对当前的日期周进行平移一定的长度得到的时间区间后对应的数值。同比是与历史同期的比较，一般情况下是与去年同期相比较；环比是与上一个相邻统计周期进行比较。本小节将主要介绍常见的同比、环比计算。

同期和同比的计算

SAMEPERIODLASTYEAR 是 DAX 中专门返回当前上下文中上一年的一组日期的函数，经常用作 CALCULATE 的筛选器参数。该函数只有一个参数，可直接引用日期表中的日期列。使用该函数计算销售总金额的环比的度量值如下，结果如图 7-6 所示。

```
销售总金额 PY =
CALCULATE ( [销售总金额], SAMEPERIODLASTYEAR ( '日期表'[Date] ) )
------------------
销售总金额 YOY% =
DIVIDE ( [销售总金额] - [销售总金额 PY], [销售总金额 PY] )
```

年份	销售总金额	销售总金额PY	销售总金额YOY%
⊟ **2019年**	**800078.62**		
⊞ **2019Q1**	**140817.69**		
⊟ **2019Q2**	**188625.84**		
201904	64356.78		
201905	66704.61		
201906	57564.45		
⊞ **2019Q3**	**208491.94**		
⊞ **2019Q4**	**262143.15**		
⊟ **2020年**	**1325037.10**	**800,078.62**	**65.61%**
⊞ **2020Q1**	**224286.90**	**140,817.69**	**59.27%**
⊟ **2020Q2**	**331189.10**	**188,625.84**	**75.58%**
202004	108632.45	64,356.78	68.80%
202005	115972.99	66,704.61	73.86%
202006	106583.66	57,564.45	85.16%
⊞ **2020Q3**	**341631.12**	**208,491.94**	**63.86%**
⊞ **2020Q4**	**427929.98**	**262,143.15**	**63.24%**

图 7-6　使用 SAMEPERIODLASTYEAR 计算同期和同比

比 SAMEPERIODLASTYEAR 函数更通用、更强大的另外一个函数是 DATEADD。该函数可以定义时间移动的长度和移动的类型，返回的结果是一个表，经常用作 CALCULATE 函数的筛选器参数。DATEADD 函数的语法如下：

```
DATEADD ( 日期表的日期列, 移动长度, 移动类型 )
```

其中，第二个参数如果为正，表示向未来日期移动，否则向过去日期移动；第三个参数的移动类型有年、季、月和天，对应的固定的参数值是 YEAR、QUARTER、MONTH 和 DAY。

所以上述销售金额的同期值的度量值可以改写成：

```
销售金额 PY（函数 DATEADD 版） =
CALCULATE （ [ 销售总金额 ], DATEADD （ ' 日期表 '[Date], -1, YEAR ） ）
```

该函数还可以计算当前上下文的环期值，相关内容在环期计算的内容中详述。在实际应用中，建议用户使用 DATEADD 函数计算同比、环比。

完整周期的同期计算

如果同期的计算场景变化了，比如要始终计算完整销售总金额的上一年的全部金额，那么更适合使用 PARALLELPERIOD 函数。PARALLELPERIOD 返回的是上年的全部日期，而 DATEADD 返回的是对应的部分周期。该函数的语法如下：

```
PARALLELPERIOD （ 日期表的日期列， 移动长度， 移动类型）
```

其中，第二个参数与 DATEADD 的参数一样，第三个参数对应的类型是 YEAR、QUARTER 和 MONTH。

计算销售总金额的同期总计值的度量值如下，结果如图 7-7 所示。

```
销售总金额 PY 总计 =
CALCULATE （ [ 销售总金额 ], PARALLELPERIOD （ ' 日期表 '[Date], -1, YEAR ）
）
```

年份	销售总金额	销售总金额PY	销售总金额PY总计
⊟ 2019年	800078.62		
⊞ 2019Q1	140817.69		
⊟ 2019Q2	188625.84		
201904	64356.78		
201905	66704.61		
201906	57564.45		
⊞ 2019Q3	208491.94		
⊞ 2019Q4	262143.15		
⊟ 2020年	1325037.10	800,078.62	800,078.62
⊞ 2020Q1	224286.90	140,817.69	800,078.62
⊟ 2020Q2	331189.10	188,625.84	800,078.62
202004	108632.45	64,356.78	800,078.62
202005	115972.99	66,704.61	800,078.62
202006	106583.66	57,564.45	800,078.62
⊞ 2020Q3	341631.12	208,491.94	800,078.62
⊞ 2020Q4	427929.98	262,143.15	800,078.62

图 7-7　使用 PARALLELPERIOD 计算同期总计值

从图 7-7 中可以看出，"销售总金额 PY 总计"列计算了上一年的合计值。如果要将上一年的总计值与年初至今的值作比较，该函数会很有用。

本期至今的同期和同比计算

对于年初至今的计算，并不需要再增加 CALCULATE 函数和筛选器，而是可以直接写成如下的度量值。

```
年初至今 PY YTD =
CALCULATE ( [销售总金额], DATEADD ( DATESYTD ( '日期表 '[Date] ), -1,
YEAR ) )
```

在上述度量值中，DATEADD 和 DATESYTD 的位置顺序并不影响返回的结果，所以上述度量值等价于以下的度量值。

```
年初至今 PY YTD =
CALCULATE ( [销售总金额], DATESYTD ( DATEADD ( '日期表 '[Date], -1,
YEAR ) ) )
```

为什么可以这样嵌套呢？因为在时间智能函数中会直接引用日期表中的日期，隐式地发生了上下文转换，被引用的日期表实际上等价于：

```
CALCULATETABLE ( DISTINCT ( 日期表的日期列 ) )
```

年初至今的同期和同比的计算结果如图 7-8 所示。

年份	销售总金额	销售总金额YTD	年初至今PY YTD	销售总金额YTD YOY%
⊟ 2019年	800078.62	800,078.62		
⊞ 2019Q1	140817.69	140,817.69		
⊟ 2019Q2	188625.84	329,443.53		
201904	64356.78	205,174.47		
201905	66704.61	271,879.08		
201906	57564.45	329,443.53		
⊞ 2019Q3	208491.94	537,935.47		
⊞ 2019Q4	262143.15	800,078.62		
⊟ 2020年	1325037.10	1,325,037.10	800,078.62	165.61%
⊞ 2020Q1	224286.90	224,286.90	140,817.69	159.27%
⊟ 2020Q2	331189.10	555,476.00	329,443.53	168.61%
202004	108632.45	332,919.35	205,174.47	162.26%
202005	115972.99	448,892.34	271,879.08	165.11%
202006	106583.66	555,476.00	329,443.53	168.61%
⊞ 2020Q3	341631.12	897,107.12	537,935.47	166.77%
⊞ 2020Q4	427929.98	1,325,037.10	800,078.62	165.61%

图 7-8　年初至今的同期和同比计算

环期和环比计算

DATEADD 函数经常被用来计算环期。比如，计算销售金额的 PQ 和 PM 的度量值如下。

```
销售金额 PQ =
CALCULATE ( [销售总金额], DATEADD ( '日期表 '[Date], -1, QUARTER ) )
--------------------
销售总金额 PM =
```

```
CALCULATE ( [ 销售总金额 ], DATEADD ( ' 日期表 '[Date], -1, MONTH ) )
```

环期和环比的计算结果如图 7-9 所示。

年份	销售总金额	销售金额PQ	销售总金额QOQ%	销售总金额PM	销售总金额MOM%
⊟ **2019年**	**800078.62**	**537,935.47**	**48.73%**	**710,100.67**	**12.67%**
⊟ **2019Q1**	**140817.69**			**82,469.75**	**70.75%**
201901	55596.73				
201902	26873.02			55,596.73	-51.66%
201903	58347.94			26,873.02	117.12%
⊟ **2019Q2**	**188625.84**	**140,817.69**	**33.95%**	**189,409.33**	**-0.41%**
201904	64356.78	55,596.73	15.76%	58,347.94	10.30%
201905	66704.61	26,873.02	148.22%	64,356.78	3.65%
201906	57564.45	58,347.94	-1.34%	66,704.61	-13.70%
⊞ **2019Q3**	**208491.94**	**188,625.84**	**10.53%**	**180,226.40**	**15.68%**
⊞ **2019Q4**	**262143.15**	**208,491.94**	**25.73%**	**257,995.19**	**1.61%**

图 7-9　环期和环比计算

在环期和环比的计算中，总计行显然没有太多的意义，可以使用 HASONEVALUE 来将其消除。

除此之外，PREVIOUSQUARTER 和 PREVIOUSMONTH 等函数也能返回上一个周期的合计值，但是在一些特殊场景下仍然是不同的。

年初至今的环期和环比计算

以销售总金额的计算为例，计算每个月的年初至今的环期值和环比值。前面学习了本期至今的同比计算，这两个例子基本一样，只需对移动类型稍作修改即可。故度量值如下，结果如图 7-10 所示。

年份	销售总金额	年初至今YTD	销售总金额YTD MOM	销售总金额YTD MOM%
⊟ 2019年	800078.62	800,078.62	710,100.67	12.67%
⊟ **2019Q1**	**140817.69**	**140,817.69**	**82,469.75**	**70.75%**
201901	55596.73	55,596.73		
201902	26873.02	82,469.75	55,596.73	48.34%
201903	58347.94	140,817.69	82,469.75	70.75%
⊟ **2019Q2**	**188625.84**	**329,443.53**	**271,879.08**	**21.17%**
201904	64356.78	205,174.47	140,817.69	45.70%
201905	66704.61	271,879.08	205,174.47	32.51%
201906	57564.45	329,443.53	271,879.08	21.17%
⊞ **2019Q3**	**208491.94**	**537,935.47**	**452,105.48**	**18.98%**
⊞ **2019Q4**	**262143.15**	**800,078.62**	**710,100.67**	**12.67%**

图 7-10　年初至今的环期和环比计算

```
销售总金额 YTD MOM =
CALCULATE ( [ 销售总金额 ], DATEADD ( DATESYTD ( ' 日期表 '[Date] ), -1,
MONTH ) )
```

7.2.3 > 移动平均分析

移动平均分析是时间序列分析中最为常见的一种。移动平均的目的是过滤掉时间序列中的高频扰动，保留有用的低频趋势。本小节将主要介绍移动平均中最简单一种形式——简单移动平均。这种平均方法涉及对时间序列计算等权重的值，将指定区间内若干个数进行算术平均后得到一系列的平均数。比如，指定的移动区间是 5 天，那么每 5 天就会得到一个平均数，每个时间序列都是从当前值向前取 5 个值计算平均值。

移动平均值一般用于在折线图中呈现数据的变化趋势。下面以销售总金额为例，计算其移动平均值。

图 7-11　创建数值范围参数的设置

标准日期的移动平均

标准日期的移动平均是在以日为单位的日期序列上计算移动平均分析。一般来说，移动平均的移动区间会准备不同大小的数值作为参数备选。所以为了动态地切换不同移动区间，可以使用参数功能创建一个参数表来选择不同的移动区间。

具体的操作：在报表视图下，依次选择"建模"→"新建参数"→"数值范围"选项，在打开的对话框中，设置参数的"名称"为"移动区间"，"数据类型"为"整数"，"最小值"为 1，"最大值"为 30，"增量"为 1，"默认值"为 7，勾选"将切片器添加到此页"选项，单击"创建"按钮，即可得到一个切片器，如图 7-11 所示。

在计算销售总金额的移动平均值过程中，对于每一个日期都应以当前日期为起始点，向前（以前的日期）截取指定的个数，形成一个日期区间，然后计算该区间内销售总金额的移动平均。DATESINPERIOD 函数可以返回指定区间中所有日期组成的单列形式的表。该函数的具体语法如下：

```
DATESINPERIOD ( 日期表的日期列 , 开始日期 , 偏移量 , 间隔单位 )
```

其中，第三个参数偏移量为正，向未来的日期移动，否则向以前的日期移动；第四个参数为固定值，即 YEAR、QURATER、MONTH 和 DAY，所以度量值可以写成：

```
销售总金额移动平均 =

VAR moving_range =

    SELECTEDVALUE ( '移动区间'[移动区间] )

VAR rs =

    AVERAGEX (
```

```
        DATESINPERIOD ( '日期表'[Date], MAX ( '日期表'[Date] ), -
moving_range, DAY ),
        [销售总金额]
    )
RETURN
    IF ( MAX ( '订单表'[下单日期] ) >= MAX ( '日期表'[Date] ), rs )
```

最后将日期表的日期列添加到折线图视觉对象的 X 轴中，将销售总金额和销售总金额移动平均度量值放入 Y 轴中，调整基本的格式设置。结果如图 7-12 所示。

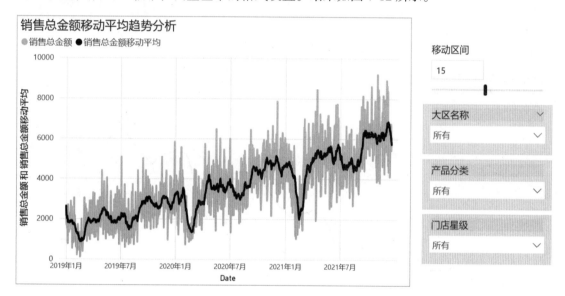

图 7-12　标准日期的移动平均分析折线图

上述例子中的移动类型是按天数，当然也可以选择按年或月来移动。

与月份相关的移动平均

按月份计算移动平均时，度量值的编写不同于上述例子。比如，对销售总金额按 3 个月向前移动计算移动平均，那么 DATESINPERIOD 函数就不适合了，此时需要使用基本的函数按计算逻辑来编写度量值。

```
销售总金额移动平均3个月 =
VAR moving_range = 3
VAR maxdte =
    MAX ( '日期表'[年] ) * 12 + MAX ( '日期表'[月] )
VAR mindte = maxdte - moving_range + 1
VAR period3m =
    FILTER (
```

```
              ALL ( '日期表'[年], '日期表'[月] ),
              ( '日期表'[年] * 12 + '日期表'[月] ) >= mindte
                  && ( '日期表'[年] * 12 + '日期表'[月] ) <= maxdte
          )
  VAR rs =
      CALCULATE ( AVERAGEX ( period3m, [销售总金额] ), ALL ( '日期表' )
  )
  RETURN
      rs
```

将上述度量值放入折线图的视觉对象中，结果如图 7-13 所示。

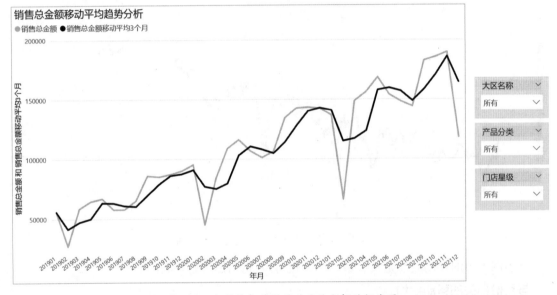

图 7-13　与月份相关的移动平均分析的折线图

在这个例子中，重点要领会年月格式的日期，如 202111、202112、202201 等。其中年 ×
12+ 月可构成一个等差数列，比如 202112 为 24264，202201 为 24265，应将年月的逻辑转换为
等差数列的逻辑。

7.2.4　不同日期区间值的比较

不同日期区间值的比较也是时间序列中的一个常见的分析；但是有时候因为所选日期区间
的不同，造成两个日期区间的总天数存在较大差异，为了公平地进行比较，需要进行一些额外
的调整。

比较两个不同的日期区间，需要准备两个日期切片器便于筛选。图 7-14 展示了不同日期
区间下的销售总金额的比较以及调整的值。

城市公司	销售总金额	比较销售总金额	调整后的销售总金额
北京公司	2,847.08	6,664.14	14,205.86
成都公司	39,307.05	163,352.30	348,216.01
广州公司	102,317.96	308,639.45	657,922.78
杭州公司	37,988.51	100,666.12	214,588.68
合肥公司	81,809.68	195,993.84	417,797.57
吉林公司	33,392.25	155,698.57	331,900.66
济南公司	81,933.56	210,346.87	448,393.74
南京公司	27,423.94	133,263.51	284,076.12
南宁公司	40,194.47	108,995.93	232,345.23
上海公司		8,944.86	19,067.64
天津公司	1,229.18	21,758.86	46,383.08
武汉公司	99,601.00	273,356.09	582,709.69
西安公司	2,471.43	87,811.03	187,185.65
长春公司	48,295.41	165,065.52	351,868.06
长沙公司	45,726.61	176,350.74	375,924.62
郑州公司	27,173.12	157,255.27	335,219.05
重庆公司	9,181.24	21,788.58	46,446.44
总计	**680,892.49**	**2,295,951.68**	**4,894,250.91**

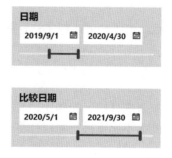

图 7-14　不同日期区间的销售总金额的比较

在这个例子中，一个日期表是无法完成比较的，所以需要准备两个日期表：一个用于选择当前的日期区间；另一个用于选择比较的日期区间。当比较日期表和日期表一模一样时，用户可以复制已经创建的日期表为比较日期表。在比较日期表与日期表之间建立不活动的一对多的关系，可以简单化与其他事实表进行连接，方便编写其他度量值。创建的关系的局部，如图 7-15 所示。

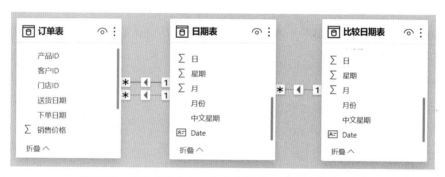

图 7-15　比较日期表与日期表之间为不活动关系（局部）

计算比较销售总金额时，可以使用 USERELATIONSHIP 激活比较日期表与日期表之间的关系；为了让比较日期表能对订单表进行筛选，可以使用 ALL 函数清除日期表上的筛选器。比较销售总金额的度量值如下：

```
比较销售总金额 =
VAR cp_period =
    CALCULATETABLE (
        VALUES ( '日期表'[Date] ),
        ALL ( '日期表' ),
```

```
        USERELATIONSHIP ( '日期表'[Date], '比较日期表'[Date] )
    )
VAR rs =
    CALCULATE ( [销售总金额], cp_period )
RETURN
    rs
```

但是由于所选日期区间和比较日期区间的总天数存在较大差异，为了公平地进行比较，这里按照天数的大小比重进行加权计算，所以上述度量值需要修改成：

```
调整后的销售总金额 =
VAR cp_period =
    CALCULATETABLE (
        VALUES ( '日期表'[Date] ),
        ALL ( '日期表' ),
        USERELATIONSHIP ( '日期表'[Date], '比较日期表'[Date] )
    )
VAR cp_salse =
    CALCULATE ( [销售总金额], cp_period )
VAR cur_days =
    COUNTROWS ( VALUES ( '日期表'[Date] ) )
VAR cp_days =
    COUNTROWS ( cp_period )
VAR days_pct =
    DIVIDE ( cp_days, cur_days )
VAR rs = cp_salse * days_pct
RETURN
    rs
```

在实际操作过程中，大家可以根据具体情况灵活选择合适的调整方式。

第 8 章

分析实践：更多常用的计算分析

前面我们学习了 Power BI 的数据模型、DAX 的基础知识等内容，这些知识可以帮助我们解决绝大多数分析场景中的问题。但我们还需要进一步探索在其他常见的分析场景下的 DAX 的运用，以积累更多的场景模式。

通过本章内容的学习，相信你的 DAX 技能会更上一层楼。

8.1 排名相关分析

本节将主要介绍如何利用 Power BI 处理与排名相关的分析，主要涉及两个方面的内容：排名分析、TOPN 分析。

8.1.1 排名分析

在 DAX 中计算排名最常用的函数是 RANKX，该函数是一个迭代函数。其语法为：

```
RANKX（表，表达式，[值]，[排序方式]，[相同排名时处理规则]）
```

其中，前两个参数是必选参数，后面三个参数是可选参数；第三个参数一般省略，省略时与第二个参数相同；第四个参数默认情况下使用降序，可以用 0 或者 FALSE 替代，1 或者 TRUE 表示升序；最后一个参数是相同排名时的处理规则，SKIP 表示稀疏排名，下一名的排序等于之前所有排序的数量 +1，DENSE 代表稠密排名，只累加排序，不考虑数量。默认使用 SKIP。

静态排名计算

静态排名是指不随着外部切片器的变化而变化的排名，比如计算城市公司的销售总金额的排名。结果如图 8-1 所示（局部图示）。

```
排名（静态）=
IF（HASONEVALUE（'城市公司表'[城市公司]），RANKX（ALL（'城市公司表'[城市公司]），[销售总金额]））
```

城市公司	销售总金额	排名(静态)
广州公司	537,059.06	1
武汉公司	501,063.66	2
合肥公司	398,097.96	3
济南公司	381,367.25	4
长沙公司	275,210.29	5
长春公司	268,544.39	6
成都公司	264,928.91	7
吉林公司	251,831.30	8
郑州公司	243,428.50	9
总计	**3,921,683.45**	

图 8-1 使用 RANKX 函数计算静态排名（局部图示）

对于总计行的排序并没有任何的意义，使用 IF+HASONEVALUE 组合改写即可。需要注意的是，RANKX 函数的第一个参数是一个表表达式，该参数通常对列或表使用 ALL 函数。当使用表时，如果忘记使用它，公式在返回结果时会提示错误。

动态排名计算

动态排名是指排名结果受到外部切片器的影响时，排名结果也能随之变化的排名。此时我们需要将 ALL 函数改写成 ALLSELECTED 函数。比如，添加一个"城市公司"列的切片器，选择一部分值，然后再对城市公司的销售总金额进行排名。结果如图 8-2 所示。

```
排名（动态）=
IF ( HASONEVALUE ( '城市公司表'[城市公司] ), RANKX ( ALLSELECTED( '城
市公司表'[城市公司] ), [销售总金额] ) )
```

城市公司	销售总金额	排名(动态)
武汉公司	501,063.66	1
济南公司	381,367.25	2
长沙公司	275,210.29	3
长春公司	268,544.39	4
成都公司	264,928.91	5
南宁公司	187,502.08	6
杭州公司	177,212.99	7
重庆公司	53,634.05	8
总计	2,109,463.62	

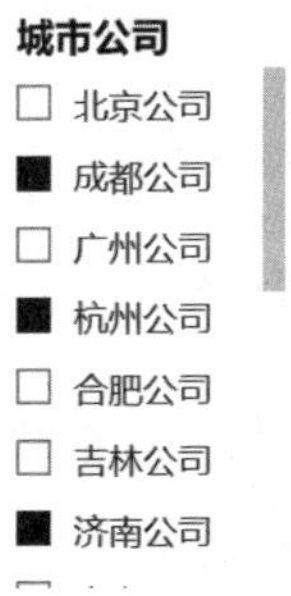

城市公司
☐ 北京公司
■ 成都公司
☐ 广州公司
■ 杭州公司
☐ 合肥公司
☐ 吉林公司
■ 济南公司

图 8-2　使用 RANKX 函数计算动态排名

在上述例子中，不论在切片器中选择哪些城市，都会在选择的对象中进行排名。

层级排名计算

如果在矩阵中再添加一个层级，并计算每个层级的各自的排名，就需要使用 ISINSCOPE 函数来判断矩阵的行的字段是否在层次结构中。比如，矩阵的行中分别有城市公司和门店名称，计算这两个层次中销售总金额的排名。结果如图 8-3 所示。

```
层级排名 =
VAR rnk =
    SWITCH (
        TRUE (),
        ISINSCOPE ( '门店表'[门店名称] ),
            RANKX ( ALLSELECTED ( '门店表'[门店名称] ), [销售总金额] ),
        RANKX ( ALLSELECTED ( '城市公司表'[城市公司] ), [销售总金额] )
    )
VAR rs =
    IF (
        HASONEVALUE ( '城市公司表'[城市公司] ),
        IF ( NOT ISBLANK ( [销售总金额] ), rnk )
    )
```

```
RETURN
    rs
```

图 8-3　计算层级排名

这种判断层级的方法也适用于占比的计算，同样都需要判断层级再使用 SWITCH 函数或者 IF 函数进行相应的赋值。在使用 SWITCH 函数判断的时候，要从最底部的层级向最顶部的层级进行判断，才能得到正确的结果。

本小节介绍了三种比较常见的排名场景，RANKX 函数是 DAX 函数中比较有难度的函数。在后面的章节中，我们将介绍两个更加易于理解的计算排名的窗口函数：RANK 函数和 ROWNUMBER 函数。

8.1.2　TOPN 分析

计算 TOPN 的方式有很多种，需求的场景也有很多。本小节将介绍几种常见的关于 TOPN 的计算模式。

静态地显示前 N 个值

计算 TOP10 的销售总金额的城市公司，一个简单的方法是创建静态排名的度量值，然后在矩阵视觉对象对应的筛选器窗格中进行筛选，"筛选类型"选择"前 N 个"，"显示项"选择"上"，数量为 10，"按值"添加度量值"销售总金额"，最后单击"应用筛选器"按钮。结果如图 8-4 所示。

```
排名 =
IF ( HASONEVALUE ( '城市公司表'[城市公司] ), RANKX ( ALL ( '城市公司
    表'[城市公司] ), [销售总金额] ) ) )
```

图 8-4　静态地计算销售总金额的 TOP10 的城市公司

这种计算 TOPN 的方式不能选择参数，即不能自由地选择 N。下面介绍两种比较灵活的方法。

动态地显示前 N 个值

使用 TOPN 函数计算前 N 个值是一种常用的方法。TOPN 函数是一个表函数，主要返回指定表的前 N 行。其语法如下：

TOPN（行数，表，[排序表达式，排序规则]，[排序表达式，…] ）

其中，第一个参数是一个数字，第三个参数的排序规则同前面的 RANKX 函数一样。如果返回的 N 行有相同的记录时，可能返回多于 N 行的表。

为了动态地切换 N 值，可以建立一个 TOPN 函数的参数值，然后在度量值中使用 TOPN 函数来计算销售总金额，再计算排名并且判断是否需要显示。结果如图 8-5 所示。

```
销售总金额 (top) =

VAR N =

    SELECTEDVALUE ( 'TOPN'[TOPN] )

VAR topn_tab =

    TOPN ( N, ALL ( '城市公司表 '[ 城市公司] ), CALCULATE ( SUM ( '订单
表 '[ 销售金额] ) ), DESC )

VAR rs =

    CALCULATE ( SUM ( '订单表 '[ 销售金额] ), KEEPFILTERS ( topn_tab )
)

RETURN

    Rs
```

排名的度量值如下：

```
排名(top) =
IF (
    HASONEVALUE ( '城市公司表'[城市公司] ) && NOT ISBLANK ( [销售总金
额(top)] ),
    RANKX ( ALL ( '城市公司表'[城市公司] ), CALCULATE ( SUM ( '订单表'[销
售金额] ) ) ) )
)
```

城市公司	销售总金额(top)	排名(top)
广州公司	537,059.06	1
武汉公司	501,063.66	2
合肥公司	398,097.96	3
济南公司	381,367.25	4
长沙公司	275,210.29	5
总计	2,092,798.22	

图 8-5　动态地显示 TOPN

在销售总金额（top）度量值中，使用了 KEEPFILTERS 让 TOPN 的添加与已有的筛选器进行交互，而不是计算一个 TOPN 的总计值。TOPN 函数既是一个表函数，也是一个迭代函数，所以计算销售总金额值时需要使用 CALCULATE 函数进行上下文转换。排名的公式对不在 TOPN 的范围中的排名不显示，这样就达到了动态地筛选前 N 名的目的。

显示多个前 N 名的值

动态地显示全部、TOP5、TOP10、TOP15、TOP20 和 TOP30 的产品的销售总金额，如图 8-6 所示。

城市公司	全部	TOP5	TOP10	TOP15	TOP20	TOP30
北京公司	11,032.36	1,916.28	3,345.31	4,563.09	5,544.89	7,210.42
杭州公司	177,212.99	19,329.40	35,158.77	49,597.26	62,941.60	86,968.56
合肥公司	398,097.96	41,307.96	76,470.18	108,385.14	137,171.49	189,892.02
吉林公司	251,831.30	23,922.79	45,208.21	64,966.78	83,266.29	116,271.09
济南公司	381,367.25	41,124.05	74,593.46	105,612.68	133,633.13	185,845.57
南京公司	215,644.59	21,213.20	39,988.37	57,561.75	73,919.89	103,692.70
天津公司	28,283.90	4,724.24	7,986.62	10,929.80	13,409.63	17,632.77
武汉公司	501,063.66	49,768.23	92,007.55	129,199.81	164,430.82	229,635.46
长春公司	268,544.39	26,812.98	48,716.59	69,794.65	89,838.66	126,564.48
总计	2,233,078.40	201,970.70	379,542.95	546,908.22	703,851.47	997,096.10

图 8-6　显示多个 TOPN 的值

在上图中，为了让列中显示特定的标题，需要创建一个辅助表——"TOPN标题"，如

图 8-7 所示。对"前 N 名"列执行"按列排序"功能，依据是"N"列。

```
TOPN 标题 =
ADDCOLUMNS (
    SELECTCOLUMNS ( { 0, 5, 10, 15, 20, 30 }, "N", [Value] ),
    "前 N 名",
        IF ( [N] = 0, "全部", "TOP" & [N] )
)
```

图 8-7　TOPN 标题辅助表

创建一个度量值，用于计算多个 TOPN 的值，然后将该度量值添加到矩阵的值中。

```
销售总金额 ( 多个 top) =
VAR _N =
    SELECTEDVALUE ( 'TOPN 标题 '[N], 0 )
VAR topn_tab =
    TOPN ( _N, ALL ( ' 产品表 '[ 产品 ID] ), [ 销售总金额 ], DESC )
VAR rs =
    IF ( _N = 0, [ 销售总金额 ], CALCULATE ( [ 销售总金额 ], topn_tab ) )
RETURN
    rs
```

在这个例子中，当 N 为 0 时，则显示全部，所以需要对 N 值进行判断，其重点的步骤是创建一个表用作矩阵的列标题。

8.2　区间划分相关分析

本节将主要介绍与划分区间相关的计算场景。

8.2.1　帕累托分析

帕累托分析的核心思想是"关键的少数和次要的多数"，即 80% 的问题可能由 20% 的原因造成，或者 80% 的收益可能来自 20% 的投入。这种分析方法可以帮助识别那些造成大多数问题的主要原因，从而优先处理这些问题。

帕累托分析通常通过帕累托图来展示，这是一种展示不同因素对总体影响程度的图形方法。在帕累托图中，各因素根据其影响程度从左到右排列，并标出累积频率，从而直观地展示哪些因素是造成问题的主要原因。

图 8-8 计算和展示了各城市公司的销售总金额的累计占比值。从图中可以清楚地看到为整个集团贡献 70% 以上的城市公司和对应的销售总金额。在本例中，累计占比可分为三类：A类，其累计占比小于 70%；B类，其累计占比大于或等于 70% 且小于 90%；C类，其累计占比大于或等于 90%。

城市公司	销售总金额 ▼	销售总金额累计	累计占比	分类
广州公司	537,059.06	537,059.06	13.7%	A类
武汉公司	501,063.66	1,038,122.72	26.5%	A类
合肥公司	398,097.96	1,436,220.68	36.6%	A类
济南公司	381,367.25	1,817,587.93	46.3%	A类
长沙公司	275,210.29	2,092,798.22	53.4%	A类
长春公司	268,544.39	2,361,342.61	60.2%	A类
成都公司	264,928.91	2,626,271.52	67.0%	A类
吉林公司	251,831.30	2,878,102.82	73.4%	B类
郑州公司	243,428.50	3,121,531.32	79.6%	B类
南京公司	215,644.59	3,337,175.91	85.1%	B类
南宁公司	187,502.08	3,524,677.99	89.9%	B类
杭州公司	177,212.99	3,701,890.98	94.4%	C类
西安公司	115,938.20	3,817,829.18	97.4%	C类
重庆公司	53,634.05	3,871,463.23	98.7%	C类
天津公司	28,283.90	3,899,747.13	99.4%	C类
北京公司	11,032.36	3,910,779.49	99.7%	C类
上海公司	10,903.96	3,921,683.45	100.0%	C类
总计	3,921,683.45			

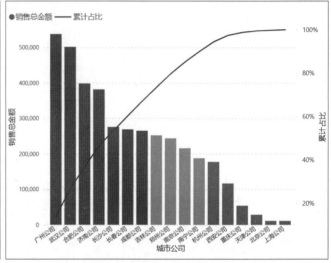

图 8-8　帕累托分析计算和展示各城市公司销售总金额

计算销售总金额累计是本例的核心，其思路是通过迭代城市公司并比较当前行的销售总金额与其他销售总金额来实现累计。度量值如下：

```
销售总金额累计 =
VAR cur_salesamount = [销售总金额]
VAR running_salesamount =
    SUMX (
        FILTER (
            ALL ('城市公司表'[城市公司]), [销售总金额] >= cur_
salesamount
        ),
        [销售总金额]
    )
RETURN
```

```
running_salesamount
```

累计占比的度量值如下：

```
累计占比 =
DIVIDE ( [销售总金额累计], CALCULATE ( [销售总金额], ALL ( '城市公司表'[城
市公司] ) ) )
```

对计算的累计占比按照分类规则进行分类。度量值如下：

```
ABC 分类 =
VAR abc =
    SWITCH (
        TRUE (),
        [累计占比] < 0.7, "A类",
        [累计占比] >= 0.7 && [累计占比] < 0.9, "B类",
        "C类"
    )
VAR rs =
    IF ( HASONEVALUE ( '城市公司表'[城市公司] ), abc )
RETURN
    rs
```

将上述几个度量值分别添加到矩阵与折线图和簇状柱形图视觉对象中，但是在折线图和簇状柱形图中，还无法区分 A、B、C 分类的颜色，可以通过度量值来为柱子填色。具体的步骤：选中折线图和簇状柱形图视觉对象，在格式设置窗格中，依次选择"列"→"颜色"→"*fx*"选项，在打开的对话框中的"格式样式"中选择"字段值"，"应将此基于哪个字段？"选择度量值"ABC 颜色"，如图 8-9 所示。

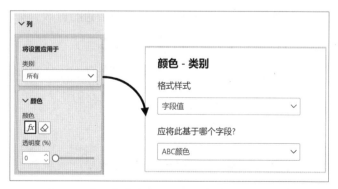

图 8-9 使用度量值实现不同分类填充不同的颜色

```
ABC 颜色 =
SWITCH (
    TRUE (),
    [ABC 分类] = "A 类", "#076fa2",
    [ABC 分类] = "B 类", "#2fc0d3",
    "#ed5039"
)
```

需要注意的是，Power BI 的颜色值支持 RGB 和 16 进制的颜色，上述代码中展现的就是 16 进制的颜色值。关于 DAX 驱动可视化的内容在后面的章节中会有详细的介绍。

本例只显示了销售总金额，当然读者可以举一反三，使用切片器动态地计算多种指标类型下的贡献主体。

8.2.2 区间分组分析

区间分组分析是指对指定的指标按一定的区间分布进行划分，来计算相应的指标，判断在数值区间上的大小。比如，计算在不同折扣比例区间上的销售金额占销售总金额的比例。结果如图 8-10 所示。

大区名称	0.6以下	0.6-0.7	0.7-0.8	0.8以上	0.9及以上
⊟ **A区**	**16.65%**	**7.48%**	**11.03%**	**19.84%**	**44.99%**
广州公司	7.10%	6.77%	11.10%	23.97%	51.07%
南宁公司	25.12%	9.56%	14.15%	15.34%	35.83%
上海公司	100.00%				
长沙公司	25.03%	8.05%	9.71%	15.78%	41.42%
⊞ **B区**	**19.99%**	**11.55%**	**16.03%**	**19.53%**	**32.91%**
⊞ **C区**	**23.50%**	**6.13%**	**10.94%**	**18.21%**	**41.22%**
⊞ **D区**	**31.07%**	**8.67%**	**12.78%**	**16.52%**	**30.97%**
总计	**22.91%**	**8.18%**	**12.44%**	**18.48%**	**38.00%**

产品分类：所有
门店星级：所有
年份：2021年

图 8-10　计算折扣比例区间上的销售总金额的占比

下面使用代码创建一个划分折扣比例的表，以便于对值进行修改，如图 8-11 所示。

序号	区间	开始值	结束值
1	0.6以下	0	0.6
2	0.6-0.7	0.6	0.7
3	0.7-0.8	0.7	0.8
4	0.8以上	0.8	0.9
5	0.9及以上	0.9	99.0

图 8-11　创建折扣比例划分的表

```
折扣比例分组表 =
DATATABLE (
```

```
"序号 ", DOUBLE,
"区间 ", STRING,
"开始值 ", DOUBLE,
"结束值 ", DOUBLE,
{
    { 1, "0.6 以下 ", 0, 0.6 },
    { 2, "0.6-0.7", 0.6, 0.7 },
    { 3, "0.7-0.8", 0.7, 0.8 },
    { 4, "0.8 以上 ", 0.8, 0.9 },
    { 5, "0.9 及以上 ", 0.9, 99 }
}
)
```

在编写度量值时，获取了列矩阵的列标签上的区间对应的开始值和结束值，就可以很轻松地计算出比例。

```
销售金额占比 =
VAR range_min =
    MIN ( '折扣比例分组表'[开始值] )
VAR range_max =
    MAX ( '折扣比例分组表'[结束值] )
VAR salesamount =
    CALCULATE ( [销售总金额], '订单表'[折扣比例] >= range_min && '订单表'[折扣比例] < range_max )
VAR sales_pct =
    DIVIDE ( salesamount, [销售总金额] )
RETURN
    sales_pct
```

以上的例子演示了计算区间分组分析的一种最简单方式，当然也可以在订单表中创建一个折扣比例分布区间的列来计算销售总金额在各个折扣比例区间上的分布情况。

8.2.3 分区计算

分区计算是指按一定的分隔属性进行分类，在各个分类中计算相应的值。例如，柱形图中的 X 轴是月份，Y 轴是销售总金额，如果再添加一条折线计算每个季度中各月的销售总金额的平均值，我们就可以对比每个月与所在季度的月均值，如图 8-12 所示。

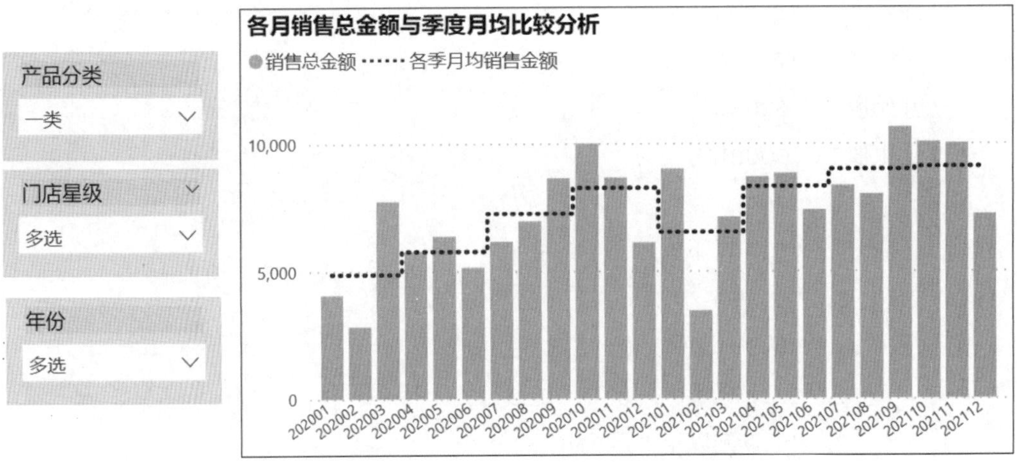

图 8-12　按年季对月销售总金额进行“分区”求均值

在这个例子中，需要按年季来对年月进行分区，以便在各自所属的季度内求平均值，属于在年月的轴上进行“开窗”计算。

```
各季月均销售金额 =
CALCULATE (
    AVERAGEX ( ALL ( '日期表'[ 年月 ] ), [ 销售总金额 ] ),
    VALUES ( '日期表'[ 年季 ] )
)
```

度量值比较简单，只需要在 CALCULATE 函数的筛选器上添加一个表筛选器，即使用 VALUES 函数将年季的列当作表筛选器。

再如，计算月环期的数据时，不想按照所有日期来计算环期，而想按半年度进行分区来计算环期（前提是在日期表中添加一列来区分上半年、下半年），如图 8-13 所示。

年月	销售总金额	环期销售总金额(常规)	环期销售总金额(按半年分区)
202101	136,629.63	138,245.89	
202102	65,759.87	66,611.41	136,629.63
202103	148,531.43	146,578.89	65,759.87
202104	156,146.73	156,537.98	148,531.43
202105	168,417.35	168,382.27	156,146.73
202106	153,831.57	155,382.55	168,417.35
202107	148,175.23	145,537.86	
202108	143,990.69	146,692.26	148,175.23
202109	182,351.43	179,490.47	143,990.69
202110	185,404.52	187,947.83	182,351.43
202111	189,406.92	185,283.69	185,404.52
202112	117,922.36	125,902.70	189,406.92

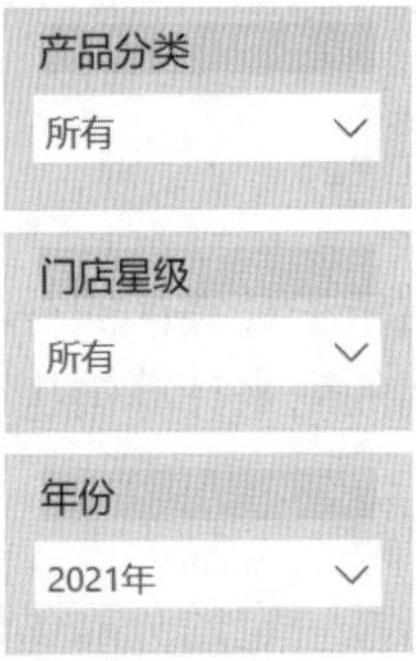

图 8-13　按半年度进行“分区”来计算环期

```
环期销售总金额（按半年分区）=
CALCULATE ( [销售总金额], DATEADD ( '日期表'[Date], -1, MONTH ),
VALUES ( '日期表'[半年度] ) )
```

本小节中的分区计算是指向 CALCULATE 中添加筛选器。在窗口函数中，可以用专门的参数来做分区，具体在后面的章节还会讲到。

8.3 其他分析

本节将主要介绍两个常用的分析场景：一个是计算分析对象与指定日期范围内数据的变化差异问题，另一个是计算指标的近 N 期的变化情况。

8.3.1 差异比较分析

在分析对象的差异情况时，经常会使用集合函数 UNION、INTERSECT 和 EXCEPT，其返回的结果都是一个表。UNION 函数可以将多个表追加到一起，INTERSECT 函数返回两个表中都出现的行，EXCEPT 函数返回第一个表（左表）在第二个表（右表）中没有出现的行。本小节将主要使用后面两个函数来进行分析。

计算各个大区和城市公司在当年和上年都购买了产品的客户数量。

```
当年与上年都购买产品的客户数量 =
VAR cur_customers =
    VALUES ( '订单表'[客户ID] )
VAR lastyear_customers =
    CALCULATETABLE (
        VALUES ( '订单表'[客户ID] ),
        DATESINPERIOD ( '日期表'[Date], MIN ( '日期表'[Date] ) - 1,
-1, YEAR )
    )
VAR both_customers =
    INTERSECT ( cur_customers, lastyear_customers )
VAR rs =
    COUNTROWS ( both_customers )
RETURN
    rs
```

计算各个大区和城市公司在当年购买了产品但在上年未购买产品的客户数量。

```
当年购买了产品但上年未购买产品的客户数量 =
```

```
VAR cur_customers =
    VALUES ( '订单表'[客户ID] )
VAR lastyear_customers =
    CALCULATETABLE (
        VALUES ( '订单表'[客户ID] ),
        DATESINPERIOD ( '日期表'[Date], MIN ( '日期表'[Date] ) - 1,
-1, YEAR )
    )
VAR cur_notin_lastyear_customers =
    EXCEPT( cur_customers, lastyear_customers )
VAR rs =
    COUNTROWS (cur_notin_lastyear_customers )
RETURN
    rs
```

上述两个度量值的结果如图 8-14 所示。

大区名称 ▲	当年与上年都购买了产品的客户数量	当年购买了产品但上年未购买产品的客户数量
⊟ A区	**851**	**382**
广州公司	344	469
南宁公司	91	272
上海公司	2	61
长沙公司	183	435
⊞ B区	**619**	**552**
⊞ C区	**1002**	**372**
⊞ D区	**892**	**397**
总计	**1619**	**107**

年份
2021年

客户行业
所有

图 8-14　计算当年和去年购买产品的客户数量变化情况

在使用 INTERSECT 函数和 EXCEPT 函数时，一定要注意两个参数的位置，位置不一样，产生的结果也是不一样的。

8.3.2 近 N 天分析

近 N 天分析是数据分析和可视化过程中一个比较常用的分析场景，其通常分为两种情况：一种是计算近 N 天的累计值，比较总额；另一种是将近 N 天的值显示在折线图上，观察数据的变化趋势。

计算近 N 天的总额

在表格视图下使用"新建表"功能来创建一个参数表，将其作为切片器或者表的列标题，如图 8-15 所示。

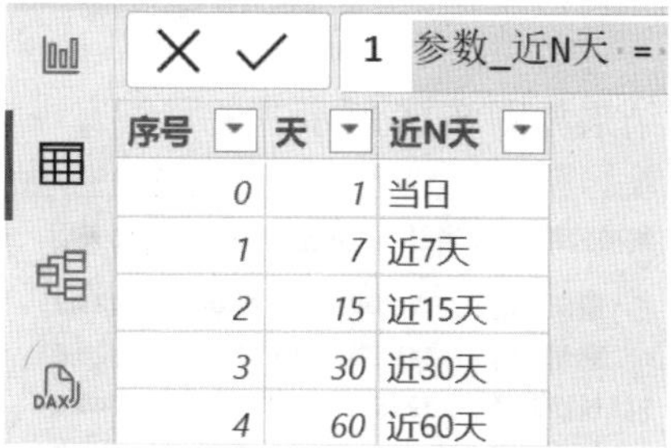

序号	天	近N天
0	1	当日
1	7	近7天
2	15	近15天
3	30	近30天
4	60	近60天

图 8-15　创建一个参数表

```
参数_近N天 =
DATATABLE (
    "序号", INTEGER,
    "天", INTEGER,
    "近N天", STRING,
    {
        { 0, 1, "当日" },
        { 1, 7, "近7天" },
        { 2, 15, "近15天" },
        { 3, 30, "近30天" },
        { 4, 60, "近60天" }
    }
)
```

在页面中添加一个日期表中日期列的切片器来筛选指定的日期。在计算近 N 天时，可以使用时间智能函数 DATESBETWEEN 来返回一个日期区间的表，用作 CALCULATE 函数的筛选器参数。

```
近N天销售总金额 =
VAR _N_days =
    SELECTEDVALUE ( '参数_近N天'[天] )
VAR dte =
    MAX ( '日期表'[Date] )
VAR rs =
    CALCULATE ( [销售总金额], DATESBETWEEN ( '日期表'[Date], dte - _N_days + 1, dte ) )
```

```
RETURN

    rs
```

在矩阵视觉对象中显示的结果如图 8-16 所示。

城市公司	当日	近7天	近15天	近30天	近60天
⊞ 重庆公司	72.00	72.00	425.25	1,258.75	2,439.23
⊞ 郑州公司	318.96	1,952.32	4,820.51	7,867.25	17,620.05
⊞ 长沙公司	325.36	3,274.97	5,740.04	10,705.84	21,358.62
⊞ 长春公司	513.36	2,879.23	4,931.89	10,348.03	17,004.63
⊞ 西安公司	576.88	1,436.18	2,991.66	4,969.29	13,102.61
⊞ 武汉公司		2,219.20	6,489.99	12,041.62	26,727.37
⊞ 天津公司	309.40	386.35	595.15	1,615.15	2,846.15
⊞ 上海公司		169.65	270.45	1,069.45	1,718.43
⊟ 南宁公司		1,054.47	3,061.69	5,881.83	12,412.83
YFS店		49.50	123.75	472.75	741.41
XGM店		174.72	707.98	1,563.88	2,207.88
SVD店				316.09	1,139.92
总计	5,537.42	30,729.02	70,080.37	141,297.60	284,621.28

Date
2021/8/18

大区名称
所有

产品分类
所有

图 8-16　计算近 N 天的销售总金额

使用上述方法计算近 N 天的销售总金额的累计值时很容易，但如果要将近 N 天的销售总金额用折线图视觉对象显示时，度量值的写法又不一样。下面介绍一种更通用的方法。

近 N 天的通用计算方式

将当前的日期表复制一份并命名为"辅助_日期表"，该日期表与其他的表均不建立任何的关系，目的是使用"辅助_日期表"用作趋势分析的折线图的 X 轴，在编写度量值时使用 TREATAS 函数将日期表与"辅助_日期表"建立虚拟关系。

如果说使用连线创建的关系是现实关系，那么使用 TREATAS 函数创建的关系就是虚拟关系。虚拟关系并不会改变已有的关系，只是在使用度量值的时候起作用。TREATAS 函数的语法如下：

```
TREATAS（表达式，列名，[列名，…]）
```

该函数适用于不通过模型中的实际关系进行计算的场景。

使用 TREATAS 函数计算近 N 期销售总金额（通用）的度量值如下：

```
近 N 期销售总金额（通用）=

VAR _N_days =

    SELECTEDVALUE（'参数_近 N 天'[天]）

VAR dte =

    MAX（'日期表'[Date]）

VAR rs =

    CALCULATE（
```

```
            [ 销售总金额 ],
        DATESBETWEEN ( '日期表'[Date], dte - _N_days + 1, dte ),
        TREATAS ( VALUES ( '辅助 _ 日期表'[Date] ), '日期表'[Date] )
    )
RETURN
    rs
```

将上述度量值分别放入矩阵和折线图的视觉对象中，折线图的 X 轴的日期列来自"辅助 _ 日期表"的日期列。结果如图 8-17 所示。

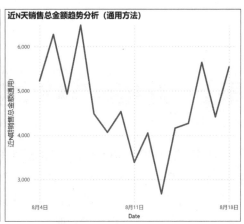

图 8-17　通用方法计算近 N 天的销售总金额

在这个例子中，切片器 Date 的日期列来自日期表的日期列，并在度量值中使用了 TREATAS 函数来使"辅助 _ 日期表"与日期表创建虚拟关系。如此一来，在界面中只添加一个日期切片器即可以控制矩阵和折线图，从而避免将"辅助 _ 日期表"中的日期表添加到切片器中，减小了因切片器产生的混乱。

需要注意的是，在 TREATAS 函数未推出之前，通常使用 INTERSECT 函数创建虚拟关系。虚拟关系不同于不活动关系，虚拟关系是表间没有物理连接的关系，只能通过虚拟关系的函数在表达式中创建；而不活动关系是以物理连线的方式创建的，在使用时通过 USERELATIONSHIP 函数来激活。

第 9 章

更上一层楼：DAX 的高级用法实践

本章将主要介绍与 DAX 相关的五大知识点：计算组、窗口函数、可视化计算、DAX 查询和外部工具 DAX Studio。在学习完这些内容后，你将对整个 DAX 语言有更加清晰的认识和理解，你使用 Power BI 和 DAX 的能力也会得到更大的提升。

9.1 计算组

计算组是 Power BI 中一项重要的功能。2019 年，计算组功能被添加到 Power BI 中，但是创建计算组需要使用外部工具 Tabular Editor 软件。在 2023 年 10 月的更新中，计算组的功能被正式内置到 Power BI 中。2024 年 5 月，计算组功能正式发布，成为 Power BI 的正式功能。

9.1.1 认识计算组

计算组，又叫度量值组，是一个强大的功能。在复杂的计算中，它可以减少具有相同计算方式带来的度量值冗余的问题，解决格式字符串的动态变化问题，经常被用于时间智能相关的计算场景中。计算组，顾名思义是一个计算成员组。这些计算成员叫计算项。计算项由不同的表达式和字符串格式来定义，类似于度量值。在 Power BI 中，计算组的计算项被保存在一个表中，在使用时以字段的方式添加到视觉对象中。

如果您使用的是 2024 年 5 月之前的 Power BI 版本，在使用时需要在 Power BI 设置选项中的"预览功能"中勾选"模型资源管理器和计算组创作"选项，如图 9-1 所示。

勾选"模型资源管理器和计算组创作"选项后，在 Power BI 的模型视图下的菜单栏中就可以看到"计算组"按钮，在右侧"数据"窗格下的"模型"选项中的"语义模型"中也能看到"计算组"选项，如图 9-2 所示。

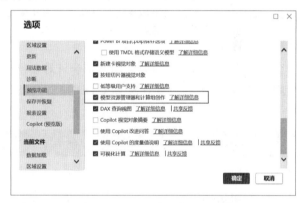

图 9-1　在 Power BI 的选项中添加计算组功能

图 9-2　模型视图下的计算组功能

当单击"计算组"按钮时，会弹出一个对话框提示阻止隐式度量值。换言之，在创建计算组时需要使用创建的显式度量值。当单击图 9-3 中的"是"按钮后，就不能使用已创建的隐式度量值。

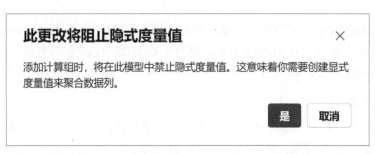

图 9-3　创建计算组时需要使用显式度量值

> **注意**　显式度量值是使用主选项卡下的"新建度量值"功能以表达式的方式创建的度量值；而隐式度量值是指将表中的列添加到视觉对象中（如矩阵的行中），然后单击鼠标右键，选择对应的计算方式创建的度量值，这类度量值一般不会显示在表中。

在使用计算组时，需要使用专门为计算组所设计的函数。表 9-1 展示了创建计算组时可能会用到的 DAX 函数，其中 SELECTEDMEASURE 函数是创建计算组时最常用的函数。

表 9-1　创建计算组时需要的函数

函数名称	功能	参数
SELECTEDMEASURE	返回当前上下文中正在计算的度量值	无参数
SELECTEDMEASURENAME	返回当前上下文中正在计算的度量值的名称	无参数
ISSELECTEDMEASURE	返回当前上下文中正在计算的度量值是否为函数参数中指定的度量值。如果是指定的度量值，则返回 TRUE，否则返回 FALSE	多个度量值名称
SELECTEDMEASUREFORMATSTRING	返回当前上下文中正在计算的度量值对应的格式字符串	无参数

计算组是一个非常有用的功能，想灵活地使用该功能也需要花费一些时间来学习它。

9.1.2　创建和管理计算组

本小节将主要介绍计算组的创建、修改、重命名和删除等基本操作。

在模型视图下，单击"计算组"按钮，会创建一个计算组。在"数据"窗格中的"模型"选项卡下的"计算组"选项中，会对应地创建一个默认名为"计算组"的计算项，在公式编辑栏中显示了计算项的表达式，如图 9-4 所示。

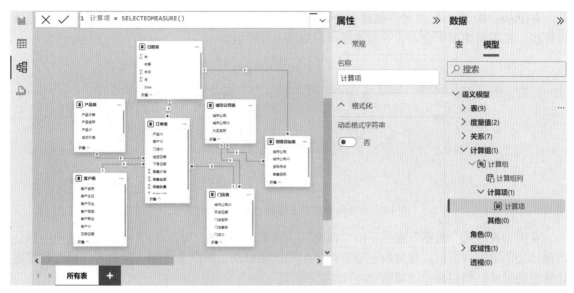

图 9-4　创建一个计算组和计算项

对计算组或者计算项进行删除或者重命名操作，可以选中计算组或者计算项，右击鼠标，在快捷菜单中选择"重命名"或者"从模型中删除"选项。

添加计算组的方法是：单击主选项卡中的"计算组"按钮或者在"模型"子选项卡下选中"计算组"选项，在左侧的"属性"窗格中单击"新建计算组"选项（或者单击鼠标右键，在弹出的快捷键中选择相应的操作），如图 9-5 所示。

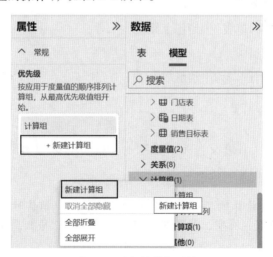

图 9-5　添加计算组功能

添加计算项的步骤同添加计算组类似：选中计算项选项，在左侧的"属性"窗格中单击"新建计算项"（或者单击鼠标右键，在弹出的快捷键中选择相应的操作）。拖动已经创建的计算项可以调整计算项的优先级和顺序。

如果要修改计算组中的计算项，可以选中子选项卡"模型"下的"计算组"选项中对应的计算组的计算项，并在左侧的公式编辑栏中修改已经创建的计算项的表达式。

在 Power BI 中，可以允许创建多个计算组，并在每个计算组中创建多个计算项。创建的计算组，在表格视图下会以表的形式显示，如图 9-6 所示。

图 9-6　在表格视图下显示的已经创建的计算组

在模型视图的"数据"窗格下的"模型"子选项卡中，在"表"和"计算组"选项中都会出现已经创建的计算组，这导致在管理计算组时比较麻烦。所以在添加、重命名、修改和删除计算组的时候，均需在"计算组 [N]"选项下进行。

9.1.3　计算组的实践应用

本小节将主要介绍如何使用计算组功能。比如，计算销售总金额、销售总数量、销售毛利要使用当前、同期、月环期、同比、月环比、年初至今以及半年度至今指标。如果没有计算组，则需要编写 21 个度量值（3×7=21），而这些指标的表达式编写方法都大同小异。这无疑是非常低效的，而使用计算组实现上述功能，则会非常方便高效。

步骤 **1**　分别编写三个最基本的度量值。

```
销售总金额 = SUM ( '订单表' [ 销售金额 ] )

------------

销售总数量 = SUM ( '订单表' [ 销售数量 ] )

------------

销售毛利 =
SUMX ( '订单表', '订单表' [ 销售金额 ] - '订单表' [ 销售数量 ] * RELATED (
'产品表' [ 成本价格 ] ) )
```

步骤 **2**　创建计算组和计算项。创建一个名为"计算组 _ 销售时间序列指标"的计算组，并依次添加上述提到的当前、同期、月环期、同比、月环比、年初至今以及半年度至今 7 个指标的表达式为计算项。

请注意，以下均为计算组的计算项而非度量值，需要分别编写。

```
当前 = SELECTEDMEASURE ( )

------------------------

同期 =
CALCULATE ( SELECTEDMEASURE (), DATEADD ( '日期表' [Date], -1, YEAR )
```

```
)

-------------------------

同比 =
VAR cur =
    SELECTEDMEASURE ()
VAR py =
    CALCULATE ( SELECTEDMEASURE (), DATEADD ( '日期表 '[Date], -1,
YEAR ) )
VAR rs =
    DIVIDE ( cur - py, py )
RETURN
    rs

-------------------------

月环期 =
CALCULATE ( SELECTEDMEASURE (), DATEADD ( '日期表 '[Date], -1, MONTH
) )

-------------------------

月环比 =
VAR cur = SELECTEDMEASURE()
VAR pm =
CALCULATE(SELECTEDMEASURE(),DATEADD('日期表 '[Date],-1,MONTH ))
VAR rs =
    DIVIDE ( cur - pm, pm )
RETURN
    rs

-------------------------

年初至今 =
CALCULATE ( SELECTEDMEASURE (), DATESYTD ( '日期表 '[Date] ) )

-------------------------

半年度至今 =
CALCULATE (
    SELECTEDMEASURE (),
    DATESYTD ( '日期表 '[Date] ),
```

```
       VALUES ( '日期表'[半年度] )
)
```

由于同比和月环比的计算项应该显示为百分比格式，所以还需要在计算项的属性窗格中将这两个计算项的格式设置为"+0.00%;-0.00%;0"。方法：选中计算项，在属性窗格中，开启"动态格式"开关，在激活的公式编辑栏中输入上述字符格式。计算项的动态格式也是支持表达式定义的。

步骤 3 在矩阵中使用计算组。在矩阵视觉对象的行中添加"大区名称"列，在列中添加计算组表"计算组_销售时间序列指标"中的"计算组列"列，在"值"中添加最初创建的三个基本的度量值，然后在矩阵的格式窗格中，开启"将值切换到行"选项，最终结果如图 9-7 所示。

大区名称		当前	同期	同比	月环期	月环比	年初至今	半年度至今
A区								
	销售总金额	37,793.83	31,417.26	+20.30%	42,820.98	-11.74%	284,752.79	80,614.81
	销售总数量	852.00	705.00	+20.85%	888.00	-4.05%	6,190.00	1,740.00
	销售毛利	26,944.83	22,031.26	+22.30%	30,963.98	-12.98%	202,743.79	57,908.81
B区								
	销售总金额	27,258.23	19,867.48	+37.20%	29,642.30	-8.04%	217,107.36	56,900.53
	销售总数量	689.00	485.00	+42.06%	679.00	+1.47%	5,042.00	1,368.00
	销售毛利	18,595.23	13,928.48	+33.51%	21,336.30	-12.85%	151,172.36	39,931.53
C区								
	销售总金额	42,372.50	30,176.65	+40.41%	41,210.89	+2.82%	349,038.16	83,583.39
	销售总数量	1,058.00	756.00	+39.95%	910.00	+16.26%	7,992.00	1,968.00
	销售毛利	28,235.50	19,838.65	+42.33%	29,245.89	-3.45%	244,291.16	57,481.39

（左侧切片器：年月 202108；城市公司 所有；门店星级 所有；产品分类 所有）

图 9-7 在矩阵中展示创建的计算组的结果

当然，也可以将创建的计算组的表的列用作切片器，从另一维度来控制视觉对象中显示的计算结果。图 9-8 展示的是将计算组的计算项构成的列用作切片器。

（左侧切片器：年月 202108；计算组列 ○当前 ○同期 ●同比 ○月环期 ○月环比 ○年初至今 ○半年度至今）

大区名称	销售总金额	销售总数量	销售毛利
⊟ **A区**			
广州公司	+38.24%	+40.07%	+34.28%
南宁公司	-14.75%	-6.37%	-13.66%
上海公司	+15.65%	+28.57%	+46.15%
长沙公司	+18.50%	+14.47%	+27.62%
⊟ **B区**			
成都公司	+8.76%	+8.21%	+3.62%
西安公司	+125.97%	+133.33%	+127.93%
郑州公司	+30.42%	+46.11%	+23.53%
重庆公司	+27.26%	+27.78%	+52.20%
⊞ **C区**	**+40.41%**	**+39.95%**	**+42.33%**
⊞ **D区**	**+46.98%**	**+45.57%**	**+48.35%**

图 9-8 将计算组的计算项用作切片器

需要注意的是，将计算组的计算项用作列标题，在列标题上单击列名时是无法进行排序的（截至本书出版前）。

9.1.4 使用 Tabular Editor 创建计算组

除了使用 Power BI 中的内置功能来创建计算组，还可以使用外部工具 Tabular Editor 来创建计算组。

Tabular Editor 有两个版本：一个是 2.x 版本，该版本是免费版，只需要下载安装就可以使用；另一个是 3.x 版本，属于订阅版本，提供给企业版用户使用。除了创建计算组，Tabular Editor 软件还有其他非常强大的功能。

本书在随书素材中提供了 2.x 的安装包，并且以 2.x 版本的 Tabular Editor 为例介绍计算组的创建。安装 Tabular Editor 以后，在 Power BI Desktop 的"外部工具"选项卡下会出现该软件的入口图标。该入口可以自动跟当前的 Power BI 文件建立端口连接，如图 9-9 所示。

图 9-9　Power BI 的"外部工具"选项卡下显示已经安装的外部工具

单击入口图标就可以启动 Tabular Editor。创建计算组的步骤是：选择"Model"下的"Tables"选项，单击右键鼠标，在快捷菜单中选择"Create New"选项下的"Calculation Group"选项，如图 9-10 所示。

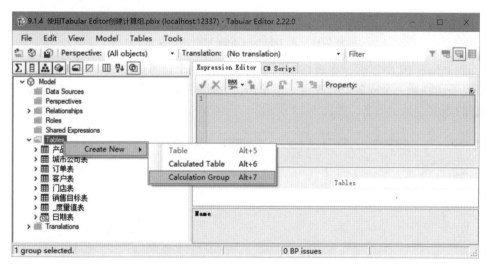

图 9-10　在 Tabular Editor 中创建计算组

上述创建的计算组被命名为"Tabular Editor 创建计算组"，计算项列被命名为"时间序列指标"。选中"Calculation Items（计算项）"选项，单击右键鼠标，在快捷菜单中选择"New Calculation Item"就可以创建计算项，在后边的代码编辑栏中输入代码后，单击上方的"√"按钮就会完成表达的编写。在代码框下方的"Name"文本框中可以修改名称，在"Ordinal"

中输入序号可以调整优先级，在"Format String Expression"中可以自定义计算项的字符格式。最后单击左上方的"保存"按钮即可将创建的计算组保存至 Power BI 中。图 9-11 中创建的是 9.1.3 小节中的计算组。

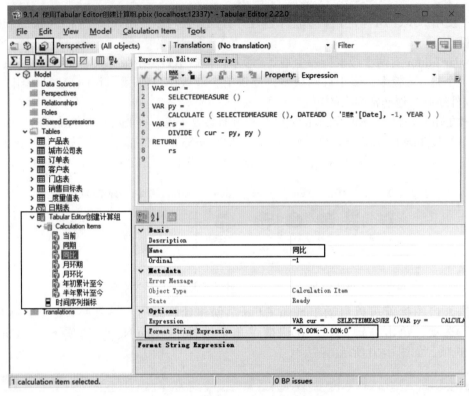

图 9-11　在 Tabular Editor 中创建计算组

返回到 Power BI 中以后，在表格视图下将多出来一个计算组的表，并且出现一条消息提示："需要手动刷新一个或多个计算组。"单击"立即刷新"按钮后，在 Tabular Editor 中创建的计算组的表就会显示出来，如图 9-12 所示。

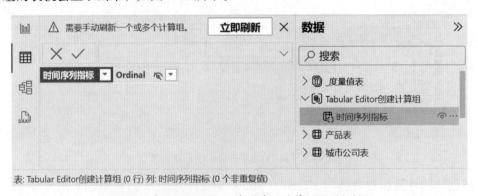

图 9-12　在 Tabular Editor 中创建的计算组的刷新提示

刷新后的计算组的表分别显示了计算项的列和排序列，结果与 Power BI 内置的计算组创建的是一样的，如图 9-13 所示。

图 9-13　经过刷新后的计算组的表

修改已经创建的计算组则需要返回到 Tabular Editor 中进行修改并保存。再次返回到 Power BI 中并进行刷新操作后计算组会显示出来。至此，在 Tabular Editor 中创建的计算组就可以应用在视觉对象中了。

9.2　窗口函数

DAX 中的窗口函数与 SQL 中的窗口函数并不是一回事，因此在学习时不能将 SQL 中窗口函数的用法迁移到 DAX 中。学习完本小节后，我们将可以使用更简洁的方式来重新编写前面的累计、移动平均、排名以及分区等计算。

9.2.1　窗口函数介绍

DAX 中的窗口函数主要用于简化复杂的 DAX 编码，使计算变得更加容易。

2022 年 12 月，Power BI 在月度更新中增加了 3 个新函数：INDEX、OFFSET 和 WINDOW。它们可以在排序和分区的表中根据指定位置获取相对行或绝对行，返回一个表，属于表函数。所以它们可以作为 CALCULATE 的筛选器参数或者"聚合函数 +X"的迭代函数的表参数使用。

2023 年 4 月，Power BI 在月度更新中又增加了两个窗口函数：RANK 和 ROWNUMBER。这两个窗口函数都能返回一个标量值结果，主要功能是排序。它们可以直接使用。

下面是这些函数的语法，其中方括号中的参数都是可选参数。因为它们中大多数的参数是相同的，所以将它们一起进行介绍，以方便大家学习。

```
INDEX（索引，[表]，[排序]，[空白]，[分区]，[匹配]，[重置]）
OFFSET（偏移量，[表]，[排序]，[空白]，[分区]，[匹配]，[重置]）
WINDOW（开始位置，[开始位置类型]，结束位置，[结束位置类型]，[表]，[排序]，
[空白]，[分区]，[匹配]，[重置]）
------------------
RANK（[并列类型]，[表]，[排序]，[空白]，[分区]，[匹配]，[重置]）
ROWNUMBER（[表]，[排序]，[空白]，[分区]，[匹配]，[重置]）
```

这5个窗口函数的相同参数的用法都是一样的，注意以下3个参数都是使用函数作为参数，并且这3个参数一般不会单独使用，绝大多数情况下是用作窗口函数的参数。

（1）排序参数：使用 ORDERBY 函数，可以对一列、多列以及度量值进行排序。升序为 ASC、1 或 TRUE，降序为 DESC、0 或 FALSE。

（2）分区参数：使用 PARTITIONBY 函数，按指定的列进行开窗或者分组以达到计算各自组内的值的目的。

（3）匹配参数：使用 MATCHBY 函数，用来定义如何匹配数据和标识当前行的列。该函数一般不常用。

> **注意** 排序、分区和匹配参数引用的列必须来自窗口函数的表参数的列，不然会报错，因为窗口函数的排序、分区和匹配参数引用的列需要在表参数的上下文中计算。

处理空白的参数目前只有一个固定值，即 DEFAULT；重置参数，主要是在可视化计算中使用，其他的参数将在后面的章节中进行具体介绍。

9.2.2 窗口函数用法实践：偏移类函数

本小节将主要介绍具有位置偏移功能的三个窗口函数：INDEX、OFFSET 和 WINDOW，并使用它们来改写在前面章节中编写的一些复杂的度量值。

INDEX 函数

INDEX 函数的第一个参数是索引，即在第二个参数中，标识表中行的位置索引，受排序和分区参数的影响，从前往后数，表的第一行为 1，第二行为 2，……；从后往前数，表的最后一行为 –1，倒数第二行为 –2，……其语法如下：

```
INDEX（索引，[表]，[排序]，[空白]，[分区]，[匹配]，[重置]）
```

计算每年的首月的销售总金额：

```
年首月的销售总金额 =
CALCULATE (
    [销售总金额],
    INDEX (
        1,
        ALLSELECTED ( '日期表'[年份], '日期表'[年月] ),
        ORDERBY ( '日期表'[年月], ASC )
    )
)
```

在这个表达式中，需对年月列进行排序。排序的依据是升序（ASC），取第二个参数 ALLSELECTD 表的第一行即可。排序的列必须来自第二个参数计算的表。

将上面的例子再延伸一下，比如计算每个季度的首月的销售总金额：

```
季首月销售总金额 =
CALCULATE (
    [销售总金额],
    INDEX (
        -1,
        ALLSELECTED ( '日期表'[年季], '日期表'[年月] ),
        ORDERBY ( '日期表'[年季], ASC, '日期表'[年月], ASC ),
        PARTITIONBY ( '日期表'[年季] )
    )
)
```

由于是季度的最后一个月，所以对年季和年月进行升序排序，并且以年季为分区依据进行开窗计算时，需要使用 PARTITIONBY 函数。

这两个度量值的计算结果，如图 9-14 所示。年首月的销售总金额列的所有行都返回了当前的第一个月的销售总金额，季末月销售总金额对于每个季度都返回其最后一个月的销售总金额。

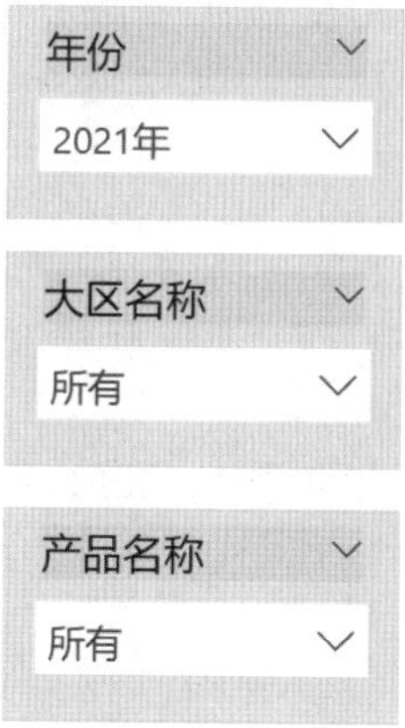

年月	销售总金额	年首月的销售总金额	季末月销售总金额
202101	136,629.63	136,629.63	148,531.43
202102	65,759.87	136,629.63	148,531.43
202103	148,531.43	136,629.63	148,531.43
202104	156,146.73	136,629.63	153,831.57
202105	168,417.35	136,629.63	153,831.57
202106	153,831.57	136,629.63	153,831.57
202107	148,175.23	136,629.63	182,351.43
202108	143,990.69	136,629.63	182,351.43
202109	182,351.43	136,629.63	182,351.43
202110	185,404.52	136,629.63	117,922.36
202111	189,406.92	136,629.63	117,922.36
202112	117,922.36	136,629.63	117,922.36

筛选器：年份 — 2021年；大区名称 — 所有；产品名称 — 所有

图 9-14　窗口函数 INDEX 计算的年首月和季末月的销售总金额

INDEX 函数主要返回第二个参数（即表）中的第 N 行，在需要返回指定行的场景中使用得较为广泛。

OFFSET 函数

OFFSET 函数主要返回第二个参数的基于当前行位置的其他行。其语法如下：

```
OFFSET(偏移量, [表], [排序], [空白], [分区], [匹配], [重置])
```

其中，偏移量为正值时，表示以当前行为基准向后偏移；为负值时，表示以当前行为基准向前偏移。

计算每年各个季度的销售总金额的环期值和同期值，结果如图 9-15 所示。

年份	销售总金额	销售总金额环期	销售总金额同期
⊟ **2019年**			
2019Q1	140,817.69		
2019Q2	188,625.84	140,817.69	
2019Q3	208,491.94	188,625.84	
2019Q4	262,143.15	208,491.94	
⊟ **2020年**			
2020Q1	224,286.90	262,143.15	140,817.69
2020Q2	331,189.10	224,286.90	188,625.84
2020Q3	341,631.12	331,189.10	208,491.94
2020Q4	427,929.98	341,631.12	262,143.15
⊞ **2021年**	**1,796,567.73**	**1,731,763.91**	**1,325,037.10**

图 9-15　窗口函数 OFFSET 计算的每年各个季度的销售总金额环期值和同期值

```
销售总金额环期 =
CALCULATE (
    [销售总金额],
    OFFSET (
        -1,
        ALLSELECTED ( '日期表'[年份], '日期表'[年季] ),
        ORDERBY ( '日期表'[年份], ASC, '日期表'[年季], ASC )
    )
)
```

在这个例子中，将年份和年季组成的表进行升序排列后，以 2020Q1 为例：以这个季节为基准值，向前偏移 1，即为 2019Q4，计算得到环期值；向前偏移 4 时，为同一个季度，即为 2019Q1，计算得到同期值。

计算每个大区每年的销售总金额的同期值，结果如图 9-16 所示。

```
与上一星级门店的销售额比较 =
VAR previous_store_sales =
    CALCULATE (
        [销售总金额],
        OFFSET (
```

```
            -1,
            SUMMARIZE ( ALLSELECTED ( '订单表' ), '产品表'[产品分类],
'门店表'[门店星级] ),
            ORDERBY ( '门店表'[门店星级], ASC ),
            PARTITIONBY ( '产品表'[产品分类] )
        )
    )
VAR rs =
    IF ( NOT ISBLANK ( previous_store_sales ), [销售总金额] -
previous_store_sales )
RETURN
    rs
```

产品分类	销售总金额	与上一星级门店 的销售额比较
⊟ 一类		
1星	104,360.66	
2星	135,735.55	31,374.89
3星	92,479.31	-43,256.24
4星	137,520.72	45,041.41
5星	89,405.84	-48,114.88
6星	96,541.71	7,135.87
⊟ 二类		
1星	181,114.67	
2星	258,066.30	76,951.63
3星	160,221.74	-97,844.56
4星	244,897.16	84,675.42

图 9-16　使用窗口函数 OFFSET 计算各门店与上一星级门店的销售额差

　　在这个例子中，产品分类和门店星级来自相同的表，OFFSET 函数的第二个参数使用 SUMMARIZE 函数来组合不同表中的列。产品分类中都有星级门店，需要使用 PARTITIONBY 函数开窗计算各自的值。

WINDOW 函数

　　INDEX 函数和 OFFSET 函数都只能返回一行，而 WINDOW 函数可以返回指定区间内的多行。其语法如下：

```
WINDOW （开始位置，[开始位置类型]，结束位置，[结束位置类型]，[表]，[排序]，
[空白]，[分区]，[匹配]，[重置] ）
```

其中，开始位置和结束位置一般用数字来表示，也可以是返回数值的标量表达式；开始位置类型是固定的类型 REL，表示相对位置；结束位置类型是固定的类型 ABS，表示绝对位置。开始位置为正时，表示从前往后；为负时表示从后往前；0 表示当前位置。

使用该函数可以完成累计、分区和移动平均等计算。相较于前面介绍的计算方式，窗口函数的计算方式在代码简化和可阅读性方面更佳。

计算销售总金额的年初至今的值和每个季度的销售总金额的平均度量值，如图 9-17 所示。

```
销售总金额 YTD =
CALCULATE (
    [ 销售总金额 ],
    WINDOW (
        1,
        ABS,
        0,
        REL,
        ALLSELECTED ( '日期表'[年份], '日期表'[年季] ),
        ORDERBY ( '日期表'[年份], ASC, '日期表'[年季], ASC ),
        PARTITIONBY ( '日期表'[年份] )
    )
)
```

年季	销售总金额	销售总金额YTD	销售总金额的季度平均
2019Q1	140,817.69	140,817.69	200,019.66
2019Q2	188,625.84	329,443.53	200,019.66
2019Q3	208,491.94	537,935.47	200,019.66
2019Q4	262,143.15	800,078.62	200,019.66
2020Q1	224,286.90	224,286.90	331,259.28
2020Q2	331,189.10	555,476.00	331,259.28
2020Q3	341,631.12	897,107.12	331,259.28
2020Q4	427,929.98	1,325,037.10	331,259.28
2021Q1	350,920.93	350,920.93	449,141.93
2021Q2	478,395.65	829,316.58	449,141.93
2021Q3	474,517.35	1,303,833.93	449,141.93
2021Q4	492,733.80	1,796,567.73	449,141.93

图 9-17　使用窗口函数 WINDOW 计算的销售总金额的年初至今的值和季度平均

计算销售总金额 YTD 的度量值，按年份进行分区，对于每个分区的第一行使用绝对位置，计算到哪一行时，哪一行就是相对位置。比如，2019Q2 形成的窗口就是 2019Q1 和 2019Q2，然后将这部分作为 CALCULATE 的筛选器用于计值。

计算销售总金额的季度平均的度量值，代码如下。

```
销售总金额的季度平均 =
AVERAGEX (
    WINDOW (
        1,
        ABS,
        4,
        ABS,
        ALLSELECTED ( '日期表'[年份], '日期表'[年季] ),
        ORDERBY ( '日期表'[年份], ASC, '日期表'[年季], ASC ),
        PARTITIONBY ( '日期表'[年份] )
    ),
    [销售总金额]
)
```

在计算销售总金额的季度平均时，对分区的表，确定第一行和最后一行的位置使用的是绝对位置。这样不管是表示分区的参数表的哪一行，都会对应该分区内的 4 个季度。

7.2.3 小节中的销售总金额的移动平均的度量值，可以使用窗口函数 WINDOW 来改写。

```
销售总金额的移动平均 =
VAR moving_range =
    SELECTEDVALUE ( '移动区间'[移动区间] )
VAR moving_avg =
    AVERAGEX (
        WINDOW (
            - moving_range + 1,
            REL,
            0,
            REL,
            ALLSELECTED ( '日期表'[Date] ),
            ORDERBY ( '日期表'[Date], ASC )
        ),
```

```
        [ 销售总金额 ]
    )
VAR rs =
    IF ( MAX ( '订单表'[下单日期] ) >= MAX ( '日期表'[Date] ), moving_avg
)
RETURN
    rs
```

在计算移动平均的例子中，确定区间使用的都是相对位置，因为对于每一个日期都要计算其往前移动天数的区间的平均值。使用 WINDOW 函数返回的表和使用 DATESINPERIOD 函数是一样的。

在 8.2.1 小节中，使用帕累托分析来计算城市公司的销售总金额的累计值不容易理解，而使用 WINDOW 函数将会更加容易理解。代码可以改写成：

```
销售总金额累计 (WINDOW 版 ) =
CALCULATE (
    [ 销售总金额 ],
    WINDOW (
        1,
        ABS,
        0,
        REL,
        SUMMARIZE ( ALLSELECTED ( '订单表' ), '城市公司表'[城市公司] ),
        ORDERBY ( [ 销售总金额 ], DESC )
    )
)
```

在计算累计值时使用上述代码相较于使用 VAR 变量，更容易阅读和理解。

〉9.2.3 〉窗口函数用法实践：排序类函数

排序类函数包括 8.1.1 小节介绍的 RANKX 函数、RANK 函数和 ROWNUMBER 函数。
RANK 函数返回当前上下文在指定分区内按指定顺序排序的级别。其语法如下：

```
RANK ([ 并列类型 ], [ 表 ], [ 排序 ], [ 空白 ], [ 分区 ], [ 匹配 ], [ 重置 ] )
```

其中，第一个参数是指定的类型 DENSE 和 SKIP，同 RANKX 函数处理并列排名的规则和类型是一致的，具体可参考 8.1.1 小节的内容。

计算在筛选状态下的各个城市公司的销售总金额的排名，如图 9-18 所示。

城市公司	销售总金额	动态排名(RANK)	动态排名(ROWNUMBER)
武汉公司	501,063.66	1	1
济南公司	381,367.25	2	2
长沙公司	275,210.29	3	3
长春公司	268,544.39	4	4
成都公司	264,928.91	5	5
南宁公司	187,502.08	6	6
杭州公司	177,212.99	7	7
重庆公司	53,634.05	8	8
总计	2,109,463.62		

城市公司
- ☐ 北京公司
- ■ 成都公司
- ☐ 广州公司
- ■ 杭州公司
- ☐ 合肥公司
- ☐ 吉林公司
- ■ 济南公司

图 9-18　使用 RANK 和 ROWNUMBER 函数计算排名

使用 RANK 函数的度量值如下。

```
动态排名 (RANK) =
RANK ( DENSE, ALLSELECTED ( '城市公司表'[城市公司] ), ORDERBY ( [销售总金额], DESC ) )
--------------------
动态排名 (ROWNUMBER) =
ROWNUMBER( ALLSELECTED ( '城市公司表'[城市公司] ), ORDERBY ( [销售总金额], DESC ) )
```

在矩阵中计算各个城市公司所对应的门店的销售额的层级排名，即：城市公司层级，所有城市公司的集合为排名菠范围；门店层级，各城市公司的所属门店的集合为排名范围。如图 9-19 所示。

城市公司	销售总金额	层级排名
⊞ 广州公司	84,950.74	1
⊞ 武汉公司	74,018.85	2
⊟ 长沙公司	36,223.09	3
GJE店	14,147.67	1
QTU店	11,330.53	2
ESV店	6,458.26	3
XMQ店	4,286.63	4
⊟ 南京公司	30,614.42	4
CQS店	14,731.23	1
ILO店	13,050.85	2
TSP店	2,832.34	3
⊞ 杭州公司	25,174.02	5
⊞ 济南公司	23,073.22	6
总计	372,905.64	

产品分类
- ☐ 一类
- ☐ 二类
- ☐ 三类
- ■ 四类

门店星级
- ☐ 1星
- ☐ 2星
- ☐ 3星
- ■ 4星
- ■ 5星
- ☐ 6星

图 9-19　使用 RANK 函数计算层级排名

```
层级排名 =
```

```
VAR city_rnk =
    RANK (
        DENSE,
        SUMMARIZE ( ALLSELECTED ( '订单表' ), '城市公司表'[城市公司],
'门店表'[门店名称] ),
        ORDERBY ( [销售总金额], DESC ),
        PARTITIONBY ( '城市公司表'[城市公司] )
    )
VAR store_rnk =
    RANK (
        DENSE,
        SUMMARIZE ( ALLSELECTED ( '订单表' ), '城市公司表'[城市公司] ),
        ORDERBY ( [销售总金额], DESC )
    )
VAR rs =
    IF ( ISINSCOPE ( '门店表'[门店名称] ), city_rnk, store_rnk )
RETURN
    rs
```

同 RANKX 函数一样,在层级问题中,使用 ISINSCOPE 函数判断层级并赋予不同的表达式,是一般层级计算的常规思路。

使用 RANK 函数比 RANKX 函数在计算排名时更加容易,适用于大多数排名场景。但是 RANK 函数不是 RANKX 函数的替代品,两者可以根据实际情况灵活选择使用。

9.3 视觉对象计算

前面涉及的 DAX 计算方式都是基于模型层构建表达式,这种方式使编写表达式更加困难,并且不易阅读和理解。视觉对象计算是基于视觉对象来编写 DAX 表达式,可在编写过程中真正做到所见即所得。

9.3.1 认识和创建视觉对象计算

2024 年 2 月,Power BI 月度更新中增加了一项里程碑式的功能——视觉对象计算功能。截至本书出版时,该功能仍然属于 Power BI 的预览功能,并且未来该功能将不断地进行更新和迭代。

视觉对象计算,又叫视觉计算或视图层计算。与前面学习的 DAX 表达式不同的是,视觉对象计算是直接在视觉对象(如矩阵、折线图等)上根据已经添加的行列字段及度量值来定义和执行 DAX 计算的。通过这种方式创建的计算不仅更简单,还更容易维护,但也存在很多限制。

启用视觉对象计算功能的步骤是：依次选择"选项和设置"→"选项"→"预览功能"，勾选"可视化计算"选项，最后选择"确定"按钮。重启 Power BI 以后，就可以使用该功能。

在报表视图下，选中页面上的一个视觉对象（支持视觉对象计算的视觉对象），就可以激活主选项卡中的"新的视觉对象计算"按钮，未选中视觉对象时，该按钮处于灰色不可使用状态，如图 9-20 所示。

图 9-20　视觉对象计算功能：新的视觉对象计算

创建视觉对象计算的快捷方法是选中视觉对象，在主选项卡中单击"新的视觉对象计算"按钮，就可以进入创建视觉对象计算的窗口中；也可以在选中视觉对象后，单击右键鼠标，在快捷菜单中选择"新的视觉对象计算"选项。

图 9-21 所示是已经创建的销售总金额的移动 3 个月平均分析的视觉对象计算。视觉对象计算的编辑界面主要由以下三个部分（按自上而下排列）组成。

（1）视觉对象预览：主要显示正在使用的视觉对象。

（2）公式栏：可在此处编写视觉对象计算的表达式。

（3）视觉矩阵：显示视觉对象对应的数据。

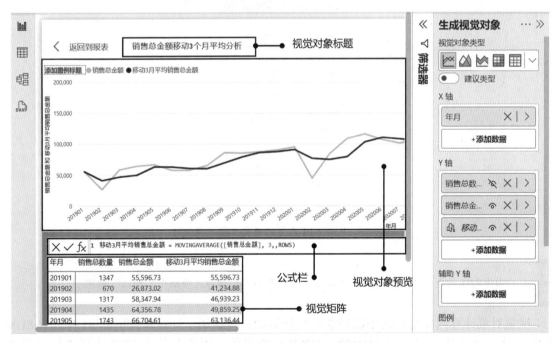

图 9-21　视觉对象计算的编辑界面

如果要在当前的视觉对象下添加多个视觉对象计算字段，可以在编辑状态模式下再次单击"创建计算"按钮来自动添加一个视觉对象计算字段。视觉对象计算字段的编写规范与度量值类似。

　　已经创建的视觉对象计算可以修改、删除或者隐藏。选中要修改的视觉对象，在对应的"生成视觉对象"的窗格中选择要修改的字段，单击右侧的">"按钮后选择"编辑计算"，即可进入编辑模式进行修改；删除字段，单击其旁边的"×"按钮；隐藏字段，单击眼睛状按钮即可，如图 9-22 所示。在一个视觉对象中，可能有些用于辅助的视觉对象计算字段并不需要展示，这时就可以将其隐藏。

图 9-22　视觉对象计算字段的修改、删除与隐藏设置

　　另外，Power BI 的视觉对象计算中已经内置了一部分计算模板，这些计算模板可以帮助初学者快速创建计算。只需要选择其中一种计算模板，然后修改其参数即可。截至 2024 年 10 月，Power BI 提供了 9 种常见的计算模板。当然，你也可以使用"自定义"方式创建其他场景的计算公式，如图 9-23 所示。

图 9-23　Power BI 内置的视觉对象计算模板

> **注意**
> 由于翻译问题，"运行总和"应该为"累计求和"，最后三项缺少"相比"两字。

　　视觉对象计算同样也是使用函数来实现计值的，包括用于计算累计值的 RUNNINGSUM 函数，用于计算移动平均的 MOVINGAVERAGE 函数，用于计算在轴的较高级别计算的 COLLAPSE 函数等。

　　需要注意的是，视觉对象计算创建的字段只存在于使用它的视觉对象中，不属于任何表，也不会在表中显示；视觉对象计算只能引用当前正在创建的视觉对象中的行、列、度量值，以及已经创建的视觉对象计算字段，不能引用除此之外的其他表中的行、列和度量值。并不是所有内置的可视化对象都支持视觉对象计算字段。

9.3.2 视觉对象计算的实践应用

上一小节介绍了视觉对象计算的基本知识。本小节将通过几个实践案例来帮助大家熟悉视觉对象计算函数的用法。

RUNNINGSUM 函数主要用来计算累计值。其语法如下：

```
RUNNINGSUM（[求和字段]，[轴]，[空白]，[重置]）
```

参数说明如下。

（1）轴：视觉对象计算的大多数参数是轴字段，一般有 4 种类型，即 ROWS、COLUMNS、ROWS COLUMNS 和 COLUMNS ROWS。这 4 种类型分别表示垂直方向、水平方向、先垂直后水平和先水平后垂直，是指在视觉矩阵中计值时需要沿着的方向，默认情况下，大多数的视觉对象的第一个轴都是 ROWS，即垂直方向。

（2）空白：该参数目前只有省略。

（3）重置：该参数表示如果列或者行中有层级结构，从哪一个层级开始，一般情况下为默认或者省略，如果需要，正值从最高级开始，最高级为 1，第二级为 2，……负值是反过来的。

大多数视觉对象计算函数的参数都相同，所以其他函数的参数不再赘述。

计算全量累计和按年分区的累计值

计算全量累计和年初至今的累计值，如图 9-24 所示。

```
销售总金额累计 = RUNNINGSUM（[销售总金额]）
-----------------
销售总金额 YTD = RUNNINGSUM（[销售总金额]，ROWS, 1）
```

年份	销售总金额	销售总金额累计	销售总金额YTD
⊟ **2020年**	**1,325,037.10**	**1,325,037.10**	**1,325,037.10**
2020Q1	224,286.90	224,286.90	224,286.90
2020Q2	331,189.10	555,476.00	555,476.00
2020Q3	341,631.12	897,107.12	897,107.12
2020Q4	427,929.98	1,325,037.10	1,325,037.10
⊟ **2021年**	**1,796,567.73**	**3,121,604.83**	**3,121,604.83**
2021Q1	350,920.93	1,675,958.03	350,920.93
2021Q2	478,395.65	2,154,353.68	829,316.58
2021Q3	474,517.35	2,628,871.03	1,303,833.93
2021Q4	492,733.80	3,121,604.83	1,796,567.73
总计	**3,121,604.83**	**3,121,604.83**	**3,121,604.83**

图 9-24 视觉对象计算累计值

第一个表达式销售总金额累计沿着矩阵的行层次结构中年季列计算了所有的值；第二个表

达式销售总金额按年累计，是以年为分区计算各自年的累计值，而指定值分区的参数正是最后一个参数 1，在指定了的年份和年季组成的层级结构中，按最高层级来分区计算。

按分区依据计算均值

在 8.2.3 小节中，为了计算每个季度的均值，给 CALCULATE 函数添加了一个表筛选器。

在视觉对象计算中，也可以使用 CALCULATE 函数，并且引用视觉对象计算函数 COLLAPSE 和 EXPAND。COLLAPSE 函数主要用来计算在轴的较高级别。EXPAND 函数用来计算在轴的较低级别。它们可以在 CALCULATE 函数内部使用。

计算每年的每个季度与当年的季度平均值比较，并标出是高于还是低于，如图 9-25 所示。

```
季度平均 =
CALCULATE ( EXPAND ( AVERAGE ( [ 销售总金额 ] ), ROWS ), COLLAPSE (
ROWS ) )
----------------------
与均值比较 =
SWITCH ( TRUE (), [ 销售总金额 ] > [ 季度平均 ], "高于", [ 销售总金额 ] = [ 季
度平均 ], "持平", "低于" )
```

年份	销售总金额	季度平均	与均值比较	季度平均2
⊟ **2020年**	**1,325,037.10**	**1,560,802.42**	**低于**	
2020Q1	224,286.90	331,259.28	低于	331,259.28
2020Q2	331,189.10	331,259.28	低于	331,259.28
2020Q3	341,631.12	331,259.28	高于	331,259.28
2020Q4	427,929.98	331,259.28	高于	331,259.28
⊟ **2021年**	**1,796,567.73**	**1,560,802.42**	**高于**	
2021Q1	350,920.93	449,141.93	低于	449,141.93
2021Q2	478,395.65	449,141.93	高于	449,141.93
2021Q3	474,517.35	449,141.93	高于	449,141.93
2021Q4	492,733.80	449,141.93	高于	449,141.93
总计	**3,121,604.83**	**1,560,802.42**	**高于**	

图 9-25　视觉对象计算季度均值

在上图中，季度平均的表达式，使用 EXPAND 函数在较低级别（年季）上求均值，将较高的级别（年份）添加到 CALCULATE 函数的筛选器中达到分区的目的，该表达式列上的年份总计值计算了两年的平均值。如果在年份的总计行上不需要计算年的平均值，可以使用 IF 函数结合 ISATLEVEL 函数进行判断，ISATLEVEL 函数的作用相当于 HASONEVALUE，结果如季度平均 2 列所示。

```
季度平均 2 =
```

```
IF (
    ISATLEVEL ( [年季] ),
    CALCULATE ( EXPAND ( AVERAGE ( [销售总金额] ), ROWS ), COLLAPSE (
ROWS ) )
)
```

计算移动平均与计算累计值的方法基本相似，读者可以自行练习。

跨行或者跨列引用

跨行或者跨列引用值时有 2 组函数可用：

一组是 PREVIOUS 函数和 NEXT 函数，前者计算上一个值，后者计算下一个值，可以用来计算前后行的差异或者同比和环比；

另一组是 FIRST 函数和 LAST 函数，前者计算第一个值，后者计算最后一个值，可以用来计算与期初值或者期末值的差异。下面以常见的环比和同比为例，介绍这些函数的用法，其他具有跨行列引用计算的例子同理。

计算每个季度的销售总金额的环比、同比以及首季销售总金额，如图 9-26 所示。

年份	销售总金额	环期	环比	同期	同比	首季销售总金额
⊟ **2020年**	**1,325,037.10**					**1,325,037.10**
2020Q1	224,286.90					224,286.90
2020Q2	331,189.10	224,286.90	47.66%			224,286.90
2020Q3	341,631.12	331,189.10	3.15%			224,286.90
2020Q4	427,929.98	341,631.12	25.26%			224,286.90
⊟ **2021年**	**1,796,567.73**			**1,325,037.10**	**35.59%**	**1,325,037.10**
2021Q1	350,920.93	427,929.98	-18.00%	224,286.90	56.46%	350,920.93
2021Q2	478,395.65	350,920.93	36.33%	331,189.10	44.45%	350,920.93
2021Q3	474,517.35	478,395.65	-0.81%	341,631.12	38.90%	350,920.93
2021Q4	492,733.80	474,517.35	3.84%	427,929.98	15.14%	350,920.93
总计	**3,121,604.83**					**3,121,604.83**

图 9-26　视觉对象计算同比、环比和首季销售总金额

计算环期只需要引用该季度的上一季度即可，所以事先对年季按升序排序，然后使用 PREVIOUS 函数即可。年份的总计是不存在环期值的，所以使用 ISATLEVEL 函数判断即可。通过视觉对象计算创建的字段，不仅可以在格式窗格中调整其字符格式，也可以使用 FORMAT 函数对字符进行格式化。

```
环期 = IF ( ISATLEVEL ( [年季] ), PREVIOUS ( [销售总金额], ROWS ) )
环比 = FORMAT ( DIVIDE ( [销售总金额] - [环期], [环期] ), "0.00%" )
```

计算同期时以计算的当前行为基准，引用之前的第 4 行（如果是月的话就是 12），在年份

的总计行上，由于继承了年季取前面第 4 个值的逻辑，显示了空值，使用 ISATLEVEL 函数判断并且赋予不同的计算逻辑即可，同比的计算与此类似。

```
同期 =
VAR py_quater =
    PREVIOUS ( [销售总金额], 4, ROWS )
VAR py_year =
    PREVIOUS ( [销售总金额], 1, ROWS )
RETURN
    IF ( ISATLEVEL ( [年季] ), py_quater, py_year )
```

计算年初首季时，取当前分区的第 1 个值使用 LAST 函数即可，但是需要注意层级。

```
首季金额 = FIRST ( [销售总金额], ROWS, 2 )
```

本小节介绍的这些函数可以应对大多数的区间移动类计算，可以简化 DAX 在模型层计算的代码，方便初级用户使用 DAX。

层级类占比分析

前面介绍的在层级结构中计算排名的方法同样适用于层级结构中计算占比问题。在模型层计算占比的方法代码量较大且相对复杂，而视觉对象计算可以用少量的代码完成同样的计算。

在产品分类和大区名称组成的层级结构中计算占比，如图 9-27 所示。

产品分类		销售总金额	父级的百分比(有嵌套)	父级的百分比(无嵌套)	占总计的百分比
⊟	一类	656,043.79	16.73%	100.00%	16.73%
	A区	167,663.45	25.56%	25.56%	4.28%
	B区	113,579.03	17.31%	17.31%	2.90%
	C区	219,710.72	33.49%	33.49%	5.60%
	D区	155,090.59	23.64%	23.64%	3.95%
⊟	二类	1,196,260.86	30.50%	100.00%	30.50%
	A区	308,528.65	25.79%	25.79%	7.87%
	B区	208,698.90	17.45%	17.45%	5.32%
	C区	386,636.56	32.32%	32.32%	9.86%
	D区	292,396.75	24.44%	24.44%	7.46%
⊞	三类	967,902.56	24.68%	100.00%	24.68%
⊞	四类	1,101,476.24	28.09%	100.00%	28.09%
	总计	3,921,683.45	100.00%	100.00%	100.00%

图 9-27　视觉对象计算层级结构的占比

父级的百分比中有两类情况：一类是在大区名称层级，计算各大区占当前所属分类的百分比，在产品分类层级，计算各产品分类占整体总计的百分比；另一类是只计算所属的大区名称的百分比，在产品分类层级只显示 100%。前者是有嵌套的情况，后者是无嵌套的情况。视觉对象计算的表达式如下：

```
父级的百分比 ( 有嵌套 ) =
FORMAT ( DIVIDE ( [ 销售总金额 ], COLLAPSE ( [ 销售总金额 ], ROWS ) ),
"0.00%" )
--------------------
父级的百分比 ( 无嵌套 ) =
FORMAT ( DIVIDE ( [ 销售总金额 ], COLLAPSE ( [ 销售总金额 ], [ 大区名称 ] ) ),
"0.00%" )
```

两个表达式使用了 COLLAPSE 函数的两种不同的语法结构。对于分母，一种默认了计算的层级，而另一种指定了层级具体的列。所以在不同层级计算了不同的值。

在计算销售总金额占总计的百分比的表达式中，COOLAPSEALL 函数直接限定了分母在最高级别。

```
占总计的百分比 =
FORMAT( DIVIDE([ 销售总金额 ], COLLAPSEALL([ 销售总金额 ], ROWS)),
"0.00%")
```

在使用视觉对象计算函数计算轴的级别时，一个函数往往会有 4 种形式的语法。这些语法可分为两类：一类是同时执行导航和计算的语法，另一类是只执行导航的语法。所以，在实际应用中，同一种计算方法往往会有多种计算方式。大家需要在计算过程中学会举一反三，多加练习和体会。

9.3.3　视觉对象计算的限制与不足

虽然视觉对象计算是在视觉对象层面进行计算，比模型层计算的表达式易于阅读和使用，大幅降低了代码的复杂度。但是相较于度量值，它还存在很多限制和不足：

（1）由于只有部分视觉对象支持视觉对象计算，因此限制了视觉对象计算的使用范围；

（2）无法复用表达式；

（3）无法对添加的字段应用条件格式和数据类别；

（4）无法在视觉对象中进行排序；

……

截至本书出版前，视觉对象计算的很多功能还不完善，需要微软在后期的版本迭代中进行改进和扩展。数据可视化是 Power BI 后期的主要更新方向，大家可以提前适应这种计算思维。

9.4 DAX 查询

在 Power BI 中，DAX 表达式不仅可以定义不同类型的计算，如度量值、计算列和计算表等，还可以从数据模型中返回数据。本节将主要介绍如何使用 DAX 表达式查询数据模型中的数据并且返回指定需求的结果。

9.4.1 认识 DAX 查询视图

在学习 DAX 查询之前，我们需要牢固地掌握前面学习过的 DAX 基础知识。

与 SQL 查询类似，我们可以在 Power BI 的 DAX 查询视图下编写 DAX 表达式，以获取数据模型中的数据并且计算需要的结果。当然，也可以在外部工具 DAX Studio 中编写查询、执行并导出相应的结果。本小节将主要介绍如何在 Power BI 的 DAX 查询视图下编写查询。

2023 年 11 月，Power BI 在月度更新增加了一个重磅功能——DAX 查询视图，该功能的推出结束了必须使用 DAX Studio 编写查询的历史。2024 年 5 月，DAX 查询功能正式发布，成为 Power BI 的正式功能。2024 年 5 月之前的 Power BI 版本，使用 DAX 查询功能时必须启用预览功能。启用 DAX 查询视图功能的步骤：依次选择"文件"→"选项和设置"→"选项"→"预览功能"→勾选"DAX 查询视图"选项，最后单击"确定"按钮，重启 Power BI 后即可使用。

DAX 查询视图主要可以划分为 5 个区域：功能区、查询编辑栏、数据窗格、查询页、查询结果显示区。其中，"查询编辑栏"和"查询结果显示区"是 DAX 查询视图的主要区域。在该视图下，允许创建多个查询页并且保存它们，添加查询页的标签增加按钮"+"，即可添加一个空白查询。界面如图 9-28 所示。

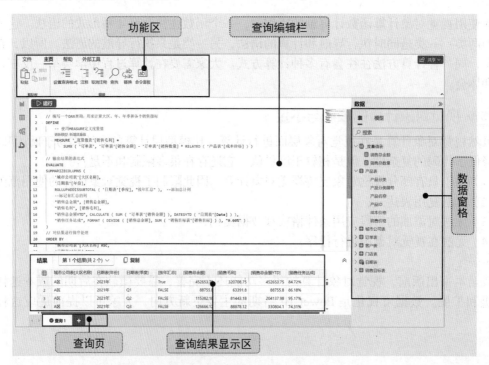

图 9-28　DAX 查询视图编辑界面

功能区主要提供编写 DAX 代码时的一些快捷操作；查询编辑栏是编写 DAX 代码的区域，支持语法智能提示；查询页是显示查询结果的区域，能提供选择和复制多个查询结果的功能；其他的区域属于常规性的设置区域。

在 DAX 查询中无法引用画布中的切片器、筛选窗格中筛选的值或者参数。换言之，无法使用切片器筛选 DAX 查询的结果。截至本书出版时，DAX 查询视图仍处于预览阶段，复制结果时有限制：每个查询最多包含 100 万个值，如果查询 20 列，可以最多返回 5 万行。

9.4.2 EVALUATE 语法介绍及创建查询

DAX 查询的结果是一张表，所以编写的表达式必须是一个表表达式，不能是一个标量表达式。对于标量表达式，要使用相应的函数或者语法将其转化为一个单列单行的表才能显示，否则会报错。

DAX 查询的语法比较简单，包含一个必需关键字 EVALUATE 和常用的可选关键字 DEFINE、MEASURE、VAR 和 ORDER BY 等，每个可选关键字都可定义一个在查询期间使用的语句。

DEFINE 子句一般用于查询的最开始的位置，可以配合 VAR 和 MEASURE 等关键字定义变量和度量值。其中，VAR 可以用在任何位置来定义变量；EVALUATE 子句用于转出结果的表达式之前；ORDER BY 子句一般用于输出结果的表达式之后，对结果进行排序。

直接使用 EVALUATE 编写查询

在 EVALUATE 之后跟上返回表的表达式，即可生成一个查询。比如，查询 2021 年以后的 5 星门店的订单明细，结果如图 9-29 所示。

```
// 查询2021 年以后的 5 星门店的订单明细
EVALUATE
    CALCULATETABLE(
        '订单表',
        '日期表'[年] >= 2021,
        '门店表'[门店星级] = "5 星"
    )
```

	订单表[门店ID]	订单表[下单日期]	订单表[送货日期]	订单表[客户ID]	订单表[产品ID]	订单表[折扣比例]
1	SC_0040	4/2/2021 12:00:00 AM	4/14/2021 12:00:00 AM	CC_0228428	SKU_000226	1
2	SC_0040	4/13/2021 12:00:00 AM	4/26/2021 12:00:00 AM	CC_0214153	SKU_000077	1
3	SC_0055	5/25/2021 12:00:00 AM	6/6/2021 12:00:00 AM	CC_0213692	SKU_000226	1
4	SC_0192	4/13/2021 12:00:00 AM	4/25/2021 12:00:00 AM	CC_0212093	SKU_000241	1
5	SC_0214	2/21/2021 12:00:00 AM	3/6/2021 12:00:00 AM	CC_0213945	SKU_000051	1
6	SC_0214	12/13/2021 12:00:00 AM	12/26/2021 12:00:00 ...	CC_0210525	SKU_000051	1
7	SC_0276	3/23/2021 12:00:00 AM	4/4/2021 12:00:00 AM	CC_0218250	SKU_000241	1
8	SC_0276	7/25/2021 12:00:00 AM	8/6/2021 12:00:00 AM	CC_0221668	SKU_000013	1
9	SC_0296	4/3/2021 12:00:00 AM	4/16/2021 12:00:00 AM	CC_0212041	SKU_000013	1
10	SC_0296	5/13/2021 12:00:00 AM	5/25/2021 12:00:00 AM	CC_0212965	SKU_000226	1

图 9-29　使用 EVALUATE 编写查询 2021 年以后的 5 星门店的订单明细

当然在 EVALUATE 的后面也可以使用 VAR 定义变量。比如，查询折扣比例大于 0.6 且销售总金额 TOP5 的产品，如图 9-30 所示。

```
// 查询折扣比例大于 0.6 且销售总金额 TOP5 的产品明细，按销售总金额从大到小排序
EVALUATE
VAR _N = 0.6
VAR _TOPN = 5
VAR rs =
    CALCULATETABLE (
        '产品表',
        TOPN ( _TOPN, ALL ( '产品表'[产品ID] ), [销售总数量], DESC ),
        '订单表'[折扣比例] > _N
    )
RETURN
    rs
ORDER BY [销售总金额] DESC
```

田	产品表[产品ID]	产品表[产品分类]	产品表[产品名称]	产品表[销售价格]	产品表[成本价格]	产品表[产品分类编号]
1	SKU_000220	四类	产品D0220	68	25	4
2	SKU_000115	四类	产品D0115	68	24	4
3	SKU_000165	四类	产品D0165	66	22	4
4	SKU_000125	三类	产品C0125	60	11	3
5	SKU_000160	三类	产品C0160	62	11	3

图 9-30　在 EVALUATE 中使用变量 VAR

在这个查询中，ORDER BY 是语句，注意与窗口函数的 ORDERBY 进行区分。前者的两个单词之间有空格，后者没有空格。ORDER BY 只能与 EVALUATE 搭配使用。VAR 的作用范围在 EVALUATE 之后的表达式中，所以 VAR 必须对应一个 RETURN。但是在下面的例子中，VAR 的作用域可能有所不同。

在 DEFINE 中使用 VAR 关键字

在 DEFINE 中使用 VAR 主要用来定义一个变量，该变量可以用作查询表达式中的一部分，引用时并不需要配合使用 RETURN，因为结果是由 EVALUATE 定义的。该变量的作用域是查询中该变量被定义之后的表达式，这是比较特殊的一点，与在其他位置定义的变量不同。

比如，查询销售总金额 TOP5 的客户的信息，结果如图 9-31 所示。

```
// 查询销售总金额 TOP5 的客户的明细和订单明细
DEFINE
```

```
    VAR _top5 =
        TOPN ( 5, ALL ( '客户表'[客户ID] ), [销售总金额], DESC )
    VAR _year = 2021


// 客户明细

EVALUATE

CALCULATETABLE ( '客户表', _top5, '日期表'[年] = _year )

ORDER BY [销售总金额] DESC


// 订单明细

EVALUATE

CALCULATETABLE ( '订单表', _top5, '日期表'[年] = _year )

ORDER BY [销售总金额] DESC
```

结果　第 1 个结果(共 2 个) ∨　📋 复制

⊞	客户表[客户ID]	客户表[客户名称]	客户表[客户生日]	客户表[客户性别]	客户表[注册日期]	客户表[客户行业]
1	CC_0213792	路幕	9/20/1979 12:00:00 AM	男	1/8/2019 12:00:0...	互联网
2	CC_0211702	孙愸	9/21/2001 12:00:00 AM	男	1/22/2019 12:00:...	互联网
3	CC_0219711	伯房	10/23/1993 12:00:00 AM	男	3/4/2019 12:00:0...	制造业
4	CC_0218996	黄教	4/2/1974 12:00:00 AM	男	4/23/2018 12:00:...	制造业
5	CC_0211091	盛亭	3/16/1976 12:00:00 AM	男	10/20/2018 12:00...	互联网

图 9-31　在 DEFINE 中使用 VAR

在这个查询中，有两个 EVALUATE，分别返回客户明细和订单明细。在 DEFINE 后面分别定义了一个返回表的变量 _top5 和一个常量变量 _year。从图中可以看到，在两个查询中，分别都引用了定义的定量，并且返回了正确的结果。这说明在 DEFINE 中使用 VAR 定义的变量作用域在变量定义之后的整个查询中。

在一个查询中，可以用多个 EVALUATE 来输出结果，但是只能有一个 DEFINE；在结果的下拉列表中，可以选择显示不同的查询结果。

在 DEFINE 中使用 MEASURE 关键字

在 DAX 查询中可以直接引用已经编写好的普通度量值，也可以在 DEFINE 中使用 MEASURE 关键字定义一个度量值。与普通度量值不同的是，使用 MEASURE 定义的度量值只能存在于当前的查询中，不能被当前查询以外的查询、度量值、计算列以及视觉对象所引用。

在查询中定义度量值的语法格式如下：

```
DEFINE

MEASURE <所属表名>[度量值名称] =　表达式
```

使用 MEASURE 定义度量值时，必须为定义的度量值指定一个表，定义的度量值可以在查询中反复引用。

比如，创建一个查询，计算每个大区的 5 星门店的销售总金额，计算客户为男性的销售总金额的占比。结果如图 9-32 所示。

```
// 定义度量值，计算 5 星门店的销售总金额和男性客户的销售占比
DEFINE
    MEASURE '_度量值表'[5 星门店销售总金额] =
        CALCULATE ( [销售总金额], '门店表'[门店星级] = "5 星" )
    MEASURE '_度量值表'[男性客户销售金额占比] =
        DIVIDE ( CALCULATE ( [销售总金额], '客户表'[客户性别] = "男" ),
[销售总金额] )


EVALUATE
ADDCOLUMNS (
    VALUES ( '城市公司表'[大区名称] ),
    "销售总金额", [销售总金额],
    "5 星门店销售总金额", [5 星门店销售总金额],
    "男性客户销售占比", FORMAT ( [男性客户销售金额占比], "0.00%" )
)
ORDER BY '城市公司表'[大区名称]
```

⊞	城市公司表[大区名称]	[销售总金额]	[5星门店销售总金额]	[男性客户销售占比]
1	A区	1010675.39	255401.14	79.97%
2	B区	677929.66	38479.15	81.49%
3	C区	1292019.2	109180.04	81.12%
4	D区	941059.2	138264	80.03%

图 9-32　在 DEFINE 中使用 MEASURE 定义度量值

关于 ADDCOLUMNS 函数将在下一节的例子中具体讲解，它的作用是为表添加一个列。

在这个例子中，使用 MEASURE 将度量值定义在了"_度量值表"中。在查询时，需要按列的引用方式来指定度量值所属的表和名称，但在后面的引用过程不需要使用表名，直接引用 MEASURE 定义的度量值名称即可。

虽然 MEASURE 指定了度量值所属的表，但是它并不会显示在对应的表中，也无法在除查询以外的场景中使用。在 Power BI 的查询视图的查询编辑栏中，单击 MEASURE 定义的度量值上方的文字"更新模型：新增度量值"，可将其转换化为普通的度量值，并且添加到相应的表中。转化时会出现弹窗提示，如图 9-33 所示。

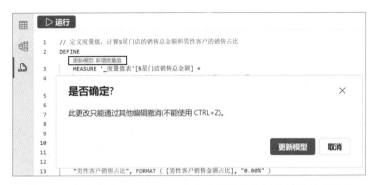

图 9-33　将查询中 MEASURE 定义的度量值转换为普通的度量值

转换后指定的表中会增加一个度量值，但 DAX 查询中定义的度量值不会发生任何变化。

9.4.3 使用 DAX 表函数创建查询

使用 DAX 创建查询时，需要综合应用各类 DAX 函数，其中使用频率最高的是表函数。本节将主要介绍 DAX 查询和 DAX 表函数的一些常见的用法。

在 DAX 查询视图中调试度量值

在 DAX 查询中编写度量值时，如果度量值返回了正确的结果，就可以将该表达式添加到普通的度量值中。

在前面讲包含运算 IN 时使用大括号将元素打包成一个单列的匿名表。在 DAX 查询中，也可以使用大括号来返回度量值，其查询结果是一个单行单列的表，该表的列名为"Value"。结果如图 9-34 所示。

```
EVALUATE
{ [ 销售总金额 ] }
```

图 9-34　使用匿名表的方式返回单行单列的查询

如果一次性返回多个度量值或者表达式的结果，可以使用 ROW 函数。结果如图 9-35 所示。

```
EVALUATE
ROW (
    "销售总金额 ", [ 销售总金额 ],
    "A 区销售总金额 ", CALCULATE ( [ 销售总金额 ], ' 城市公司表 '[ 大区名称 ] =
"A 区 " )
)
```

图 9-35　使用 ROW 函数返回单行多列的查询

使用 ROW 函数的好处是可以定义查询的列名。ROW 是一个表函数，如果要添加一个筛选器，可以使用 CALCULATETABLE 函数，将筛选条件写在筛选器参数上。

使用 ADDCOLUMNS 函数和 SUMMARIZE 函数编写查询

ADDCOLUMNS 函数主要用来给表添加新的列。该函数是表函数，也是一个迭代函数。具体语法如下：

```
ADDCOLUMNS（表名，新列名，新列表达式，[新列名2]，[新列表达式2]，…）
```

创建一个查询，计算每个城市公司 2021 年的销售总金额、销售达成率和销售毛利。查询结果如图 9-36 所示。

```
// 2021 年城市公司的销售总金额、销售达成率和销售毛利
EVALUATE
CALCULATETABLE (
    ADDCOLUMNS (
        VALUES ( '城市公司表'[城市公司] ),
        "年销售总金额", [销售总金额],
        "销售达成",
            CALCULATE (
                DIVIDE ( SUM ( '订单表'[销售金额] ), SUM ( '销售
目标表'[销售目标] .) )
            ),
        "销售毛利",
            CALCULATE (
                SUMX ( '订单表', '订单表'[销售金额] - '订单表'[销售数量]
* RELATED ( '产品表'[成本价格] ) )
            )
    ),
    '日期表'[年] = 2021
)
ORDER BY [销售达成] DESC
```

	城市公司表[城市公司]	[年销售总金额]	[销售达成率]	[销售毛利]
1	合肥公司	151820.19	1.17	107362.19
2	长沙公司	127999.37	0.95	88838.37
3	武汉公司	202362.67	0.91	148299.67
4	郑州公司	131102.45	0.9	91231.45
5	长春公司	128782.93	0.89	85296.93
6	重庆公司	22312.11	0.88	13695.11
7	济南公司	151597.03	0.86	104425.03
8	上海公司	7305.97	0.85	3634.97

图 9-36　使用 ADDCOLUMNS 创建查询

由于 ADDCOLUMNS 函数是一个迭代函数，使用它添加新列，会自动创建一个行上下文，所以需要使用 CALCULATE 函数将行上下文转换为等价的筛选上下文，才能得到正确的结果。

与 ADDCOLUMNS 函数经常搭配使用的还有 SUMMARIZE 函数。该函数的主要功能是按列依据进行分组，并且添加标量值作为新列后生成一个表。其语法如下：

```
SUMMARIZE ( 表名 , 要分组的列名 , [ 要分组的列名 , …], [ 新列名 ], [ 表达式 ],
… )
```

该函数用于分组的参数可以不来自第一个参数表，而是模型中的其他列。

在 DAX 表达式或者查询中，一般不使用 SUMMARIZE 函数添加聚合计算列。因为它会带来性能问题，所以只用它进行分组和去重操作。在通过 SUMMARIZE 函数得到分组的表之后，可以使用 ADDCOLUMNS 函数添加相应的聚合列。

比如，使用 SUMMARIZE 函数和 ADDCOLUMNS 函数组合查询每年不同行业客户的销售总金额和销售占比。结果如图 9-37 所示。

```
// 计算各年不同行业客户的销售总金额和销售占比
EVALUATE
VAR tab =
    SUMMARIZE ( '订单表', '日期表'[ 年份 ], '客户表'[ 客户行业 ] )
VAR rs =
    ADDCOLUMNS (
        tab,
        "销售总金额", [ 销售总金额 ],
        "销售占比", DIVIDE ( [ 销售总金额 ], CALCULATE ( [ 销售总金额 ],
ALL ( '客户表'[ 客户行业 ] ) ) )
    )
RETURN
    rs
ORDER BY
```

```
'日期表'[年份] ASC,

[销售占比] DESC
```

田	日期表[年份]	客户表[客户行业]	[销售总金额]	[销售占比]
1	2019年	制造业	186353.48	0.23
2	2019年	互联网	172754.32	0.22
3	2019年	建筑业	130812.42	0.16
4	2019年	农业	130727.2	0.16
5	2019年	餐饮	94885.75	0.12
6	2019年	物流	60403.59	0.08
7	2019年	汽车	24141.86	0.03
8	2020年	制造业	286401.24	0.22
9	2020年	互联网	275756.8	0.21
10	2020年	农业	221709.86	0.17

图 9-37　使用 SUMMARIZE 函数和 ADDCOLUMNS 函数组合编写查询

在这个例子中，首先使用 SUMMARIZE 定义了一个产生订单的年份和客户行业的组合的表，其次使用 ADDCOLUMNS 函数添加了要计算的列。

使用"万能函数"SUMMARIZECOLUMNS 创建查询

在 DAX 查询中，绝大多数的查询都会使用到 SUMMARIZECOLUMNS 函数，因为它足够强大，一个函数就包含了诸个函数组合才能实现的功能。

SUMMARIZECOLUMNS 函数既可以执行分组（SUMMARIZE 函数的功能），又可以添加新列（ADDCOLUMNS 函数的功能），甚至还可以在执行分组前进行筛选（CALCULATETABLE 函数的功能），并且提供了小计功能（配合 ROLLUPADDISSUBTOTAL 函数使用）。该函数的语法如下：

```
SUMMARIZECOLUMNS (
分组的依据列1, [, 分组的依据列2, … ],
[ 筛选表达式1, 筛选表达式2 , … ],
[ 新列名1, 表达式1 ],
[ 新列名2, 表达式2],
[ … ]
)
```

比如，查询各个不同行业的男性客户购买的一类产品的销售总金额、销售总数量和产生的销售毛利，并按年份计算小计。结果如图 9-38 所示。

```
/* 各个不同行业的男性客户购买的一类产品的销售总金额、销售总数量和产生的销售毛利；
并对年份列计算小计，结果按年份列升序，销售金额列降序排序 */


DEFINE
```

```
MEASURE '_度量值表'[销售毛利] =
        SUMX ( '订单表', '订单表'[销售金额] - '订单表'[销售数量] *
RELATED ( '产品表'[成本价格] ) )   -- 定义度量值销售毛利


EVALUATE
SUMMARIZECOLUMNS (
    '日期表'[年份],
    ROLLUPADDISSUBTOTAL ( '客户表'[客户行业], "按年小计" ),   -- 小计
    FILTER ( ALL ( '客户表'[客户性别] ), '客户表'[客户性别] = "男" ),
-- 筛选器
    FILTER ( ALL ( '产品表'[产品分类] ), '产品表'[产品分类] = "一类" ),
-- 筛选器
    "销售总金额", [销售总金额],
    "销售总数量", [销售总数量],
    "销售毛利", [销售毛利]
)
ORDER BY
    '日期表'[年份] ASC,
    [销售总金额] DESC
```

	日期表[年份]	客户表[客户行业]	[按年小计]	[销售总金额]	[销售总数量]	[销售毛利]
1	2019年		True	100273.81	2746	75559.81
2	2019年	互联网	FALSE	24017.58	640	18257.58
3	2019年	制造业	FALSE	22360.26	642	16582.26
4	2019年	建筑业	FALSE	17394.36	467	13191.36
5	2019年	农业	FALSE	15865.95	433	11968.95
6	2019年	餐饮	FALSE	10344.87	288	7752.87
7	2019年	物流	FALSE	7902.21	217	5949.21
8	2019年	汽车	FALSE	2388.58	59	1857.58
9	2020年		True	190862.73	5133	144665.73
10	2020年	制造业	FALSE	43455.28	1181	32826.28
11	2020年	互联网	FALSE	40037.23	1085	30272.23
12	2020年	农业	FALSE	33722.96	886	25748.96
13	2020年	建筑业	FALSE	30037.98	807	22774.98

图 9-38　使用 SUMMARIZECOLUMNS 函数创建查询

在上述查询中，FILTER 部分是创建的两个筛选器（也可以使用 TREATAS 函数），用来在 SUMMARIZECOLUMNS 函数分组前对数据模型进行筛选；ROLLUPADDISSUBTOTAL 函数标记的是年份的下一层级，在添加的标记小计的列上，年份行标记了 True，同一行的其他列计算了当前年份的总计值。

需要注意的是，SUMMARIZECOLUMNS 函数非常适合在 DAX 查询中使用，但由于受到上下文转换的影响，该函数并不适合在度量值中使用。在度量值中使用 ADDCOLUMNS 函数和 SUMMARIZE 函数的组合是最佳选择。

9.4.4 使用 DAX 查询数据模型中的各种元素

信息类函数以 "INFO." 开头，后面跟具体的数据模型的属性元素，它们没有任何参数，直接返回一个表。这类函数专门用于查询数据模型中的各种元素，比如列、表、度量值和关系等，如图 9-39 所示。

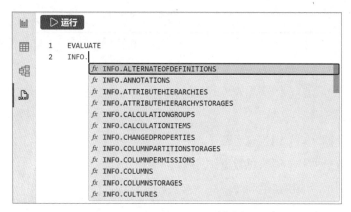

图 9-39　DAX 查询的 INFO 类函数示例

下面主要介绍几类常用的 INFO. 类函数的具体用法。

返回数据模型中的表和列

使用 INFO.TABLE 函数可以返回所有表的信息，使用 INFO.COLUMNS 可以返回所有表的所有列的信息。图 9-40 展示了使用 INFO.TABLES 函数查询到的表的信息的部分行和列的数据。

```
EVALUATE

INFO.TABLES()    -- 返回模型中所有表的信息


EVALUATE

INFO.COLUMNS()    -- 返回模型中所有列的信息
```

	[ID]	[ModelID]	[Name]	[DataCategory]	[Description]	[IsHidden]	[TableStorageID]	[ModifiedTi...
1	14	1	产品表			FALSE	166	1/14/2024 6:...
2	17	1	城市公司表			FALSE	168	1/14/2024 6:...
3	20	1	订单表			FALSE	170	1/14/2024 6:...
4	23	1	客户表			FALSE	172	1/14/2024 6:...
5	26	1	门店表			FALSE	174	1/14/2024 6:...
6	29	1	销售目标表			FALSE	176	1/14/2024 6:...
7	3039	1	度量值表			FALSE	3047	1/25/2024 1:...
8	10740	1	日期表	Time		FALSE	10746	3/5/2024 1:5...

图 9-40　INFO.TABLES 函数查询的数据模型中的表的信息

在创建报告时，一般会配备数据模型中所用到的表和列的表，使用 INFO.TABLES 函数和 INFO.COLUMNS 函数进行拼接便可得到一张行、列组成的表。在这个例子中，仅需要查询表中的少数列，因此可以使用 SELECTCOLUMNS 函数，最后使用 NATURALLEFTOUTERJOIN 函数进行连接，得到的结果如图 9-41 所示。

```
// 查询数据模型中的行和列的信息
EVALUATE
VAR tab_c =
    SELECTCOLUMNS (
        FILTER ( INFO.COLUMNS (), [IsHidden] = FALSE () ),
        "ID", [ID],
        "TableID", [TableID],
        " 列名 ", [ExplicitName]
    )
VAR tab_t =
    SELECTCOLUMNS ( INFO.TABLES (), "TableID", [ID], " 表名 ", [Name]
)
RETURN
    NATURALLEFTOUTERJOIN ( tab_c, tab_t )
ORDER BY [TableID]
```

	[ID]	[TableID]	[列名]	[表名]
1	34	14	产品名称	产品表
2	1461	14	销售价格	产品表
3	1470	14	成本价格	产品表
4	33	14	产品分类	产品表
5	5915	14	产品分类编号	产品表
6	32	14	产品ID	产品表
7	12529	17	城市公司简称	城市公司表
8	37	17	大区名称	城市公司表
9	38	17	城市公司ID	城市公司表
10	39	17	城市公司	城市公司表

图 9-41　使用 SELECTCOLUMNS 函数和 NATURALLEFTOUTERJOIN 函数查询并整理的
数据模型中的行和列组成的表

返回数据模型中的度量值和对应的表达式

使用 INFO.MEASURES 函数查询数据模型中已经建立的度量值和对应的表达式，查询结果如图 9-42 所示。

```
// 查询度量值和对应的表达式
```

```
EVALUATE
VAR tabinfo =
    SELECTCOLUMNS (
        FILTER ( INFO.TABLES (), [IsHidden] = FALSE () ),
        "表ID", [ID],
        "所属表名", [Name]
    )
VAR measureinfo =
    SELECTCOLUMNS (
        INFO.MEASURES (),
        "表ID", [TableID],
        "度量值名", [Name],
        "表达式", [Expression],
        "字符格式", [FormatString]
    )
VAR rs =
    NATURALLEFTOUTERJOIN ( measureinfo, tabinfo )
RETURN
    rs
```

	[表ID]	[度量值名]	[表达式]	[字符格式]	[所属表名]
1	14	销售毛利	SUMX('订单表', '订单表'[销售金额] - 订...		产品表
2	20	销售总金额同比	VAR py = CALCULATE([销售总金额],DAT...	"+0.00%;-0.00%;0"	订单表
3	14124	销售总金额	SUM('订单表'[销售金额])	#,0.00	度量值表
4	14124	销售总数量	SUM('订单表'[销售数量])		度量值表

图 9-42　使用 INFO.MEASURES 函数查询到的度量值信息

　　需要注意，在一些仪表板中，因为展示的需要，我们需要将模型中表的字段、度量值、表达式等显示在仪表板的解释页面中，则可以使用 INFO.VIEW.TABLES、INFO.VIEW.COLUMNS 和 IFNO.VIEW.MEASURES 等函数直接创建一张表，而非一个查询。比如，将图 9-42 中所示的度量值和表达式的结果创建在表中，可以使用 INFO.VIEW.MEASURES 函数。方法是，在表格视图下使用"新建表"功能，然后输入以下代码即可。

```
模型中的度量值和表达式 =
SELECTCOLUMNS (
    FILTER ( INFO.VIEW.MEASURES (), [IsHidden] = FALSE () ),
```

```
    "度量值名称 ", [Name],
    "所属表名 ", [Table],
    "表达式 ", [Expression],
    "字符格式 ", [FormatStringDefinition]
)
```

除此之外，还可以使用其他的 INFO. 类函数查询数据模型中需要的元素信息表。

9.5 使用外部工具 DAX Studio

在一些较老的 Power BI 版本中没有加入 DAX 查询视图和 INFO 类函数时，通常需要使用外部工具 DAX Studio 来导出数据模型中的元素信息表。DAX Studio 是 Excel PowerPivot 和 Power BI 中的一个免费工具，在 Power BI 中它可以用来编写和调试测量值、导出查询结果、格式化代码等。

9.5.1 认识外部工具 DAX Studio

本书的配套素材中附带 DAX Studio 的安装包，读者也可以到 DAX Studio 的官网进行下载并且安装。

安装后的 DAX Stuido 会在 Power BI 的主选项卡中显示出来。从此处打开 DAX Studio 时不用进行任何设置即可连接 Power BI 文件，如图 9-43 所示。

使用 DAX Studio 时必须确保 Power BI 的文件是打开的，不然将无法连接。

图 9-43　在主选项卡外部工具下显示的 DAX Studio

如果直接从桌面图标和应用列表打开 DAX Studio，会检测已经打开的 Power BI 文件。此时需要手动选择需要连接的文件，然后单击"Connect"按钮，如图 9-44 所示。

使用"Power BI / SSDT Model"选项连接 Power BI 的数据模型，并不是实时连接。如果数据模型更新了，你需要在 DAX Studio 的菜单主选项卡中单击"Refresh Metadata"按钮以刷新 DAX Studio 中的数据连接。

图 9-44　从应用打开 DAX Studio 时需要手动选择相应的文件

DAX Studio 的主界面由六个部分组成：功能区、模型信息区、查询选项卡、查询编辑区、查询结果显示区、连接状态栏，如图 9-45 所示。

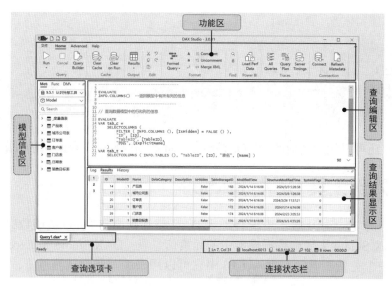

图 9-45　DAX Studio 主界面

其中，查询编辑区和查询结果显示区同 Power BI 的 DAX 视图基本相同；模型信息区有三个选项卡，分别展示了数据模型中表和列、函数列表和数据模型的数据库信息；连接状态栏非常重要，显示了当前连接的 Power BI 文件的端口信息以及查询的结果信息。

在 DAX Studio 中，当关闭了 Power BI 文件时，是无法建立连接的，再次打开时需要在主选项卡中重新进行连接。

9.5.2 　DAX Studio 的常用功能

DAX Studio 的一个最常用的功能是提供代码格式化，其方法是将编写好的代码粘贴到查询编辑区，然后单击"Home"选项卡下的"Format Query"选项。另外，DAX Studio 还有很多实用的功能，比如编写查询、调试度量值以及导出数据。

图 9-46　DAX Studio 导出查询结果为指定类型的文件

编写并导出查询

在 DAX Studio 中，可以完整地导出查询的结果。

具体的步骤是：编写查询以后，在主选项卡"Home"下展开"Results"选项，选择相应的文件类型，然后单击"Run"按钮即可。"Results Table"选项即展示在查询结果显示区中，如图 9-46 所示。

批量导出数据模型中的表

DAX Studio 也支持选择全部或者多个表，实现一次性批量导出数据。在主选项卡"Advanced"下选择"Export Data"按钮后，按照操作选择表类型和对应的表名即可，如图 9-47 所示。

图 9-47 使用 DAX Studio 批量导出数据模型中的表

批量导出数据时，只提供两种类型的表，分别是 CSV 和 SQL 类型，按需选择即可。

查询数据模型中的元素信息

9.4.4 小节介绍了使用 INFO. 类函数查询数据模型中的元素信息，这种方法也适用于 DAX Studio。但是如果你的 Power BI 版本不支持或者未开启 DAX 查询视图的预览功能，在 DAX Studio 中也可以使用另外一种方式。

Power BI 的数据模型的元素信息都会以数据库的形式保存。在 DAX Studio 的模型信息区中的第三个子选项卡可以看到，将数据库拖入查询编辑栏中时，会生成一条 SQL 语句，执行查询就可以显示对应的元素信息。

比如，查询所有的度量值的表达式。在查询编辑区中拖入左边模型信息区中的 "MDSCHEMA_MEASURES"，然后稍微修改一下 SQL 代码，就可以得到度量值的列表，如图 9-48 所示。

```
select
    [MEASURE_NAME] as [度量值名称],
    [EXPRESSION] as [度量值表达式],
    [MEASUREGROUP_NAME] as [所属表],
    [DEFAULT_FORMAT_STRING] as [字符格式]
from $SYSTEM.MDSCHEMA_MEASURES
where [MEASURE_AGGREGATOR] = 0
```

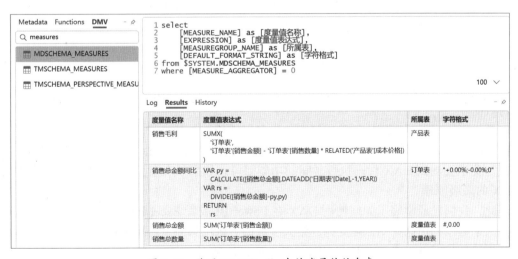

图 9-48 使用 DAX Studio 查询度量值信息表

上述代码可以直接当作模板使用，无须另行编写。其他查询数据模型元素信息的方法与此类似，因此不再赘述。

9.5.3 使用 DAX Studio 测试代码的性能

除了上述常用的功能，DAX Studio 还有一个非常重要的功能：测试代码的性能。

使用 DAX Studio 测试代码的性能的操作步骤如下。

第 1 步：在查询编辑区中编写好要测试的代码，并测试代码是否能够查询出正确的结果。

第 2 步：在主选项卡 "Home" 下选择 "Server Timings" 按钮，如图 9-49 所示。

图 9-49　在 DAX Studio 测试代码前选择 "Server Timings" 按钮

第 3 步：单击 "Run" 按钮，执行查询。在查询结果显示区的 "Server Timings" 子选项卡下显示了该查询的执行时间，如图 9-50 所示。

```
1  // 编写一个DAX查询，用来计算大区、年、年季和各个销售指标
2  DEFINE
3      -- 使用MEASURE定义度量值
4      MEASURE '度量值表'[销售毛利] =
5          SUMX ( '订单表','订单表'[销售金额] - '订单表'[销售数量] * RELATED ( '产品表'[成本价格] ) )
6
7  // 输出结果的表达式
8  EVALUATE
9  SUMMARIZECOLUMNS (
10     '城市公司表'[大区名称],
11     '日期表'[年份],
12     ROLLUPADDISSUBTOTAL ( '日期表'[季度], "按年汇总" ),  --添加总计列
```

Total	SE CPU	Line	Subclass	Duration	CPU	Par.	Rows	KB	Timeline	Query
8 ms	0 ms x0.0	2	Scan	0	0		294	7		WITH $Expr
FE **SE**		4	Scan	0	0		42	1		SELECT '日其
8 ms 0 ms		6	Scan	0	0		1,096	5		SELECT '日其
100.0% 0.0%		8	Scan	0	0		7,693	121		SELECT '城市
SE Queries SE Cache		10	Scan	0	0		7	1		SELECT '城市
9 9 100.0%		12	Scan	0	0		294	5		SELECT '城市

图 9-50　查询的执行时间

从图 9-50 中可以看到，整个查询执行的时间 "Total" 是 8 ms。图中还显示了该查询的其他执行数据。

如果代码出现了严重的执行效率问题，你可以使用该工具进行测试，并分析执行过程，找出可能影响代码执行效率的原因并进行优化。当然，这些都属于 DAX 中较为复杂的知识，这里你只需要学会测试 DAX 代码执行时间的功能即可。如果学有余力，你就可以深入地探索关于 DAX 的高级原理。

至此，我们已经学完了如何使用 DAX 在 Power BI 或者 Excel PowerPivot 进行数据分析的知识。大家可以利用这些知识独立完成绝大多数的分析场景并以简单的视觉对象呈现结果。从下一章开始，我们将正式进入 Power BI 可视化内容的学习。

第 10 章

开启设计：数据可视化设计指南

数据可视化设计是 Power BI 中相对简单的部分。通过插入一个视觉对象并添加数据字段和度量值，就能生成一个可视化图表；而对可视化图表进行格式化是烦琐和枯燥的，如果你需要比较精细的可视化效果，那么你就得有足够的耐心。

本章内容不会介绍各种视觉对象的详细设置步骤，因为这些过于简单、无趣。我们将重点学习三大核心内容：报告整体设计、视觉对象之间的交互，以及如何使用 DAX 动态地驱动视觉对象的交互。因为这些是报告设计的核心内容，它们会让你的报告更具专业性。

10.1 Power BI 的可视化设置

创建报告之前，需要对报告页面、画布和主题进行相应的设置，力求使报告的各个页面规则都能保持一致。本节将主要介绍报告设计的初步设置。

10.1.1 可视化页面和画布设置

页面的设置非常重要，不同的场景和查阅对象可能使用不同大小的页面来查阅报告，所以我们根据需要选择不同的设置。

Power BI 在报表视图下提供了以下三种不同的页面视图设置。页面视图可以控制报表页面在浏览窗口中的显示效果，其默认选项是"调整到页面大小"，如图 10-1 所示。

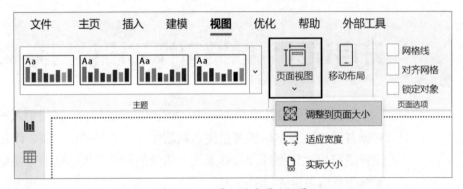

图 10-1　三种不同的页面视图

（1）调整到页面大小：将内容调整到最适合页面的程度。

（2）适应宽度：将内容调整到适应页面的宽度。

（3）实际大小：使内容以完整尺寸显示。

在设计报告时，Power BI 还提供了页面选项以辅助设计页面上的各种视觉对象。页面选项包括网格线、对齐网格和锁定对象，主要用于对齐和控制页面上的对象，与 PPT 的功能是一样的。大家可以通过操作来体验这些功能。

除页面设置以外，还需要进行画布和壁纸设置。其中，画布是必选设置项，而壁纸属于可选设置项，根据具体情况进行设置即可。图 10-2 显示了画布和壁纸的设置选项。

画布大小控制报表画布的显示比例和实际尺寸，其默认比例是 16：9，在浏览报表时，以这个比例进行缩放，当然还有 4：3、信件、提示工具和自定义选项。在自定义时尺寸是以像素为单位进行设置的。画布的背景可以设置为纯色填充或者导入图像，选择相应的图像匹配方式即可。

壁纸是指除页面之外的区域显示的颜色或者图像，其设置方法与画布背景的设置方法一致。

页面和画布的设置应该在设置报告之前完全确定下来，这样才能确保报告的页面规则是一样的，从而让查阅对象获得比较顺畅的阅读体验。

图 10-2　画布和壁纸的设置选项

10.1.2 认识和使用 Power BI 的主题

Power BI 的主题可以理解为仪表板的颜色风格，不同的主题使用不同的颜色搭配。Power BI 在报表视图中内置了丰富的主题，同时也提供了修改主题和使用自定义主题的功能。这与微软的 Office 软件保持了使用风格上的一致性。

切换主题选项中内置的主题样式或自定义的主题样式，可以快速地更改整个报告中的视觉对象等的颜色搭配，而无须逐一修改视觉对象或者辅助元素的颜色样式，提高了仪表板的设计速度。如图 10-3 所示，Power BI 的主题功能位于"视图"选项卡下。

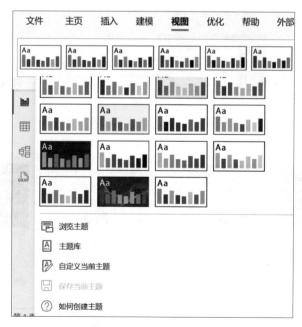

图 10-3　Power BI 的主题

Power BI 提供了 19 种可供切换的主题样式，用户可以从中任意选择一种使用。但是在大多数情况下，这些内置的主题并不非常适合报告，所以 Power BI 还提供了三种其他获取和定义主题的方式。

（1）主题库。单击图 10-3 中的"浏览主题"进入 Power BI 的在线主题库（如图 10-4 所示），在主题库里下载自己喜欢的主题的 JSON 文件，然后通过"浏览主题"选项导入下载的主题文件就可以使用了。

（2）自定义当前主题。单击图 10-3 中的"自定义当前主题"选项，进入"自定义主题"对话框（如图 10-5 所示）中，可以根据自己的需要修改各种元素的颜色，并将其保存为新的主题。

（3）创建自定义主题。如果需要创建一个自定义主题，可以单击图 10-3 中的"保存当前主题"选项，然后在当前的 JSON 文件上进行修改以创建新的主题；也可以新建一个 JSON 文件从头开始定义一个主题。最后将修改或者创建好的主题导入 Power BI 中就可以使用了。

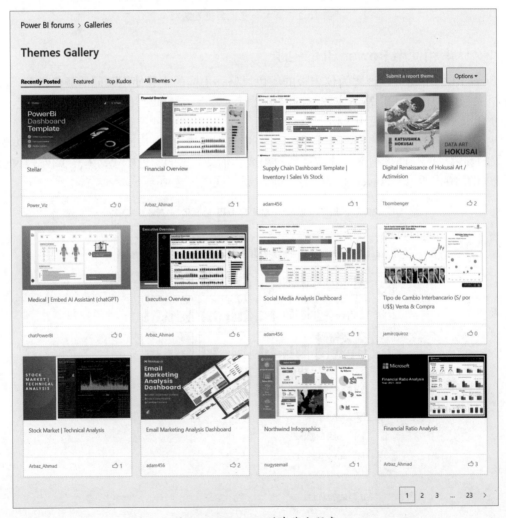

图 10-4　Power BI 的在线主题库

图 10-5 "自定义主题"对话框

需要注意的是，Power BI 的内置主题需谨慎使用，因为它们不够精细。在实际使用的过程中，可以使用主题库中的主题或者自定义一个主题，或者自行设置视觉对象和辅助元素的颜色和格式搭配，但是其效率不如前面两者。总之，大家可以根据自己的实际需求灵活选择合适的主题。

10.2 可视化视觉对象与辅助元素

本节将主要介绍在 Power BI 中展示数据分析结果时常用的视觉对象（可以理解为各种可视化图表）以及辅助元素（如形状等）。了解这些内容有助于我们更便捷、更优雅地展示数据。

10.2.1 Power BI 常用的视觉对象

Power BI Desktop 中一共内置了 10 类共计 42 个视觉对象，这些视觉对象基本上能够覆盖绝大多数可视化场景。在前面的章节中我们已经使用了矩阵和折线图视觉对象，其他视觉对象的使用方法也是一样的。图 10-6 列出了 Power BI 中所有的内置的视觉对象类型。

图 10-6 Power BI 内置的视觉对象类型

视觉对象的使用方法十分简单，先在画布中插入视觉对象，然后在右边的生成视觉对象窗格中添加相应的字段和度量值，即可生成对应的图表，再在"格式"选项卡下进行相应的设置。

除此之外，Power BI 还提供了两种扩展视觉对象的功能：一种是从 AppSource（视觉对象商店）中获取，另一种是导入自定义开发的视觉对象，如图 10-7 所示。

图 10-7　扩展视觉对象的设置

AppSource 提供了大量的由第三方机构或者个人开发的视觉对象，分为免费和收费两种。但是使用 AppSource 中的视觉对象，必须先登录 Power BI 账号。AppSource 中的视觉对象的使用方法也比较简单。步骤是：在报表视图的主选项卡"插入"下，选择"从 AppSource"选项，进入视觉对象商店中，单击需要的视觉对象，在查看详情页面单击"添加"按钮即可，其使用方法与内置的视觉对象相同。图 10-8 展示的是 Power BI 中的视觉对象。

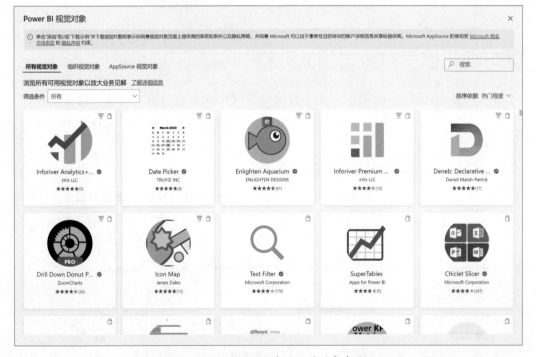

图 10-8　Power BI 中的视觉对象商店

视觉对象的选择和应用应当遵循 2.2 节中的原则，不能为了"炫技"而使用一些不恰当的视觉对象。

10.2.2 Power BI 可视化辅助元素

视觉对象是 Power BI 数据可视化的最基本也是最核心的元素。同时，Power BI 还提供了4 类可视化辅助元素：文本框、按钮、形状和图像。这些辅助元素的使用，可以装饰整个可视化页面。

在报表视图下的"插入"主选项卡中就可看到这 4 类辅助元素，如图 10-9 所示。

图 10-9　可视化辅助元素

在这 4 类辅助元素中，文本框、形状和图像都是常规的元素，按钮主要在多个页面或者多个视觉对象中起到导航的作用。按钮主要包含方向导航、信息导航、切片器设置和页面导航 4类，共计 12 种。按钮的使用，可以设计出丰富的页面交互效果。在后面的内容中我们将对其进行具体介绍。图 10-10 展示了按钮的类型。

图 10-10　按钮的类型

大多数可视化辅助元素的使用方法同 PPT 中类似元素的用途和使用方法一致。

10.3 控制 Power BI 视觉对象之间的交互方式

Power BI 的画布中存在各种不同的视觉对象和辅助元素才能构成仪表板。仪表板的各个视觉对象，比如视觉对象和视觉对象之间、页面和页面之间，都存在交互方式。本节将主要介绍如何控制视觉对象之间的交互方式。

10.3.1 编辑视觉对象之间的交互方式

在 Power BI 中，一个页面通常存在多个视觉对象的组合。在默认状态下，各个视觉对象之间都存在交互方式，即一个视觉对象可以筛选其他的视觉对象。除了切片器可以筛选其他视觉对象以达到交互的目的，各个视觉对象本身也可以同其他的视觉对象进行交互，以达到筛选和影响其他视觉对象的目的。

如果需要修改某些视觉对象之间的筛选方式，可以使用"编辑交互"功能。该功能有三种交互方式：完全筛选、不筛选⊘和突出筛选。

当选择视觉对象中的某一个元素（比如条形图中的某一行）时，该项同时也筛选了其他的视觉对象。如图 10-11 所示，选中环形图中的"二类"时，环形图中的其他部分变灰，而其他的视觉对象也都同时被筛选了。

在默认情况下，视觉对象之间的交互方式是完全筛选的方式。

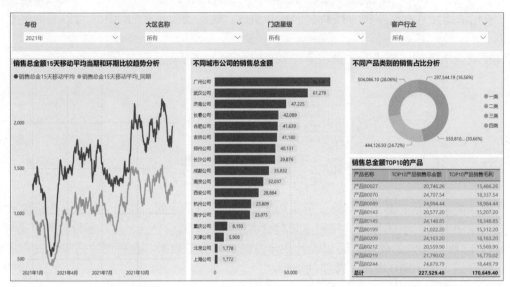

图 10-11　选中环形图中"二类"时其他的视觉对象也被筛选

如果不需要采用完全筛选交互方式，比如不让环形图中任何项被选中时筛选 15 天移动平均的折线图，可以选择环形图视觉对象，在出现的主选项卡"格式"下选择"编辑交互"按钮，然后在折线图上选择不筛选按钮"⃠"，如图 10-12 所示。再次选择"编辑交互"按钮，即可退出编辑模式。

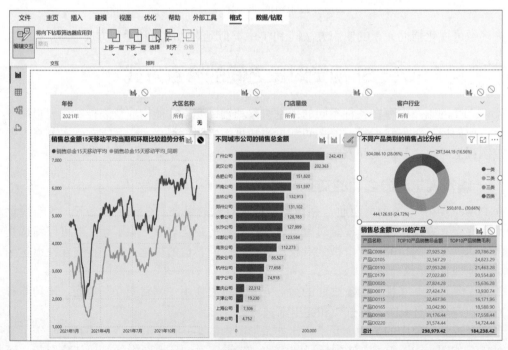

图 10-12　对环形图设置不筛选交互方式

对于任何不筛选选中对象的视觉对象都可以通过上述步骤进行设置。

以环形图为编辑对象，将其与条形图的交互方式选择为突出筛选 📊，结果如图10-13所示。

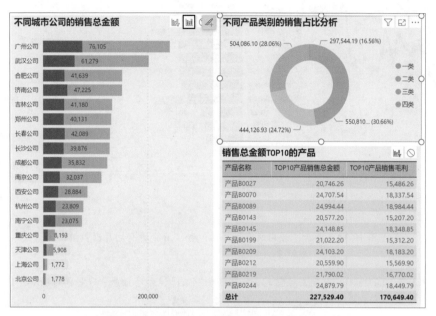

图10-13　对条形图设置突出筛选后的效果

突出筛选只支持部分视觉对象，设置突出筛选后，折线图原有项目的颜色会变淡，而被筛选的新项目会按原色显示。这种方式更方便观察筛选项与总计值之间的大小关系，而矩阵的数据则被完全筛选，因为它不支持突出筛选。

10.3.2 使用按钮控制视觉对象的交互

在默认情况下，切片器的筛选项应用是立即生效的，并且生效后没法快速全部取消切片器的筛选。使用"应用所有切片器"和"清除所有切片器"按钮可以提高报表的反应效率。

◆ 应用所有切片器

"应用所有切片器"按钮，可以一次性快速地应用所有切片器中已选择的项目。如果报表中的切片器较多，在多个筛选项组合的时候，使用这种方法可缩减查询时间，并且只需将视觉对象刷新一次，有助于提高报表的反应效率。

◆ 清除所有切片器

"清除所有切片器"按钮，可以一次性快速有效地清除所有切片器中已选择的项目。如果一页报表中有4个切片器，每次分别取消筛选时，都会产生立即查询，并且更新视觉对象，这无疑增加了报表的反应时间。因此，使用该按钮可以缩减报表的查询时间，提高报表视觉对象的交互效率。

添加这两个按钮的方式比较简单：依次选择"插入"→"按钮"选项，分别将"应用所有切片器"和"清除所有切片器"添加到页面中，如图10-14所示。

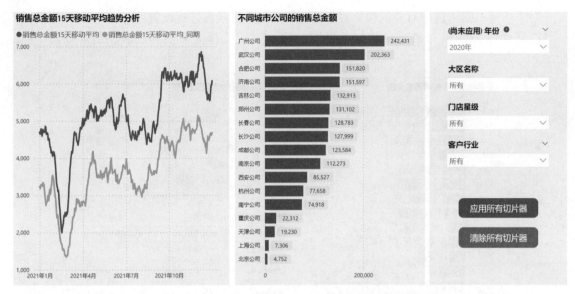

图 10-14　添加"应用所有切片器"和"清除所有切片器"按钮

注意　在 Power BI Desktop 中单击按钮时，需要按住"Ctrl"键才有效果，而发布到 Power BI 工作区后，预览报表时直接单击鼠标即可。

如图 10-14 所示，当选择切片器中任意的值时，切片器旁边会出现"尚未应用"字样，并且视觉对象不会刷新，当单击"应用所有切片器"按钮时，视觉对象才会刷新；同样，当单击"清除所有切片器"按钮时，已经筛选过的切片器会恢复到没有任何筛选的状态下。

按钮一般有 4 种状态：默认值、悬停时、按下时和已禁用。本小节只设置默认值和已禁用状态，即选择前的状态和选择后的状态。选择按钮，在格式窗格的"按钮样式"下分别选择这两种状态，设置对应的填充颜色、字体大小和颜色等即可。已禁用状态下的按钮样式设置如图 10-15 所示。

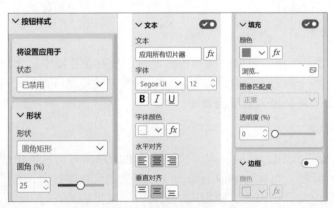

图 10-15　已禁用状态下的按钮样式设置

"应用所有切片器"和"清除所有切片器"按钮，只要添加到页面中就会起作用。我们只需设置按钮的样式，其操作方法比较简单，自行选择适合的风格即可。需要注意的是，在设置样式时，不同状态下按钮的样式要有所区别，以区分选择前和选择后的状态。

10.3.3 使用按钮和书签控制页面之间的交互

如果一个报告中有很多个页面，在查阅报告，就需要使用导航菜单进行切换。图 10-16 左上角是为一个报告创建的导航菜单。

图 10-16　已经创建的导航菜单

Power BI 提供了两个可以快速创建页面的导航菜单的按钮。在报表视图下依次选择"插入"→"按钮"→"导航器"选项，可以看到这两个快速创建导航菜单的按钮，即"页面导航器"和"书签导航器"，如图 10-17 所示。

图 10-17　"按钮"列表下的导航器类型

这两种导航器都能完成页面的切换和导航。下面分别对其进行介绍。

使用"页面导航器"按钮创建导航菜单

通过"页面导航器"按钮创建导航菜单的方法很简单。在报表视图下，先对每个页面进行规范命名，然后依次选择"插入"→"按钮"→"导航器"→"页面导航器"选项，页面上就会自动插入一个导航器，如图 10-18 所示。

| 经营概述 | 门店分析 | 客户分析 | 产品分析 |

图 10-18 　使用"页面导航器"按钮创建的默认导航菜单

图 10-19 　选择页面用于
导航器按钮

在默认情况下，导航器是水平放置的。在格式窗格中，可以在"网格布局"中选择"垂直"选项。有时报告中可能包含一些辅助页面（如工具提示页），当我们不需要将所有的页面都用于导航器时，可以在格式窗格中的"页"选项中，显示需要的页面用作导航菜单，关闭其他不需要的页面，如图 10-19 所示。

使用"页面导航器"按钮创建的导航菜单会与页面名称和顺序保持一致。当新增、删除和重命名页面时，导航菜单也会随之发生相应的变化。

创建导航菜单时，不需要对每个页面都执行上述操作，只需要将创建好的导航器复制到其他的页面，对应的选项就会显示为当前页面的按钮名称。

使用该方法创建的导航器必须与页面名称一致的，这在有些情况下并不方便。如果希望自定义导航器的按钮名称，那么"书签导航器"是一种好的方法。

使用"书签导航器"按钮创建导航菜单

书签是 Power BI 可视化元素中一项非常重要的功能，通过它可以实现很多功能，如页面导航、视觉对象切换以及钻取等。书签的创建是在书签窗格中完成的，在报表视图下的"视图"主选项卡下选中"书签"按钮，此时就会显示书签窗格（如图 10-20 所示），单击"添加"按钮就可以创建一个书签。

使用"书签导航器"按钮来创建导航菜单时，首先需要为参与导航的页面分别创建书签。以"经营概述"页面为例，切换到该页面下，在书签窗格中单击"添加"按钮，就会添加一个名为"书签 1"的按钮。选中该书签，单击鼠标右键，在快捷菜单中勾选"显示""当前页"和"所有视觉对象"选项，最后单击"重命名"选项，将该书签命名为"经营概述"，如图 10-21 所示。

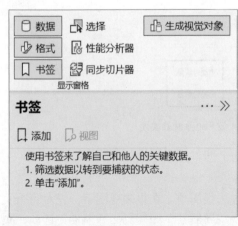

图 10-20 　书签窗格

图 10-21 　创建"经营概述"书签

依照上述创建书签的方法分别切换页面并创建对应的书签。注意，要切换不同的页面后再创建对应的书签。创建结束后选择所有已经创建的书签，单击鼠标右键，在快捷菜单中选择"分组"，并将分组重命名为"页面导航"，如图 10-22 所示。

图 10-22　对创建的书签进行分组

分组的原因是报表中可能不止一组书签，而创建分组方便管理和应用书签。

向页面中插入"书签导航器"后，会自动插入一个默认的导航器。但是，当书签组比较多时，默认的设置可能不是我们所需要的，此时可以选中插入的导航器，在格式窗格中的"书签"下拉框中选择"页面导航"书签组，如图 10-23 所示。

图 10-23　设置书签组

最后将创建的导航菜单根据自己的喜好设置相应的格式后，就可以复制到其他的页面中去。如需查看效果，可以按住"Ctrl"键后再单击对应的项目。

导航菜单中的按钮名称与书签的名称、顺序同步变化。书签增加、删除和重命名时都会与导航器同步更新。通过书签创建的导航菜单与页面的名称没有关系，如果要修改导航菜单的名称，只需要修改书签的名称即可。

10.3.4　使用书签控制视觉对象的交互

书签除了可以用来制作页面导航菜单，还可以在单个页面中设计局部导航（如视觉对象的切换、筛选器面板的隐藏与显示等效果）。本小节将主要以两个视觉对象之间的切换为例介绍书签的交互作用。

如图 10-24 所示，在画布中默认只显示一个柱形图和一组按钮，当单击"图表"按钮时切换为柱形图，当单击"数据"按钮时切换为对应的数据。

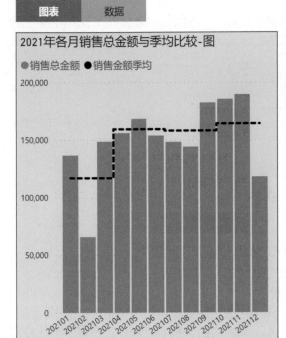

年季	销售总数量	销售总金额	销售金额季均
⊟ **2021Q1**	**7,936.00**	**350,920.93**	**116,973.64**
202101	3,115.00	136,629.63	116,973.64
202102	1,539.00	65,759.87	116,973.64
202103	3,282.00	148,531.43	116,973.64
⊟ **2021Q2**	**11,047.00**	**478,395.65**	**159,465.22**
202104	3,477.00	156,146.73	159,465.22
202105	4,206.00	168,417.35	159,465.22
202106	3,364.00	153,831.57	159,465.22
⊟ **2021Q3**	**11,613.00**	**474,517.35**	**158,172.45**
202107	3,258.00	148,175.23	158,172.45
202108	3,551.00	143,990.69	158,172.45
202109	4,804.00	182,351.43	158,172.45
⊟ **2021Q4**	**11,560.00**	**492,733.80**	**164,244.60**
202110	4,505.00	185,404.52	164,244.60
202111	4,470.00	189,406.92	164,244.60
202112	2,585.00	117,922.36	164,244.60
总计	**42,156.00**	**1,796,567.73**	**149,713.98**

图 10-24 使用书签制作的图表和数据的切换显示（两种状态）

具体的操作步骤如下。

步骤 ❶ 分别设计柱形图和数据矩阵，并且调整它们的大小以确保完全一致，使用对齐功能实现完全重合。柱形图在上面，矩阵在下面。

步骤 ❷ 在报表视图的主选项卡的"视图"中，分别单击"选择"和"书签"按钮显示选择窗格和书签窗格。在"选择"窗格中就可以看到已经创建的 2 个视觉对象，如图 10-25 所示。

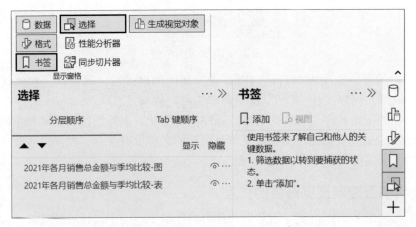

图 10-25 "选择"窗格和"书签"窗格

步骤 ❸ 在"选择"窗格中将两个视觉对象全部选中，并将第 2 个视觉对象进行隐藏（单击视觉对象名称右侧的隐藏按钮），然后在"书签"窗格中添加一个名为"图表"的书签，单击鼠标右键，在快捷菜单中只勾选"显示""当前页"和"所选的视觉对象"选项，如图 10-26 所示。

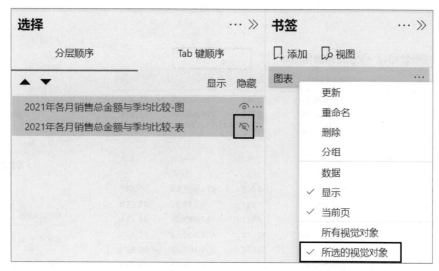

图 10-26　创建"图表"书签

[步骤] **4**　参照步骤3的方法，再次选中"选择"窗格中的两个视觉对象，将第1个书签隐藏，并取消已经隐藏的第2个书签；在"书签"窗格中再次创建一个"数据"书签，其设置同第1个书签；最后对这2个创建好的书签进行分组，命名为"图表与数据切换按钮"，如图10-27所示。

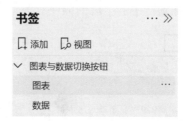

图 10-27　对创建的书签进行分组

[步骤] **5**　在画布中插入"书签导航器"，在对应的格式窗格下的"书签"选项中选择已经创建好的书签组。最后设置按钮在默认和被选中时的样式。

10.3.5 使用钻取功能控制分析层次和颗粒度的交互

钻取可以改变维度的层次，变换分析的颗粒度。钻取功能有向上钻取和向下钻取。向上钻取是指切换到分析维度的更高层次，得到更粗的颗粒度；向下钻取是指切换到分析维度的更低层次，得到更细的颗粒度。Power BI Desktop 也提供了钻取功能，可以在视觉对象中进行钻取，也可以对指定目标页进行钻取。

视觉对象中的钻取

在三个以上字段构成层级结构的视觉对象中，可以使用钻取功能。下面以矩阵视觉对象为例进行讲解，但我们也可以尝试其他的视觉对象，比如柱形图等。

如图 10-28 所示，在矩阵视觉对象的行中添加三个字段构成了一个层级结构。当视觉对象中有层级结构时，就会在视觉对象右上角的边缘出现钻取按钮（即两组箭头）。

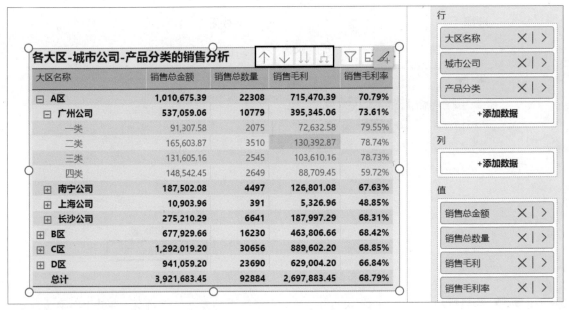

图 10-28　在矩阵上显示的钻取按钮图标

　　当需要一次性向下钻取下一级别的所有字段时，选择双箭头↓↓图标，将会转到层级结构的下一级别。比如，当前处于大区名称层级，单击双箭头↓↓图标时，就会钻取下一层级城市公司的值，以此类推。层级顺序与添加到行中的字段的顺序有关，结果如图 10-29 所示。

图 10-29　单击双箭头实现向下钻取

　　当只需要对"A 区"向下钻取下一级别对应的所有值时，先选择向下钻取箭头●，然后选择矩阵视觉对象的行中的"A 区"单元格，再单击双箭头↓↓图标，就可以钻取只有"A 区"的下一级别对应的值，如图 10-30 所示。

各大区-城市公司-产品分类的销	↑	●	↓	↓↓	⊞	∇	⬚	⋯		各大区-城市公司-产品分类的销售	↑	●	↓↓	⬚	∇	⊞	⋯
大区名称	销售总金额	销售总数量	销售毛利	销售毛利率					⟹	大区名称	销售总金额	销售总数量	销售毛利	销售毛利率			

图 10-30　向下钻取选定值的层级数据

　　向上钻取时，只需要单击向上箭头的图标即可。除此之外，还可以使用上述方法展开层级结构。如果需要一次性展开所有字段时，直接单击向下展开图标⚎即可；如果只需要将"A区"向下展开时，首先单击向下钻取箭头⬇，然后选中"A区"单元格，再单击向下展开图标⚎即可有针对性地展开。

指定目标页面的钻取

上述的向上和向下的钻取是通过单个视觉对象的层级结构来实现的。如果要钻取报告中的某一个报表页，就需要使用另外一种钻取技术。如图 10-31 所示，在左侧页面的条形图中选择"长沙公司"，单击鼠标右键，在快捷菜单中依次选择"钻取"→"钻取目标页 - 产品"选项，就可以跳转到"钻取目标页 - 产品"页面，并显示"长沙公司"的数据。

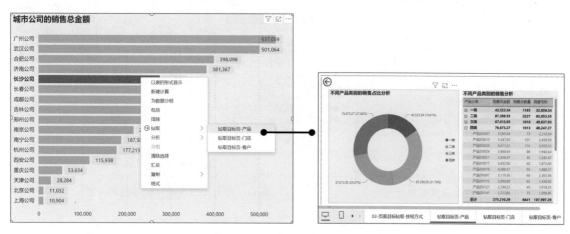

图 10-31　指定目标页面的钻取

创建的具体步骤如下。

步骤 1　分别创建三个报表页面，并将其依次命名为"钻取目标页 - 产品""钻取目标页 - 门店"和"钻取目标页 - 客户"。

步骤 2　设置三个页面的页面信息。以"钻取目标页 - 产品"为例，在"页面类型"选项中选择"钻取"，启用"保留所有筛选器"开关，在"钻取自"选项中添加"城市公司"列；在"在以下时间钻取"→"城市公司为"选项中选择"用作类别"选项，如图 10-32 所示。

上述完成以后，在钻取目标页中 Power BI 会自动创建"返回"按钮。在其他的页面中，凡是有"城市公司"字段的视觉对象中，都可以右键选择"钻取"选项，查看对应城市公司的已经设置了钻取目标页的详细数据。

使用按钮钻取目标页面

如果觉得通过鼠标右键进行操作不方便，可以选择添加按钮的方式。不过如果钻取目标页比较多，就需要创建多个按钮。创建步骤也是非常简单。

分别创建三个按钮，先设置选择和非选择时状态的相应格式和命名。然后在按钮的格式窗格中的"操作"子选项卡下的"类型"中选择"钻取"，"目标"中分别选择对应的页面，比如"钻取目标页 - 产

图 10-32　钻取目标页面的
设置

品",如图 10-33 所示。

全部设置完成后,当选中条形图中的一个城市公司后,操作将由灰变亮,按住"Ctrl"键后单击按钮就可以钻取对应的目标页面了,如图 10-34 所示。

Power BI 的钻取功能在可视化设计中应用得十分频繁,可以辅助用户从更多的维度和更细的颗粒度上查看数据,以获取更多的信息。

图 10-33　为按钮设置钻取功能

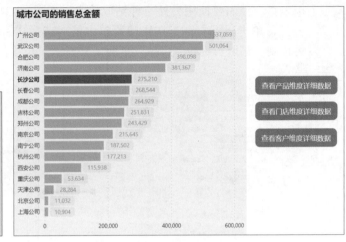

图 10-34　使用按钮实现目标页钻取功能

10.3.6 > 使用工具提示功能增强交互

在默认设置下,当鼠标滑过视觉对象时,会出现当前上下文中的具体的项目和数值。这种提示是基于当前视觉对象中已有的字段和度量值。

大多数内置的视觉对象具有添加任意度量值定义工具提示的功能。图 10-35 是在工具提示字段框中添加了不同于 Y 轴的度量值后的效果。

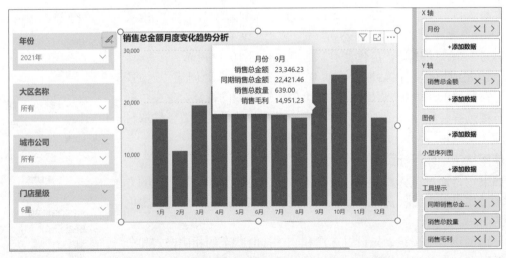

图 10-35　使用视觉对象的字段添加框定义工具提示

虽然上述默认的工具提示功能也能补充一定的辅助信息,但是其过于单调,无法显示更加丰富的内容。另一种办法是，可以将页面设置为提示工具页，然后在视觉对象中调用该页面。如图 10-36 所示，当鼠标悬停在"3 月"的柱子上时，显示了以页面作为提示工具的效果。

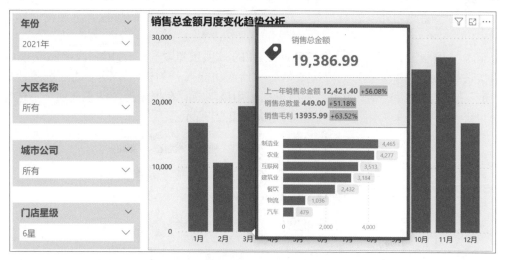

图 10-36　使用页面作为视觉对象的提示工具

具体的创建步骤如下。

步骤 1　新增一个页面，将其命名为"销售变化提示工具"（根据实际情况命名），设置背景色，生成对应的视觉对象并设置合适的格式。

步骤 2　在页面设置窗格中的"页面信息"子选项卡下选择"页面类型"为"工具提示"，开启"保留所有筛选器"开关；在"画布设置"子选项卡下"类型"选择"自定义"，"高度"和"宽度"设置合适的大小，"垂直对齐"选择"中"，如图 10-37 所示。

步骤 3　切换到销售变化分析页面，选中要添加工具提示的视觉对象，在格式窗格中的"属性"子选项卡下，开启"工具提示"开关，"类型"选择"报表页"，"页码"选择"销售变化提示工具"，如图 10-38 所示。

图 10-37　提示工具页面设置

图 10-38　将报表页面指定为视觉对象的提示工具

至此我们完成了工具提示功能的全部设置。在实际操作中，可以使用视觉对象的提示工具的默认设置，也可以指定具体的页面为提示工具。此外，我们还可以在视觉对象的设置窗格中将提示工具关闭。

10.3.7 使用字段参数控制视觉对象的交互

前面我们已经学习了使用数值范围的参数。使用数值范围的参数可以调节视觉对象中的数值的变化范围。除此之外，还有另外一种参数方式，即字段类型的参数，通常我们称为字段参数。

截至本书出版时，字段参数仍是 Power BI 的一项预览功能。启用字段参数功能的步骤是：依次选择"选项和设置"→"选项"→"预览功能"→勾选"字段参数"选项，最后单击"确定"按钮。重启 Power BI 以后，就可以使用该功能。在报表视图的主选项卡下选择"建模"→"新建参数"→"字段"选项即可，如图 10-39 所示。

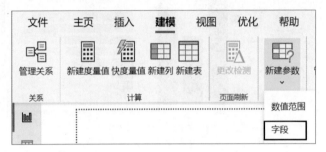

图 10-39　字段参数选项

在字段参数发布之前，通常要使用书签、计算组或者 DAX 表达式来实现度量值或维度的动态切换，操作比较麻烦。而字段参数功能的推出，可以以非常简单的方法实现动态地切换视觉对象中正在分析的度量值或者维度。

💧 使用字段参数切换分析指标

在同一个视觉对象中，通过切片器筛选销售总金额、销售总数量、销售毛利以及销售毛利率等分析指标。如图 10-40 所示，使用切片器来筛选分析指标（度量值）实现动态交互。

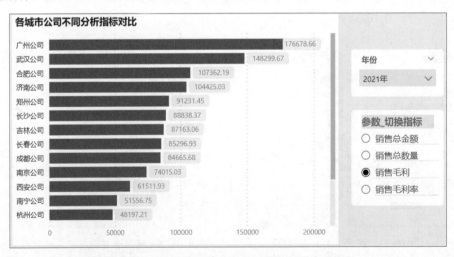

图 10-40　使用字段参数功能动态切换分析指标

具体的操作步骤如下。

步骤 **1** 打开"参数"对话框，将其命名为"参数 _ 切换指标"，在参数对话框右侧的"字段"列表中分别勾选需要的度量值，添加到左侧的"添加和重新排序字段"列表中，同时勾选"将切片器添加到此页"选项，最后单击"创建"按钮，如图 10-41 所示。

图 10-41　创建字段参数的设置对话框

创建设置完成以后，会在表格视图下生成一个表（如图 10-42 所示），表中包含了度量值的相关信息。表的用途是将字段添加到切片器中。当勾选了"将切片器添加到此页"选项时，Power BI 会自动帮我们添加一个切片器；如果未勾选，则只会生一个表，需要将表中的度量值名称列"参数 _ 切换指标"手动添加到切片器中。

步骤 **2** 设置完成以后，就会在当前的报表视图下生成一个包含上述度量值的切片器。因为在切换指标时，我们并不需要多选，所以选中切片器，在格式窗格中设置切片器的选择方式为单选。

图 10-42　创建字段参数后在表格视图下生成的表

步骤 **3** 创建条形图视觉对象，在 Y 轴中添加"城市公司表"中的"城市公司"列，在 X

轴中添加"参数_切换指标"表中的"销售毛利"列。最后就可以生成如图 10-40 所示的效果。最后使用已添加的切片器筛选不同的指标就可以查看不同的结果了。

使用字段参数切换分析维度

字段参数功能不仅可以用来切换分析指标，还可以用来切换维度。如图 10-43 所示，使用字段参数可以动态地切换分析的指标和维度。

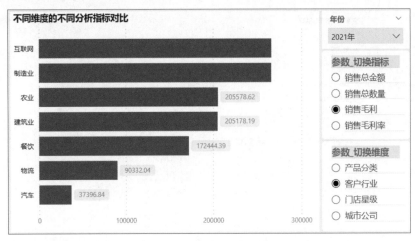

图 10-43　使用字段参数切换维度和指标

具体的操作步骤如下。

步骤 ❶　首先创建一个字段参数，将需要的维度列名添加到列表框中，如图 10-44 所示。

图 10-44　创建用于维度切换的参数

步骤 ❷ 将图 10-40 中的 X 轴中的字段替换为已经创建的字段参数表中的"参数_切换维度"列，如图 10-45 所示。

图 10-45　在条形图视觉对象的 Y 轴和 X 轴中分别添加对应的字段参数的列

步骤 ❸ 设置已添加的切片器"参数_切换维度"的选择方式为单选。

如果要编辑现有字段参数，可以在表格视图下选择已经创建的字段参数表，在公式编辑栏中修改现有的字段，也可以添加新的字段，如图 10-46 所示。

图 10-46　编辑已经创建的字段参数表

字段参数极大地方便了我们在视觉对象上动态地切换指标和维度，使整个报表的交互性更强，囊括的数据更加丰富。字段参数同数值范围参数是一样的，其在实质上都是使用 DAX 表达式生成的表。

需要注意的是，不能将字段参数用作钻取或者工具提示的链接字段。

10.3.8　使用同步切片器功能控制多页报表交互

切片器是报告中非常重要的一部分，通过前面的章节我们已经知道了切片器可以完成各种交叉筛选，从而使报告中的视觉对象发生动态交互。在默认情况下，单个页面中的切片器只能对当前页面的视觉对象起作用，如果要对其他页面的视觉对象起作用，那么就需要用到同步切片器功能。

同步切片器位于报表视图的"视图"主选项卡下，选择"同步切片器"按钮就会显示对应的"同步切片器"窗格，如图 10-47 所示。

本小节的示例报告中共有 5 个页面：首页、经营概述、门店分析、客户分析和产品分析。首页上添加了一个来自城市公司表中的"大区名称"列作为切片器，以此来全部和分别控制其他页面上的筛选。在未设置的情况下，当选中首页中的切片器时，同步切片器窗格会显示各个页面上切片器的同步和显示情况，如图 10-48 所示。

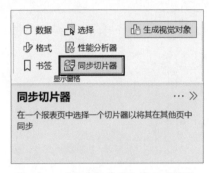

图 10-47 "同步切片器"按钮和窗格

图 10-48 "同步切片器"窗格默认设置

在同步切片器窗格中，当在"$\circ$"列的复选框被勾选时，表示切片器同步了对应的页面，当前的切片器选择的内容会直接影响对应页面的数据；当在"$\odot$"列的复选框被勾选时，表示切片器将在对应的页面中显示出来，反之就是隐藏。如果某个页面中已经存在当前选中的切片器，就会自动勾选为可见，也可以取消勾选变为不可见。

为全部页面同步切片器

让首页中的"大区名称"切片器所筛选的内容筛选其他页面中的数据。比如，在首页"大区名称"筛选器中选择"A 区"，那么其他页面中全部被筛选为"A 区"对应的数据。选中首页中的"大区名称"切片器，在同步切片器窗格中将"$\circ$"列全部勾选即可，如图 10-49 所示。

图 10-49 为全部页面同步首页的切片器设置

当然，如果需要在其他的页面中显示或者隐藏该切片器，只需要在"$\odot$"列勾选相应的页面即可。同步显示在其他页面上的切片器大小、位置和格式与首页上面的一致，用户可以在其他页面上调整切片器大小、位置和格式。

为部分页面同步切片器

这里只将首页中的切片器的筛选项同步到经营概述和门店分析页面。具体的操作步骤如下。

步骤 1 选中首页中的"大区名称"切片器，在"同步切片器"窗格中勾选"经营概述"和"门店分析"对应的选项。

步骤 2 勾选"同步切片器"中的"经营概述"和"门店分析"页面后，在"高级选项"中就会出现该切片器中的名称，同时最下面的两个筛选框也会被勾选。

经过设置后，"同步切片器"窗格中被勾选同步了的页面的字段会发生变化，如图 10-50 所示。

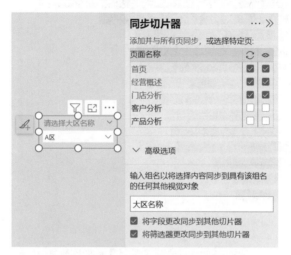

图 10-50　为部分页面同步首页的切片器设置

同步切片器非常适合有多个页面的报告，可以使用首页的切片器控制对应页面的视觉对象的交互，以减少页面上相同切片器的堆积。

10.4 使用 DAX 动态地驱动视觉对象的交互

Power BI 中的视觉对象的格式（如标题和颜色等）在动态交互时也需要随着改变，而驱动这些格式发生变化的工具就是 DAX。

在视觉对象中，如何使用 DAX 驱动可视化对象的交互呢？ Power BI 内置的视觉对象的格式窗格，凡是在设置对话框旁边有"fx"标识的，都可以使用度量值来动态地控制该设置参数的变化，以达到设置随切片器或者其他筛选同步变化的效果，如图 10-51 所示。

图 10-51　"fx"标识

本节将主要介绍在可视化过程中 DAX 驱动视觉对象动态交互的应用。

10.4.1 动态设置视觉对象的标题

视觉对象都有视觉对象标题（即图表标题）。这里结合 10.3.7 小节的例子，通过选择不同的指标和维度来动态地显示标题，如图 10-52 所示。

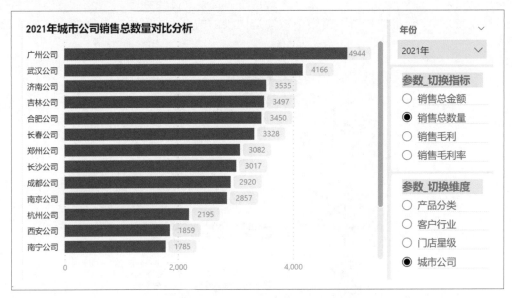

图 10-52　动态地设置视觉对象的标题

为了完成动态地设置标题的目的，必须知道当前切片器选择的值。"年份"切片器可以多选，需要考虑全选、单选和不选的问题；X 轴"参数＿切换维度"和 Y 轴"参数＿切换指标"设置了只能单选，所以只考虑单选。

前面我们学习了 SELECTEDVALUE 函数的用法，该函数可以获取当前切片器中选择的值，但是不适用使用了字段参数的表，这时可以直接使用 VALUES 函数或者 MAX 函数（由于是单个值，MAX 可以有文本的最值）。

X 轴和 Y 轴的选择维度和指标的切片器，都是单选，只考虑选定的值；年份切片器在不选或者全选的情况下，可以全部统一为"全部年份"，在多选的情况下统一为"部分年份"，在单选的情况下统一为具体的年份。所以度量值可以编写为：

```
标题 =
VAR wd_filter =
    MAX ( '参数 _ 切换维度'[ 参数 _ 切换维度 ] )   -- 获取 X 轴选择的维度
VAR zb_filter =
    MAX ( '参数 _ 切换指标'[ 参数 _ 切换指标 ] )   -- 获取 Y 轴选择的指标
VAR year_filtercount =
    COUNTROWS ( VALUES ( '日期表'[ 年份 ] ) )   -- 计算年份切片器选择的数量
VAR year_text =
    SWITCH (
```

```
        TRUE (),

        year_filtercount = 1, SELECTEDVALUE ( '日期表'[年份] ),
         -- 单选时

        year_filtercount = COUNTROWS ( ALL ( '日期表'[年份] ) ), "全
部年份"    -- 全选或不选时

        "部分年份"    -- 部分选择时

    )

VAR rs = year_text & wd_filter & zb_filter & "对比分析"

RETURN

    rs
```

将标题度量值放在视觉对象标题的"*fx*"按钮中，具体步骤是：选中视觉对象，在格式设置窗格中，单击"标题"的"文本"对应的"*fx*"按钮，在打开的对话框中的"格式样式"中选择"字段值"，"应将此基于哪个字段？"选择"标题"度量值，最后单击"确定"按钮，如图 10-53 所示。

图 10-53 为视觉对象标题选择度量值

动态标题的设置核心是利用 DAX 来获取切片器所选择的值，将此编写成度量值，并绑定给支持"*fx*"功能的视觉对象的标题。

根据这个思路，只要是支持动态设置的场景，都可以根据上述思路和操作来完成。

10.4.2 动态设置视觉对象的颜色

前面我们已经初步学习了如何动态地设置视觉对象的颜色。本小节我们将具体介绍使用 DAX 动态设置视觉对象的颜色。

在 Power BI 中，色彩支持 2 种模式。一种是 RGB 模式，该模式分别对应三个值，即 R（红

色）、G（绿色）和 B（蓝色），它由这三种基本的色值组合而来。例如，RGB（0,0,0）表示黑色。另外一种是 16 进制的模式，通常以"#"开头，后面由字母和数字组合而成。例如，"#00002d"同样也表示黑色。在常规的颜色设置过程中，可以使用这两种模式；在使用 DAX 动态地设置颜色时，只可以使用 16 进制的色彩模式。

♦ 为视觉对象主体填色

图 10-54 是 2021Q1 的销售毛利的趋势变化柱形图，切片器筛选的值是 2021Q1，蓝色表示高于月均销售毛利，红色表示低于月均销售毛利。

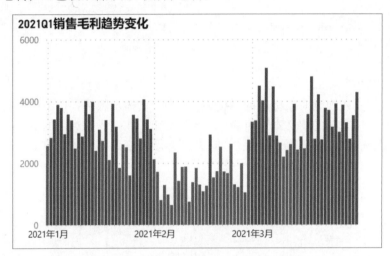

图 10-54　视觉对象的主体根据条件设置了不同的颜色

设置的方式也很简单，给视觉对象的主体（如图 10-54 中的柱子）根据条件设置不同的颜色即可。所以填充颜色的度量值如下：

```
销售毛利趋势变化动态填色 =
VAR avg_salseamount =
    CALCULATE ( AVERAGEX ( VALUES ( '日期表'[Date] ), [销售毛利] ),
ALL ( '日期表'[Date] ) )
    -- 计算 X 轴的销售毛利的平均值
VAR color =
    IF ( [销售毛利] >= avg_salseamount, "#0065a7", "#ef5038" )
    -- 进行比较，返回不同的颜色值
RETURN
    color
```

然后选中上述视觉对象，在格式窗格中，单击"列"选项卡下的颜色对应的"*fx*"按钮，在打开的对话框中的"应将此基于哪个字段？"下拉列表中选择已经创建填色的度量值，如图 10-55 所示。

图 10-55　为视觉对象的主体设置自定义颜色

需要注意的是，并不是所有的视觉对象都支持自定义填充颜色，要视具体的视觉对象而定。

为视觉对象设置条件格式

Excel 用户可能对条件格式并不陌生，它是针对表格中的列或者行设置相应的条件，如单元格颜色、字体颜色、进度条以及图标等。Power BI 中的表和矩阵的设置中也提供了类似于条件格式的设置——单元格元素。

单元格元素一共可以设置 5 种格式：背景色、字体颜色、数据条、图标和 Web URL。选中矩阵或者表视觉对象后，在格式窗格中的单元格选项卡下可以进行设置，如图 10-56 所示。

图 10-56　单元格元素设置对话框

单元格元素不仅支持类似于 Excel 中的条件格式的基本规则和方法，同时也支持使用度量值来自定义规则，设置的方法与所有 "*fx*" 按钮的设置一样，都是将度量值应用于对应的字段中。

单元格元素的格式样式一般包含三种：一是按渐变，即对某列按最小值和最大值指定两个颜色，中间的值按大小进行渐变填色；二是按规则，即按照数值的范围大小设置颜色；三是按字段值，即使用按自定义规则创建好的度量值。

对矩阵中的销售总金额列和销售金额同比列设置条件格式，如图 10-57 所示。设置销售总金额列 TOP3 门店的背景色为绿色；设置销售金额同比列中增长项的字体颜色为绿色，下降项为红色，并且设置上升与下降的箭头。

图 10-57　设置条件格式的矩阵

对于销售总金额列需要使用 DAX 事先编写好表达式，计算 TOP3 销售总金额的门店。

```
TOP3 门店背景颜色 =
VAR cur_store =
    SELECTEDVALUE ( '门店表'[门店名称] )
VAR top3_store =
    TOPN ( 3, ALLSELECTED ( '门店表'[门店名称] ), [销售总金额], DESC
)
VAR rs =
    IF ( cur_store IN top3_store, "#ade3b7" )
RETURN
    rs
```

设置步骤如下。

选中矩阵视觉对象，然后在格式窗格中的"单元格元素"中，"数据系列"选择销售总金额，开启"背景色"开关，单击"fx"按钮，在打开的对话框中，"格式样式"选择"字段值"，"应将此基于哪个字段？"选择已经创建好的度量值，最后单击"确定"按钮，如图 10-58 所示。

图 10-58　为矩阵的销售总金额列设置 TOP3 门店的单元格背景色填充

由于单元格元素本身的样式无法定义特殊的规则，只能通过创建具体的度量值进行定义。这个例子足以说明 DAX 在 Power BI 的数据分析和数据可视化过程中的重要性。

对于销售金额同比列来说，其本身的操作规则就可以实现，也比较简单。其设置类似于 Excel 中的条件格式的设置，具体如图 10-59 所示。

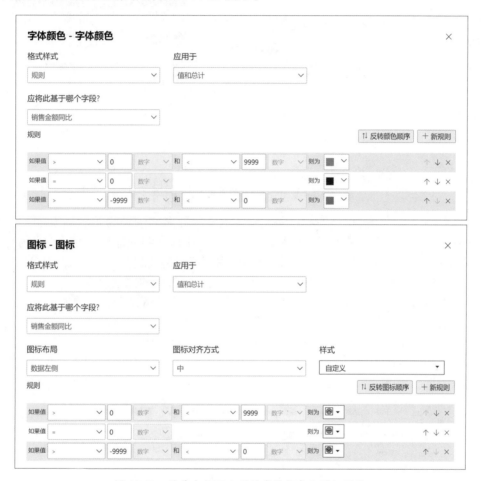

图 10-59　销售金额同比列的字体颜色和图标设置

单元格元素中的图标还支持图像模式，具有丰富的可扩展性，尤其是 SVG 图像在矩阵的图标中使用时，还有更多的扩展用法，而这些扩展用法都是通过 DAX 来实现的。

10.4.3　动态设置视觉对象的数据标签

在一些数据可视化设计场景中，需要特别地设置一些数据标签以帮助我们更好地阅读图表。比如，在分解树视觉对象中我们希望看到更多的详细数据，在折线图视觉对象中标出最大值和最小值对应的日期以及数值。这些涉及可视化的设置都需要使用 DAX 来辅助完成。

使用动态格式功能设置要分解标签

图 10-60 是分解树视觉对象对销售毛利按各个维度进行的分解分析。图中不仅展示了每个维度的销售毛利的金额，还展示了对应的占比。

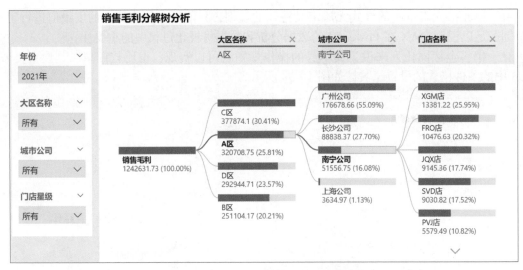

图 10-60　使用分解树视觉对象分析销售毛利

在默认情况下，分解树视觉对象的标签只能展示最左侧的销售毛利的金额。要想实现图 10-60 展示的效果，有两种方式：一种是使用 9.1 节中所介绍的计算组的功能；另一种是使用 Power BI 内置的动态格式功能，该功能可以使用字符串格式或者 DAX 表达式定义度量值的显示格式。本例就使用度量值的动态格式功能来自定义分解树的数据标签。

截至本书出版时，度量值的动态格式字符串功能仍然是 Power BI 的一项预览功能。启用字段参数功能的步骤是：依次选择"选项和设置"→"选项"→"预览功能"→勾选"度量值的动态格式字符串"选项，最后单击"确定"按钮。重启 Power BI 以后，就可以使用该功能了。

以销售毛利度量值为例，选中该度量值，在"度量工具"选项卡下的"格式"下拉菜单中选择"动态"选项，就会激活该度量值的动态格式的公式编辑栏，如图 10-61 所示。

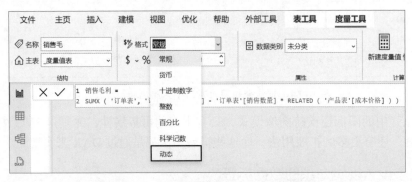

图 10-61　为销售毛利度量值设置动态格式

然后输入销售毛利的动态格式的表达式。该表达式不需要使用名称和等号，直接键入表达式即可。

```
VAR store_pct =
    DIVIDE ( [销售毛利], CALCULATE ( [销售毛利], ALLSELECTED ( '门店
表'[门店名称] ) ) )
```

```
            -- 计算所选的门店的销售毛利占比
VAR city_pct =
      DIVIDE ( [销售毛利], CALCULATE ( [销售毛利], ALLSELECTED ( '城市
公司表'[城市公司] ) ) )
            -- 计算所选的城市公司的销售毛利占比
VAR daqu_pct =
      DIVIDE ( [销售毛利], CALCULATE ( [销售毛利], ALLSELECTED ( '城市
公司表'[大区名称] ) ) )
            -- 计算所选的大区的销售毛利占比
VAR pct =
      SWITCH (
            TRUE (),
            ISINSCOPE ( '门店表'[门店名称] ), store_pct,
            ISINSCOPE ( '城市公司表'[城市公司] ), city_pct,
            ISINSCOPE ( '城市公司表'[大区名称] ), daqu_pct,
            1
      ) -- 判断层级关系并且赋予不同的表达式
VAR pct_format =
      """" & [销售毛利] & " ("
            & FORMAT ( pct, "0.00%" ) & ")"
            -- 设置表达式的格式，""""的作用是占位
RETURN
      pct_format
```

输入完成以后，度量值的公式编辑栏左侧会出现下拉菜单。下拉菜单可用于切换"度量值"和对应的"格式"的表达式，如图 10-62 所示。

图 10-62　设置动态格式后出现下拉菜单

最后，在分解树视觉对象中添加销售毛利度量值后，即可显示如图 10-60 所示的效果。

动态格式的作用与计算组的字符格式表达式的作用是一样的，目的都是扩展度量值的显示格式。这两种功能都不会改变度量值的本质，度量值还可以被引用并参与计算，只是在视觉对象中显示的格式发生了变化而已。

使用 DAX 自定义折线图的数据标签

动态格式虽然好，但是并不一定能适应全部的场景。

比如，在折线图视觉对象中，当将 Y 轴的度量值设置为动态格式时，Y 轴也会变成动态格式。但如果我们不需要这样，那么可以视具体情况选择 DAX 表达式来进行定义。

如图 10-63 所示，这里在折线图视觉对象中动态地标示出最大值和最小值的日期以及对应的数值。

图 10-63　为销售总金额折线标注最大值和最小值信息

对于折线图视觉对象而言，度量值的动态格式并不适用，但是折线图支持自定义数据标签的功能，即折线图视觉对象的数据标签设置中有一项"详细信息"的选项，通过它可以定义数据标签的显示格式。

标记最大值和最小值也需要创建度量值，其主要用于在折线中显示最值对应的数据，其他非最佳的点不显示数据。具体的操作步骤如下。

步骤 **1** 定义最值的度量值。该度量值主要用于创建标记最值的折线。

```
标记折线图的最值 =
VAR tab =
    SUMMARIZE ( ALLSELECTED ( '订单表' ), '日期表'[Date] )
    -- 当前筛选上下文中的单列日期的表
```

```
VAR max_dte =
    TOPN ( 1, tab, [销售总金额], DESC )
    -- 计算最大值对应的日期
VAR min_dte =
    TOPN ( 1, tab, [销售总金额], ASC )
    -- 计算最小值对应的日期
VAR rs =
    CALCULATE (
        [销售总金额],
        KEEPFILTERS ( '日期表'[Date] IN UNION ( max_dte, min_dte ) )
        -- 只计算销售总金额的最大值和最小值对应的日期的销售总金额
    )
RETURN
    rs
```

步骤 **2** 为折线图视觉对象添加相关的字段和度量值，如图 10-64 所示。

图 10-64　为折线图添加相关的字段和度量值

步骤 **3** 在折线图视觉对象的格式窗格中"行"选项下，将"标记折线图的最值"字段的"笔划宽度"设置为 0 像素；在"标记"选项下，仅开启"标记折线图的最值"，并设置相应的颜色。

步骤 **4** 创建一个度量值，用于定义折线"标记折线图的最值"的数据标签。

```
折线图最值标签 =
VAR tab =
    SUMMARIZE ( ALLSELECTED ( '订单表' ), '日期表'[Date] )
```

```
VAR max_dte =
    TOPN ( 1, tab, [销售总金额], DESC )
VAR min_dte =
    TOPN ( 1, tab, [销售总金额], ASC )
VAR rs =
    CALCULATE (
        [销售总金额],
        KEEPFILTERS ( '日期表'[Date] IN UNION ( max_dte, min_dte ) )
    )
VAR tt =
    IF (
        NOT ISBLANK ( rs ),
        FORMAT ( SELECTEDVALUE ( '日期表'[Date] ), "yyyy-mm-dd" )
    ) & " | "
        & FORMAT ( [销售总金额], "#,0.00" )
RETURN
    tt
```

步骤 **5** 在视觉对象的格式窗格中，仅开启"标记折线图的最值"的"数据标签"，并开启其对应的"详细信息"开关，在"数据"对应的字段框中添加步骤 4 定义的度量值，如图 10-65 所示。

图 10-65 为折线的数据标签添加详细信息字段的设置

最后调整字体、颜色和布局等完成整体设计。

在这两个例子中，我们使用了不同的功能动态地显示视觉对象中的数据标签，归根结底都是利用 DAX 来驱动可视化。

10.4.4 动态切换视觉对象的分析指标和维度

在 10.3.7 小节中我们使用了字段参数功能来动态地实现指标和维度的切换，这种方法帮助我们减少了使用 DAX 构建切换的难度。但对于一些低版本用户或者不想使用字段参数的用户来说，使用 DAX 驱动可视化是另外一种选择。本小节将主要帮助读者理解 DAX 是如何驱动可视化的。

不管是使用字段参数还是使用 DAX 动态地切换指标和维度，都需要构建一个表，并将其添加到视觉对象中。这里使用 DAX 动态地切换指标和维度。

使用 DAX 动态切换分析指标

如图 10-66 所示，通过指标切片器可以控制条形图以显示不同的分析指标。

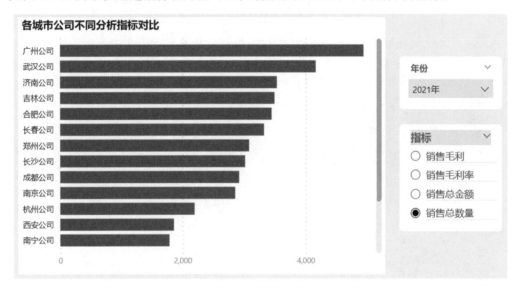

图 10-66　动态切换视觉对象的分析指标

具体的操作步骤如下。

步骤❶　使用"新建表"功能创建一个含有指标名称的表——"切换指标表"，如图 10-67 所示。

```
切换指标表 =
DATATABLE (
    "序号", INTEGER,
    "指标", STRING,
    {
        { 1, "销售总金额" },
        { 2, "销售总数量" },
        { 3, "销售毛利" },
        { 4, "销售毛利率" }
```

```
    }
)
```

图 10-67 使用表达式创建的含有指标名称的表

步骤❷ 将上述创建好的表中的"指标"列添加到切片器中,并设置选择方式为"单选"。

步骤❸ 切换指标时需要适配不同的指标,所以需要重新编写一个指标的度量值,使用 SWITCH 函数或者 IF 函数通过判断并绑定相应的度量值即可。

```
销售总金额(切换指标) =
VAR select_zb =
    SELECTEDVALUE ( '切换指标表' [ 指标 ] )  -- 计算切片器中选择的指标名称
VAR rs =
    SWITCH (
        TRUE (),
        select_zb = " 销售总金额 ", [ 销售总金额 ],
        select_zb = " 销售总数量 ", [ 销售总数量 ],
        select_zb = " 销售毛利 ", [ 销售毛利 ],
        [ 销售毛利率 ]
    )
RETURN
    rs
```

步骤❹ 将第 3 步已经创建好的度量值添加到条形图视觉对象的 X 轴中,将城市公司表中的"城市公司"列添加至条形图视觉对象的 Y 轴中。

在这个例子中,核心点是创建一个切片的表,然后判断切片器的值并且绑定不同的度量值。

使用 DAX 动态切换维度指标

除了构建动态切换指标,DAX 还能够构建动态切换维度指标,如图 10-68 所示。

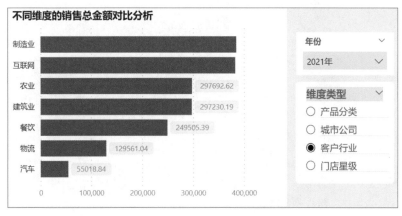

图 10-68　动态切换视觉对象的分析维度

构建动态切换视觉对象的维度，方法也是使用 DAX 创建一个具有维度列和维度列类型的表。在编写指标的度量值时，要根据维度切片器选择的类型，将维度明细与对应的模型中的维度表建立虚拟关系。具体的操作步骤如下。

步骤❶　使用"新建表"功能单独创建一个用于切换维度的表——"切换维度表"，表中包含两列：维度明细、维度类型，如图 10-69 所示。

维度类型	维度明细
产品分类	三类
产品分类	二类
产品分类	四类
产品分类	一类
客户行业	制造业
客户行业	互联网
客户行业	农业
客户行业	建筑业
客户行业	餐饮
客户行业	物流
客户行业	汽车
门店星级	1星

图 10-69　使用表达式创建的维度明细和维度类型的表

```
切换维度表 =
VAR product_type =
    SELECTCOLUMNS (
        ADDCOLUMNS ( VALUES ( '产品表'[产品分类] ), "维度类型", "产品
分类" ),
        "维度明细", [产品分类],
        "维度类型", [维度类型]
    )
```

```
VAR customer_field =
    SELECTCOLUMNS (
        ADDCOLUMNS ( VALUES ( '客户表'[客户行业] ), "维度类型", "客户
行业" ),
        "维度明细", [客户行业],
        "维度类型", [维度类型]
    )
VAR store_star_rank =
    SELECTCOLUMNS (
        ADDCOLUMNS ( VALUES ( '门店表'[门店星级] ), "维度类型", "门店
星级" ),
        "维度明细", [门店星级],
        "维度类型", [维度类型]
    )
VAR city_campany =
    SELECTCOLUMNS (
        ADDCOLUMNS ( VALUES ( '城市公司表'[城市公司] ), "维度类型", "
城市公司" ),
        "维度明细", [城市公司],
        "维度类型", [维度类型]
    )
VAR tab =
    UNION ( product_type, customer_field, store_star_rank, city_
campany )
RETURN
    tab
```

在这个例子中，SELECTCOLUMNS 函数的作用是修改列的名称，UNION 函数的作用是将全部维度表的子表合并成一个表。

步骤 ❷ 将步骤 1 中创建的表中的"维度类型"列添加到切片器中，设置选择方式为"单选"。

步骤 ❸ 指标是销售总金额度量值，但是由于我们创建的用于切换维度的表与模型中的任何表都没有关系，所以无法返回正常的结果。最佳的方法是重新编写一个度量值。

```
销售总金额（切换维度）=
VAR select_wd =
```

```
        SELECTEDVALUE ( '切换维度表'[维度类型] )
VAR rs =
    SWITCH (
        TRUE (),
        select_wd = "产品分类",
            CALCULATE (
                [销售总金额],
                TREATAS ( VALUES ( '切换维度表'[维度明细] ), '产品表'[产
品分类] )
            ),
        select_wd = "客户行业",
            CALCULATE (
                [销售总金额],
                TREATAS ( VALUES ( '切换维度表'[维度明细] ), '客户表'[客
户行业] )
            ),
        select_wd = "门店星级",
            CALCULATE (
                [销售总金额],
                TREATAS ( VALUES ( '切换维度表'[维度明细] ), '门店表'[门
店星级] )
            ),
        CALCULATE (
            [销售总金额],
            TREATAS ( VALUES ( '切换维度表'[维度明细] ), '城市公司表'[城
市公司] )
        )
    )
RETURN
    rs
```

在这个度量值中，根据切片器选择的值，绑定不同的表达式。TREATAS 函数的作用是将创建的维度切换表同模型中的维度表建立虚拟关系，使得切换维度表也能筛选订单表，从而计算出正确的结果。

步骤 **4** 在条形图视觉对象的 X 轴中添加创建的"切换维表"中的"维度明细"列；在 Y 轴中添加步骤 3 创建的度量值——"销售总金额（切换维度）"，完成主要的设置。

在这两个例子，为了使视觉对象在不同的维度和不同指标之间切换，实现动态交互，而使用了大量的 DAX 表达式。由此可见，在 Power BI 中，DAX 是视觉对象的基石，也是整个数据可视化过程中最关键的环节。

在 Power BI 中，DAX 与数据可视化密不可分。

第 11 章

仪表板开发实践：零售行业综合案例

为了降低学习成本，本章将以前面的零售行业的数据模型为基础，综合已经学习的知识点，开发一个自助交互分析的零售行业仪表板。该仪表板分为整体经营情况、组织分析、客户分析、产品分析四大模块，可以从不同的维度监测和分析数据。本章的综合案例将主要聚焦于需求分析的实现和仪表板的交互设计上，由于篇幅有限，对于具体的操作、调整以及参数设置，不再一一介绍。

11.1 需求分析

任何项目在实施前期都需要进行需求调研和分析，Power BI 的仪表板开发也是如此。本章的零售仪表板已经定位为交互式的仪表板，这意味着我们需要从不同的维度来观察和分析数据。本节将主要介绍综合实践案例的数据概述、分析目标和场景等内容，目的是统一仪表板开发的步调和节奏，做到有的放矢。

11.1.1 案例数据概述

本章继续沿用了前面一直在使用的案例数据集，但稍有改动。该数据集一共有 6 个表：城市公司表、门店表、产品表、客户表、订单表和销售目标表。这里我们有必要再熟悉一下这几个表的字段及描述的内容。表 11-1 展示了各个表的字段。

表 11-1　示例数据集中的各个表的字段

序号	表名	字段名
1	城市公司表	城市公司简称、大区名称、城市公司 ID、城市公司
2	门店表	门店星级、门店名称、开店日期、城市公司 ID、门店 ID
3	产品表	产品 ID、销售价格、成本价格、产品分类、产品分类编号、产品名称
4	客户表	客户职业、客户 ID、客户名称、客户生日、客户性别、注册日期、客户行业
5	订单表	订单 ID、产品 ID、下单日期、送货日期、客户 ID、门店 ID、折扣比例、销售价格、销售数量、销售金额
6	销售目标表	城市公司、目标月份、销售目标、城市公司 ID

需要说明的是，销售目标表是按每个城市公司每个月记录的销售目标，该目标并未拆解至对应的门店以及产品，其中"目标月份"列是以每个月的 1 号为日期保存的。

11.1.2 明确分析目标和场景

仪表板的主要阅读人群是中高级业务管理人员，用于监测整个集团的业务经营情况，以确保业务管理人员从整体上把握业务的发展状况。

仪表板的查看路径和设计场景以 PC 端为主，不涵盖移动端。

从准备的数据集来看，分析主要聚焦于四个方面：整体经营情况、组织分析、客户分析和产品分析。我们将围绕整体经营情况中的销售总数量、销售总金额、销售毛利、销售毛利率和销售目标达成等核心指标来对这几个方面进行分析。在组织、客户和产品分析场景中，着眼不同的视角，观察各场景不同层次结构的组织、产品和客户对于核心指标的贡献情况。

整体经营情况

其主要展现当前最核心的信息：通过聚焦核心指标和核心维度来体现企业的整体经营情况。该方面的主要目标有：

（1）核心指标的表现，如销售总金额、销售毛利、销售毛利率、新增客户以及销售目标达成情况；

（2）核心维度的表现，如 TOP 城市公司、TOP 门店和 TOP 产品对应的核心指标情况；

（3）时间序列的表现，如当前值、近 N 天的核心指标的变化情况。

组织分析

其主要体现各级组织的经营状况，以及对核心指标的贡献情况。该方面的主要目标有：

（1）经营状况表现，如销售总数量、销售总金额，以及销售毛利在平级组织间的对比分析；

（2）时间序列表现，如当前时间、累计和同比情况、时间维度上的对比分析；

（3）核心指标贡献，如各级组织对于核心指标的贡献情况。

客户分析

其主要体现不同客户的结构状况以及对于核心指标的贡献情况。该方面的主要目标有：

（1）结构分析，如客户的年龄分布、性别分布、行业分布和职业分布等；

（2）贡献分析，如不同结构的客户对于销售总数量、销售总金额、销售毛利以及客单价的贡献情况。

产品分析

其主要体现不同产品对核心指标的贡献和产品的相关性分析。该方面的主要目标有：

（1）贡献分析：销售总金额在不同的折扣区间和价格区间上的贡献情况；

（2）相关性分析：根据销售总金额和销售毛利的相关性分析，划分产品矩阵和贡献分布。

从数据集中可以看到，由于整个集团的业务规模不大，业务的发生频率较低，所以仪表板的设计以当前时间的年累计为主，兼容近 N 天的主要指标的变化，并提供以月为单位的自由筛选，以方便业务管理人员了解整体业务的发展情况。

在具体的业务场景中，需求的复杂程度各不相同。所以在实际业务场景中要根据具体情况具体分析，切不可一概而论地套用本章的需求分析。

11.2 数据的获取、转换、加载和模型创建

本节将主要介绍数据的获取、转换、加载以及数据模型的创建。由于第 4 章和第 5 章已经详细地介绍了常见的数据获取、转换和创建模型方法，加之本章的数据集规范程度非常高，不需要进行太多的转换，所以本节将不再具体地介绍这些内容，只说明在数据获取、转换、加载和模型创建中的注意事项。读者如果有不熟悉的地方，可以再次查看第 4 章和第 5 章的相应知识点。

11.2.1 数据的获取、转换和应用到数据模型

本章的案例在前面章节的基础上进行了专门的改进，以确保在读者学习本书的过程中，自始至终都非常熟悉所用的数据集。前面章节中，我们提供的是 CSV 格式、Access 数据库格式和 Excel 工作簿格式的数据集，并且数据模型都是从 Access 数据库中获取数据。这里只提供了 Excel 工作簿格式的数据集，其中包括 6 个工作簿，每个工作簿中只有一个工作表。

获取和转换数据的操作步骤如下。

步骤 1 新建一个全新的 Power BI 文件。参照 4.1.2 小节对 Power BI 进行预先设置。

步骤 2 参照 4.2.1 小节的内容分别获取各个 Excel 工作簿中的数据。

步骤 3 对获取到的表中的列的数据类型进行调整。比如，将下单日期、送货日期和注册日期等含有日期的列的数据类型转换为日期，将销售数量、销售价格、销售金额和折扣比例等数值类的列的数据类型转换为整数或者小数。这一步非常重要，一定要仔细地检查数据类型是否被转换为正确的类型，以免影响模型的计算。具体请参考 4.3.1 小节的内容。注意，总共执行 6 次相应的操作后就可以将所有的表获取到 Power Query 中。

步骤 4 根据实际情况对创建的查询进行命名，命名的方式参照 11.2.2 小节的内容，创建一个单行单列的查询，命名为"_ 度量值表"，用来统一存放和管理度量值。

步骤 5 将已经获取到的查询应用到 Power BI 的数据模型中，在 Power BI 的表格视图下就可以看到各个表的数据。具体参照 4.4.1 小节。

另外，在数据转换的过程中一定要确保标题在第一行并且正确进行数据类型的转换。

11.2.2 数据模型中各种表的命名

在前面我们已经知道了，数据模型中的表有维度表和事实表之分。除此之外，还有在可视化设计过程中增加的表，如创建计算组、字段参数、数值参数以及其他辅助可视化的表。为了在开发过程中快速区分这些表，就要对表名进行规范化命名。命名规则是：

- 事实表以"Fact_ 表名"进行命名；
- 维度表以"Dim_ 表名"进行命名；
- 度量值以"_ 度量值表"进行命名，度量值表将显示在表名列表中的最前面；
- 数值参数或者字段参数的表使用"参数 _ 表名"进行命名；
- 计算组的表以"计算组 _ 表名"进行命名；
- 其他视图辅助的表以"View_ 表名"进行命名，表示在视图中辅助设计使用。

在整个项目的开发过程中，由于设计场景变化、人员更替以及可视化变化，混乱的命名会给开发人员造成很大的困扰。所以，规范命名十分必要。

11.2.3 创建数据模型

创建数据模型的方法参照 5.2.1 小节中的内容，创建的数据模型如图 11-1 所示。

在创建数据模型之前，事先需要创建一个日期表。创建日期表的方法具体参照 7.1.2 小节。

数据模型的创建需要结合业务的实际情况，而不是有相同类型的字段都需要创建数据模型。以门店的开店日期、客户的注册日期以及客户生日等为例，因为这些日期有可能很早，而订单数据中的下单日期和送货日期只有限定的范围，如果让它们全部同日期表建立关系，则会创建一个很大的日期表，并且客户生日等日期列并不需要高频使用，属于弱关系，所以不需要创建关系。另外，诸如区间分布或者辅助设计的参数表，在大多数情况下也不需要同其他表创建关系，复杂的关系会给仪表板的开发造成很大的干扰，这种问题使用公式就能得到解决。

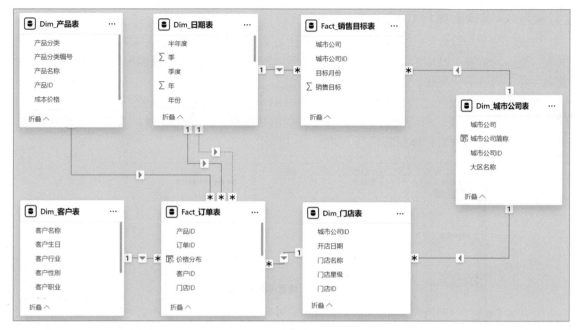

图 11-1　创建的数据模型

创建的数据模型是不是最佳模型，直接决定着编写 DAX 表达式和设计可视化的难易程度，同时也决定了仪表板的性能能否达到最佳水平。所以，创建数据模型时，一定要反复斟酌，因为它直接影响着整个项目的成败。

11.3 仪表板布局设计

仪表板是面向用户的，它直接影响着用户对仪表板的感兴趣程度以及对数据的解读效果。通过合理的结构布局、色彩搭配、图表类型选择以及统一的格式，才能有更好的用户体验和数据可视化效果。

11.3.1 设置画布及页面信息

本章的仪表板一共包含 5 个页面，即经营概述、组织分析、客户分析、产品分析以及帮助页面，其中前面 4 个属于主要页面，最后一个页面主要用于解释指标和进行运维帮助。

这 5 个页面的画布类型均使用 16：9 的类型；页面视图的选项是"调整到页面大小"；画布的背景色为"#F1F5F8"，透明度设置为 0%，具体设置参照 10.1.1 小节。

按照上述的设置分别创建 5 个可视化页面，并且重命名为合适的名称，如图 11-2 所示。

图 11-2　创建的可视化页面

仪表板均使用的是"桌面设备布局视图"，即 PC 视图，不配备"移动设备视图"。

11.3.2 仪表板的整体布局设计

仪表板的布局设计要注意数据表达的无限性与页面的有限性的统一，即如何在有限的空间里表达更多的信息，既能满足用户的需求，又能体现核心数据。所以仪表板的布局要充分考虑空间大小、内容的优先级以及视觉层次的合理性。

在开始设计仪表板之前，通常情况下需要画出草图。可以使用 Excel、PPT、PS 或者其他设计工具先画出大概的布局规划，确定整个页面的功能区和可视化区域。这里使用的是 PPT，由于篇幅有限，并没有标详细的信息，如图 11-3 所示。

图 11-3 使用 PPT 画的仪表板的主要页面草图

图 11-3 显示了主要页面的统一布局的草图。该图主要用于确定整个仪表板所有页面的统一布局，各个页面唯一不同的地方是数据可视化区域。

根据草图确定了所有页面的相同的布局，并对不同页面上的数据可视化信息区域进行划分后，就确定了所有页面的规划布局。对于所有页面布局，使用了 PS 设计了各个页面的背景图，并且预留了需要后期添加可视化对象和辅助元素的区域，如图 11-4 所示。

图 11-4 使用 PS 设计的各个页面的背景图

需要注意的是，设计背景图时要考虑图片的大小以及清晰度问题，内存太大的图片在发布后，查看报告时，加载图片会非常耗时；清晰度太小的图片容易模糊，影响可视化效果。大家也可以使用 PPT 设计背景图，然后导出为图片备用。

最后将每个背景图分别添加到对应的页面中。具体步骤是：以经营概述页面为例，在页面对应的格式窗格中的"画布背景"选项卡下，"图像"选择已经设计好的图片，"图像匹配度"选择"匹配度"选项，"透明度"设置为 0%，如图 11-5 所示。

图 11-5　为页面添加背景图

至此整个页面的大体布局就设置完成了。在开发过程中，如果布局的大小与视觉对象的大小不合适时，可以调整已有的布局并重新插入背景图，也可以在整个视觉对象设置完成后，根据视觉对象的效果再次调整数据区域各个背景框的大小。

11.3.3　色彩搭配与视觉对象的类型选择

仪表板的色彩搭配以及图表类型选择，具体可以参考 2.2.2 小节的内容。

仪表板的颜色选择过多，会有很多不良影响：一方面会增加色彩搭配的难度；另一方面也会影响用户阅读数据，造成视觉干扰。所以这里我们主要采用冷静的单色，当需要强调信息则以鲜亮的颜色进行表达，如图 11-6 所示。

图 11-6　仪表板色彩搭配（16 进制色值）

图 11-6 中三组颜色的主要应用对象如下。

💧 颜色组 1：主要应用于导航区域、筛选器区域、页面标题、部分切片器的未选择时的状态以及部分视觉对象的轴的刻度值。

💧 颜色组 2：主要应用于导航器、部分按钮以及数据可视化区域。

● 颜色组 3：主要应用于部分切片筛选器的选择状态以及部分需要强调的信息区域。

这三组颜色的搭配主要是为了让仪表板的页面显得干净整洁，使用户在阅读时更加容易捕获到关键的信息，并提高仪表板的开发效率。

在图表选择方面，主要要考虑到使用人群是中高级业务人员，在图表的选择方面尽可能地使用常规的图表。其好处是易于阅读，让用户在短时间内完整地理解图表要表达的信息。所以本章的仪表板主要以常用的卡片图、矩阵、折线图、柱形图、条形图、环形图以及散点图为主。

图表类型的选择要依据所要表达的见解和数据特征，杜绝一切华而不实的设计。

11.4 仪表板可视化设计

本节将主要介绍 4 个可视化页面的设计过程，但是由于篇幅有限，我们只介绍核心的度量值、步骤和设置，不一一介绍详细的格式化设置参数。

11.4.1 经营概述页面设计

经营概述页面主要观察近 N 天的销售总金额、销售毛利、销售毛利率、本年销售达成以及新增客户数量指标，以及在城市公司、门店和产品维度上 TOP10 对象的销售总金额和销售毛利率。经营概述页面可视化设计示例，如图 11-7 所示。

图 11-7　仪表板经营概述页面设计示例

设计该页面的主要难点在于近 N 天的趋势变化，具体可以参照 8.3.2 小节的内容。

需要注意的是，当选择"当前"切片器时，销售总金额和新增客户数量的折线变化仍然要以近 30 天的日期来显示，而在卡片图上销售总金额需要显示为当前的值。这个细节的处理要求分别创建折线图和卡图片的度量值。

经营概述页面设计的主要步骤如下。

创建切片器

步骤 ① 首先在筛选器区域创建 4 个切片器，调整大小后并设置对齐方式。这 4 个切片器主要用于筛选当前仪表板。

步骤 ② 使用"新建表"功能创建一个名为"View_ 经营概述页 _ 近 N 天切换"的表用于切片器来筛选视觉对象，并对"近 N 天"列设置"按列排序"，排序的依据是"序号"列，如图 11-8 所示。

```
View_ 经营概述页 _ 近 N 天切换 =
DATATABLE (
    "序号 ", STRING,
    "N", INTEGER,
    "近 N 天 ", STRING,
    {
        { 0, 1, "当前 " },
        { 1, 30, "近 30 天 " },
        { 2, 60, "近 60 天 " },
        { 3, 90, "近 90 天 " },
        { 4, 120, "近 120 天 " }
    }
)
```

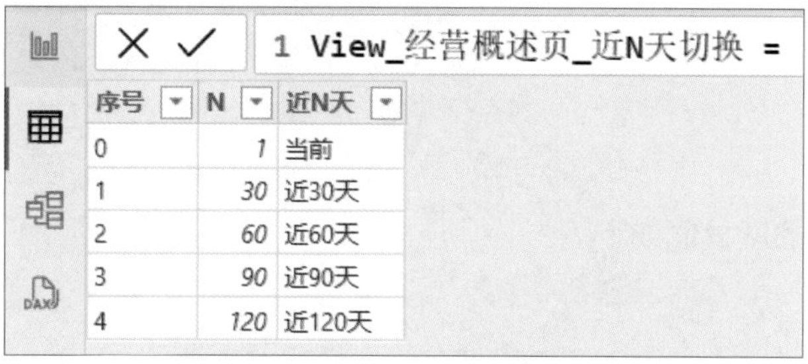

图 11-8　创建的"View_ 经营概述页 _ 近 N 天切换"表

步骤 ③ 在页面上插入一个"切片器（新）"视觉对象，将第 2 步创建的表中的"近 N 天"列添加到切片器中，选择方式设置为"单选"，如图 11-9 所示。

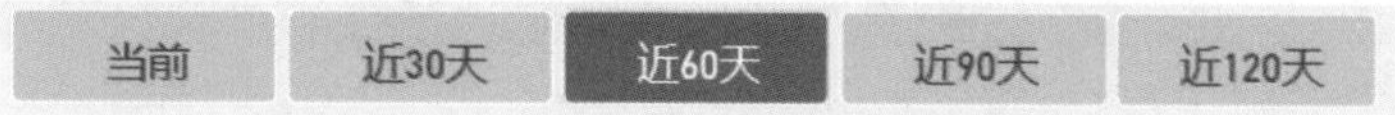

图 11-9　使用参数表创建的近 N 天的切片器

步骤 ④ 复制日期表"Dim_日期表"的代码，重新创建一个新表，命名为"Dim_辅助_日期表"，该日期表不与任何表建立关系。

创建卡片图

经营概述页面卡片图，如图 11-10 所示。

6,073.40	4,312.40	71.00%		87.02%	28
销售总金额	销售毛利	销售毛利率		本年销售达成	新增客户数量

图 11-10　经营概述页面卡片图示例

步骤 ① 编写对应的度量值。由于前面提到卡片图中的度量值与折线图中的度量值是分开写的，所以该步骤只编写用于添加到卡片图中的近 N 天的指标以及其他指标。

当前的日期取自订单表中的下单日期的最大值，表示有订单数据的最新日期。

近 N 天销售总金额的度量值如下。

```
近 N 天销售总金额（数）=
VAR max_dte =
    MAXX ( ALL ( 'Fact_订单表' ), 'Fact_订单表'[下单日期] )
VAR select_N =
    SELECTEDVALUE ( 'View_经营概述页_近 N 天切换'[N] )
VAR rs =
    CALCULATE (
        SUM ( 'Fact_订单表'[销售金额] ),
        'Dim_日期表'[Date] <= max_dte
            && 'Dim_日期表'[Date] >= max_dte - select_N + 1
    )
RETURN
    rs
```

近 N 天销售毛利的度量值如下。

```
近 N 天销售毛利（数）=
VAR max_dte =
    MAXX ( ALL ( 'Fact_订单表' ), 'Fact_订单表'[下单日期] )
VAR select_N =
    SELECTEDVALUE ( 'View_经营概述页_近 N 天切换'[N] )
VAR rs =
    CALCULATE (
        SUMX (
```

```
              'Fact_ 订单表 ',
              'Fact_ 订单表 ' [ 销售金额 ]
                  - 'Fact_ 订单表 ' [ 销售数量 ] * RELATED ( 'Dim_ 产品表 ' [ 成
本价格 ] )
          ),
          'Dim_ 日期表 ' [Date] <= max_dte
              && 'Dim_ 日期表 ' [Date] >= max_dte - select_N + 1
      )
RETURN
      rs
```

销售毛利率的度量值主要用于卡片图和 TOP10 销售总金额的矩阵中，所以不涉及在折线图中使用的问题，其度量值就可以直接编写。

```
近 N 天销售毛利率 = DIVIDE ( [ 近 N 天销售毛利 ( 数 )], [ 近 N 天销售总金额 ( 数 )]
)
```

本年销售达成指标是当前年份的销售总金额和销售总目标的比例，涉及的指标也将运用在当前年份城市公司销售达成情况的矩阵中。销售目标表中只有各个城市公司的当前年份的各个月份的目标，所以在编写度量值时需要与前面的近 N 天的销售总金额进行区分。

```
本年销售总金额 =
VAR cur_year =
    YEAR ( MAXX ( ALL ( 'Dim_ 日期表 ' ), 'Dim_ 日期表 ' [Date] ) )
    -- 销售目标只有当前年份的数据，并且数据只看当前年份
VAR rs =
    CALCULATE (
        SUM ( 'Fact_ 订单表 ' [ 销售金额 ] ),
        'Dim_ 日期表 ' [ 年 ] = cur_year,
        ALL ( 'Dim_ 产品表 ' [ 产品分类 ] ),   -- 清除产品分类的筛选
        ALL ( 'Dim_ 门店表 ' [ 门店星级 ] ),  -- 清除门店星级的筛选
        ALL ( 'Dim_ 客户表 ' [ 客户行业 ] )   -- 清除客户行业的筛选
    )
RETURN
    rs
```

在这个度量值中，由于销售目标表中没有对销售目标细分到产品分类、门店以及客户行业

等维度，所以需要使用 ALL 函数清除筛选器区域的这些切片器的影响，当然也可以使用编辑交互功能取消对应的筛选。具体参照 10.3.1 小节。

销售总目标和本年销售达成的度量值比较简单，具体如下。

```
销售总目标 = SUM ( 'Fact_ 销售目标表'[销售目标] )
---------------------------
本年销售达成 = DIVIDE ( [本年销售总金额], [销售总目标] )
```

近 N 天新增客户数量的度量值如下。

```
近 N 天新增客户数量（数）=
VAR max_dte =
    MAXX ( ALL ( 'Fact_ 订单表' ), 'Fact_ 订单表'[下单日期] )
VAR select_N =
    SELECTEDVALUE ( 'View_ 经营概述页_近 N 天切换'[N] )
VAR rs =
    CALCULATE (
        COUNTROWS ( 'Dim_ 客户表' ),
        TREATAS ( VALUES ( 'Dim_ 日期表'[Date] ), 'Dim_ 客户表'[注册日期]
),
        'Dim_ 客户表'[注册日期] <= max_dte
            && 'Dim_ 客户表'[注册日期] >= max_dte - select_N + 1
    )
RETURN
    rs
```

步骤 **2** 分别插入两个"卡片图（新）"视觉对象，在已经插入的卡片图中分别添加上述已经创建的度量值，并且在"数据"对应的框中，选中已经添加的度量值，双击度量值修改名称，如图 11-11 所示。

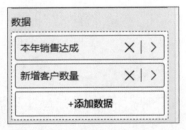

图 11-11　在卡片图中添加度量值并修改名称

在生成视觉对象的窗格中将已经添加的度量值或者字段进行重命名，不会改变原有的名称，修改后的名称将只在视觉对象中显示。

步骤 3 分别选中卡片图，在格式窗格下，将布局"安排"设置为"单行"。

创建当前年份各城市公司销售目标达成情况的矩阵图

经营概述页面中创建的当前年份城市公司销售目标达成矩阵图，如图 11-12 所示。

当前年份城市公司销售目标达成情况

大区名称 ▲	本年销售总金额	销售总目标	本年销售达成
⊟ **A区**	**452,653.75**	**534,292**	**84.72%**
广州公司	242,430.66	287,561	84.31%
南宁公司	74,917.75	103,476	72.40%
上海公司	7,305.97	8,555	85.40%
长沙公司	127,999.37	134,700	95.03%
⊟ **B区**	**362,525.17**	**433,773**	**83.57%**
成都公司	123,583.68	150,169	82.30%

图 11-12　当前年份各城市公司销售目标的矩阵图

步骤 1 插入一个矩阵视觉对象矩阵，分别将"大区名称"和"城市公司"列添加至"行"，将"本年销售总金额""销售总目标""本年销售达成"分别添加至"值"，生成矩阵。然后在格式窗格中开启"行标题"的展开／折叠按钮——"+/− 图标"，如图 11-13 所示。

图 11-13　为矩阵视觉对象添加字段和度量值并开启展开／折叠按钮

步骤 2 修改该视觉对象的标题名称。

创建近 N 天的销售总金额、销售毛利和新增客户数量的折线图

切片器选择近 60 天，销售总金额和销售毛利的变化分析的折线图，如图 11-14 所示。

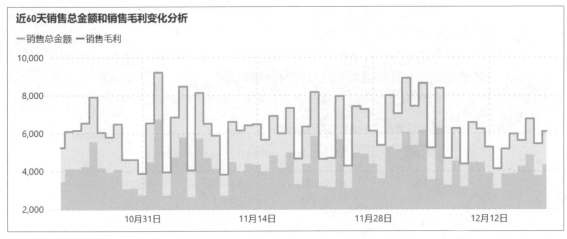

图 11-14　近 60 天销售总金额和销售毛利折线图

[步骤 1] 插入两个折线图的视觉对象，分别为近 N 天销售总金额和销售毛利变化分析、近 N 天新增客户数量变化分析。

[步骤 2] 编写对应的销售总金额、销售毛利和新增客户的折线图的度量值。(由于切片器"当前"选择时呈现近 30 天的变化，所以需要单独编写。)

```
近 N 天销售总金额（图）=
VAR max_dte =
    MAXX ( ALL ( 'Fact_ 订单表' ), 'Fact_ 订单表'[ 下单日期] )
VAR select_N =
    SELECTEDVALUE ( 'View_ 经营概述页 _ 近 N 天切换'[N] )
VAR f_N =
    IF ( select_N = 1, 30, select_N )   -- 较用于卡片图的度量值，新增一个判
断条件
VAR rs =
    CALCULATE (
        SUM ( 'Fact_ 订单表'[ 销售金额] ),
        TREATAS ( VALUES ( 'Dim_ 辅助 _ 日期表'[Date] ), 'Dim_ 日期
表'[Date] ),
        'Dim_ 日期表'[Date] <= max_dte
            && 'Dim_ 日期表'[Date] >= max_dte - f_N + 1
    )
RETURN
    rs
```

这个度量值与用于卡片图的"近 N 天销售总金额（数）"的度量值基本相同，唯一不同的是上述代码中加粗斜体的部分，主要用来判断近 N 天的切片器的选择的值，以赋予不同的度量值。

近 N 天销售毛利（图）、近 N 天新增客户数量（图）都可以在"创建卡片图"的第 2 步的基础上进行改写，具体的表达式可以根据上述表达式进行改写，具体代码请查看案例文件。

步骤 **3**　在近 N 天销售总金额和销售毛利变化分析折线图的生成视觉对象的窗格中的"X 轴"中添加"Dim_ 辅助 _ 日期表"中的"Date"列，在"Y 轴"中分别添加"销售总金额"和"销售毛利"度量值，然后双击鼠标修改已添加到 Y 轴的度量值的名称，在格式窗格中将折线的"插补类型"选择为"步骤"，折线图就变成了阶梯折线，如图 11-15 所示。

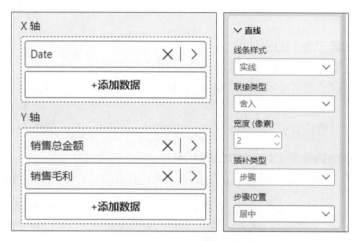

图 11-15　为矩阵添加字段和度量值并修改名称

步骤 **4**　修改矩阵的标题名称。选中矩阵视觉对象，在格式窗格中的标题选项卡下，单击"文本"旁边的"fx"按钮后，选择度量值"近 N 天销售金额和毛利的标题"，具体参照 10.4.1 小节。

```
近 N 天销售金额和毛利的标题 =
VAR select_N =
    SELECTEDVALUE ( 'View_ 经营概述页 _ 近 N 天切换 '[ 近 N 天 ] )
VAR rs =
    IF(select_N = " 当前 "," 近 30 天 ",select_N ) & " 销售总金额和销售毛利变化分析 "
RETURN
    rs
```

步骤 **5**　参照第 3 步和第 4 步，为近 N 天新增客户数量的折线图添加字段、度量值并修改对应的标题。需要注意的是，近 N 天新增客户数量变化分析折线图的"X 轴"中添加的是"Dim_ 日期表"的"Date"列，因为客户表的注册日期列与日期表没有创建关系，而在创建近 N 天的新增客户数量的度量值时，虚拟关系对应的日期列是"Dim_ 日期表"的"Date"列和"Dim_ 客户表"的"注册日期"列。标题对应的度量值如下。

```
近 N 天新增客户数量的标题 =
VAR select_N =
    SELECTEDVALUE ( 'View_ 经营概述页 _ 近 N 天切换 '[ 近 N 天 ] )
VAR rs =
    IF(select_N = " 当前 "," 近 30 天 ",select_N ) & " 新增客户数量变化分析 "
RETURN
    rs
```

设置动态标题是为了在选择近 N 天的切片器以后可以动态地显示标题，方便用户阅读数据。

创建 TOP10 销售总金额的矩阵图

由于近 N 天的 TOP10 销售总金额的矩阵使用的是卡片图的度量值，所以不需要编写多余的度量值。下面以"城市公司"维度近 N 天的销售总金额 TOP10 为例介绍设计的核心步骤。

选择近 60 天的销售总金额的城市公司、门店和产品的矩阵图，如图 11-16 所示。

近60天销售总金额TOP10的城市公司、门店和产品对应指标分析

城市公司	销售总金额	毛利率		门店名称	销售总金额	毛利率		产品名称	销售总金额	毛利率
广州公司	1 50,993.29	74.77%		EUO店	1 9,916.53	74.52%		产品D0165	1 8,207.10	58.72%
武汉公司	2 42,085.11	73.89%		PJU店	2 6,964.89	75.20%		产品A0189	2 7,381.92	79.52%
郑州公司	3 32,312.57	69.41%		QEV店	3 6,363.82	78.47%		产品D0180	3 7,219.92	55.51%
吉林公司	4 28,952.03	65.83%		WUY店	4 6,361.25	69.39%		产品D0115	4 7,076.08	47.77%
合肥公司	5 28,109.97	69.86%		FMU店	5 6,099.11	65.72%		产品C0110	5 7,052.16	76.45%
长春公司	6 27,937.16	67.24%		KNG店	6 5,990.25	72.15%		产品C0033	6 6,540.08	74.60%
济南公司	7 27,661.80	67.20%		EWB店	7 5,910.08	78.68%		产品C0025	7 6,399.51	78.86%
长沙公司	8 26,664.64	67.70%		OMK店	8 5,638.07	75.97%		产品B0209	8 6,318.95	77.05%
成都公司	9 22,114.14	68.35%		RZP店	9 5,577.12	75.90%		产品D0077	9 6,212.76	51.04%
南京公司	10 20,188.90	66.29%		DOY店	10 5,427.51	72.29%		产品B0219	10 6,166.56	77.13%

图 11-16　已选择的近 60 天销售总金额的各维度的矩阵图

步骤 1　插入一个矩阵视觉对象，在生成视觉对象的窗格中的"行"中添加字段"城市公司"列，在"值"中分别添加度量值近 N 天销售总金额 (数)、近 N 天销售毛利 (数)、近 N 天销售毛利率，然后修改度量值的名称。

步骤 2　编写按城市公司排名的度量值。

```
销售总金额 TOP10 ( 城市公司 ) =
RANKX ( ALLSELECTED ( 'Dim_ 城市公司表 '[ 城市公司 ] ), [ 近 N 天销售总金额
( 数 )],, DESC )
```

步骤 3　选中该视觉对象，在筛选器窗格中添加第 2 步创建的度量值，设置的筛选条件是"小

于或等于 10"，并且应用筛选条件。具体可参照 8.1.2 小节，如图 11-17 所示。

图 11-17　为矩阵添加 TOP10 的筛选条件

〔步骤 4〕 将素材中准备的用于标识 TOP10 数字排名的度量值应用于矩阵的"销售总金额"的"单元格元素"中的"图标"，如图 11-18 所示。

需要注意的是，这里的图标功能使用了 SVG 格式的图表，结合度量值可以做出如图 11-18 所示的效果。用户可以直接在素材文件中套用这个度量值。

图 11-18　为矩阵的销售总金额列添加单元格元素的图标功能

〔步骤 5〕 按照第 2 步至第 4 步的方法，设置门店名称和产品名称矩阵。对应的度量值可以查看素材文件。

〔步骤 6〕 由于这 3 个矩阵都是同一个属性，所以需要设置一个动态标题。设置方法为：插入一个矩形，然后在格式窗格中的"形状样式"选项卡下，开启"文本"开关，再单击"fx"按钮，选择度量值"近 N 天 TOP 组织的标题"，矩形的背景色设置为白色。

```
近 N 天 TOP 组织的标题 =
VAR select_N =
```

```
        SELECTEDVALUE ( 'View_经营概述页_近N天切换'[近N天] )
VAR rs =
        IF(select_N = "当前","近30天",select_N ) & "销售总金额TOP10的城
市公司、门店和产品对应指标分析"
RETURN
        rs
```

步骤 **7** 设计页面标题：插入一个文本框，在文本框中输入"Part -1 经营概述"，并且设置具体的格式后将其摆放在画布的合适的位置。

至此经营概述页面的核心视觉对象基本设计完成，待其他的页面完成后，会对整个仪表板进行视觉升级和优化。

11.4.2 组织分析页面设计

组织分析页面主要观察两个方面：一方面是观察销售总数量、销售总金额和销售毛利指标在城市公司和门店维度上，主要是由组织中的哪些成员来贡献的，分析的形式是累计（帕累托）分析和分解树分析；另一方面是观察城市公司和门店维度上，组织中的成员在时间序列方面的表现情况，时间序列上主要观察当前值、同比变化、半年累计、年累计和年累计同比等指标。除此之外，在整体情况的表现中，我们还需要关注门店数量、新增门店数量和店均销售等指标。

组织分析可视化设计示例，如图 11-19 所示。

图 11-19 组织分析页面设计示例

在组织分析页面中，由于不需要考虑近 N 天的趋势问题，销售总数量、销售总金额和销售毛利的指标，直接使用通用的度量值即可。

```
销售总数量 = SUM('Fact_订单表'[销售数量])
————————————————————————

销售总金额 = SUM('Fact_订单表'[销售金额])
————————————————————————

销售毛利 =
SUMX('Fact_订单表','Fact_订单表'[销售金额] - RELATED('Dim_产品表'[成
本价格])*'Fact_订单表'[销售数量])
```

组织分析页面设计的核心步骤如下。

创建切片器

步骤 ❶　首先在筛选器区域创建 5 个切片器，调整大小并设置对齐方式。这 5 个切片器主要用于筛选当前仪表板。其中"年份"切片器的选择方式设置为单选。

步骤 ❷　使用字段参数功能分别创建 2 组切片器，主要用于切换维度和指标。

第 1 组是使用"城市公司"列和"门店名称"列，创建字段参数，并且将切片器添加到此页，切片器的选择方式设置为单选；第 2 组是使用销售总数量、销售总金额和销售毛利度量值，创建字段参数，并且将切片器添加到此页，切片器的选择方式设置为单选。创建字段参数的方法参照 10.3.7 小节。创建的字段参数的表和切片器，如图 11-20 所示。

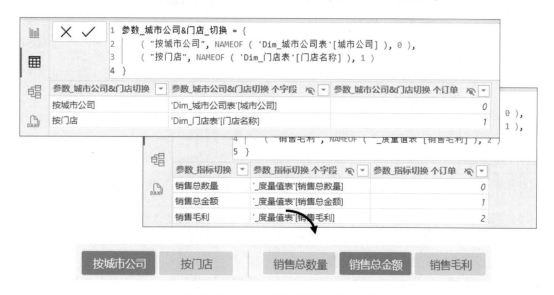

图 11-20　使用字段参数创建的切片器

创建卡片图

组织分析页面创建的卡片图，如图 11-21 所示。

138	29	13,018.61
门店数量	新增门店数量	店均销售

图 11-21　组织分析页面创建的卡片图示例

步骤 **1**　编写门店数量、新增门店数量和店均销量的度量值。

门店总数量是指当选择一个月份时，计算选择的最大月份的最后一天的日期之前的所有开店数量。

```
门店数量 =
VAR maxdte =
    MAX ( 'Dim_日期表'[Date] )
VAR rs =
    CALCULATE ( COUNTROWS ( 'Dim_门店表' ), 'Dim_门店表'[开店日期] <=
maxdte )
RETURN
    rs
```

新增门店数量是指所选的日期范围内注册的客户数量。由于客户表没有与日期表创建关系，所以使用 TREATAS 创建虚拟关系。新增门店数量的度量值如下。

```
新增门店数量 =
CALCULATE (
    COUNTROWS ( 'Dim_门店表' ),
    TREATAS ( VALUES ( 'Dim_日期表'[Date] ), 'Dim_门店表'[开店日期] )
)
```

店均销售是指在筛选的日期范围内计算门店的销售总金额的平均值。

```
店均销售 = AVERAGEX ( VALUES ( 'Dim_门店表'[门店名称] ), [销售总金额] )
```

步骤 **2**　选中卡片图视觉对象，分别添加第 1 步已经创建的度量值后生成卡片图，并且在卡片图格式窗格下，将布局"安排"设置为"单行"。

创建指标贡献的折线和簇状柱形图

按城市公司维度的销售总金额累计占比分析的折线和簇状柱形图，如图 11-22 所示。

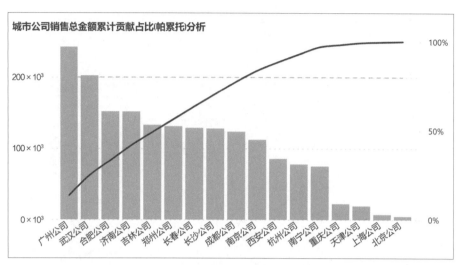

图 11-22　按城市公司维度的销售总金额累计占比分析示例

累计占比分析按照城市公司或者门店维度观察哪些组织成员的业绩指标贡献最多，也就是常说的帕累托分析或者二八分析。具体可以参照 8.2.1 小节。

步骤 **1**　创建累计占比和 80% 参考线的度量值。

累计占比的度量值由于要计算累计，而字段参数表中的字段列不能用于 ALL 或者 ALLSELECTED 函数，所以需要使用 SWITCH 函数进行判断。

```
累计占比 =
VAR select_kpi =
    MAX ( '参数 _ 组织分析页 _ 指标切换 ' [ 参数 _ 指标切换 ] )  -- 选择的指标
VAR select_wd =
    MAX ( '参数 _ 城市公司 & 门店 _ 切换 ' [ 参数 _ 城市公司 & 门店切换 ] )  -- 选择
的维度
VAR city_sales_count =
    SUMX (
        WINDOW ( 1, ABS, 0, REL, ALLSELECTED ( 'Dim_ 城市公司表 ' [ 城市
公司 ] ), ORDERBY ( [ 销售总数量 ], DESC ) ),
        [ 销售总数量 ]
    )  -- 计算城市公司的销售总数量的累计
VAR city_sales_amount =
    SUMX (
        WINDOW ( 1, ABS, 0, REL, ALLSELECTED ( 'Dim_ 城市公司表 ' [ 城市
公司 ] ), ORDERBY ( [ 销售总金额 ], DESC ) ),
        [ 销售总金额 ]
```

```
        )    -- 计算城市公司的销售总金额的累计
VAR city_sales_grossprofit
 =
    SUMX (
        WINDOW ( 1, ABS, 0, REL, ALLSELECTED ( 'Dim_城市公司表'[城市
公司] ) ), ORDERBY ( [销售毛利], DESC ) ),
        [销售毛利]
    )    -- 计算城市公司的销售毛利的累计
VAR store_sales_count =
    SUMX (
        WINDOW ( 1, ABS, 0, REL,ALLSELECTED ( 'Dim_门店表'[门店名称] ),
ORDERBY ( [销售总数量], DESC ) ),
        [销售总数量]
    )    -- 计算门店的销售总数量的累计
VAR store_sales_amount =
    SUMX (
        WINDOW ( 1, ABS, 0, REL,ALLSELECTED ( 'Dim_门店表'[门店名称] ),
ORDERBY ( [销售总金额], DESC ) ),
        [销售总金额]
    )    -- 计算门店的销售总金额的累计
VAR store_sales_grossprofit =
    SUMX (
        WINDOW ( 1, ABS, 0, REL, ALLSELECTED ( 'Dim_门店表'[门店名称]
), ORDERBY ( [销售毛利], DESC ) ),
        [销售毛利]
    )    -- 计算门店的销售毛利的累计


/* 计算累计占比  */
VAR pct =
    SWITCH (
        TRUE (),
        select_wd = "按城市公司",
            SWITCH (
```

```
                    TRUE (),
                    select_kpi = "销售总数量",
                            DIVIDE ( city_sales_count, CALCULATE ( [销售总数
量], ALLSELECTED ( 'Dim_城市公司表'[城市公司] ) ) ),
                    select_kpi = "销售总金额",
                            DIVIDE ( city_sales_amount, CALCULATE ( [销售总
金额], ALLSELECTED ( 'Dim_城市公司表'[城市公司] ) ) ),
                            DIVIDE ( city_sales_grossprofit, CALCULATE ( [销售毛
利], ALLSELECTED ( 'Dim_城市公司表'[城市公司] ) ) )
                    ),
            SWITCH (
                    TRUE (),
                    select_kpi = "销售总数量",
                        DIVIDE ( store_sales_count, CALCULATE ( [销售总数量],
ALLSELECTED ( 'Dim_门店表'[门店名称] ) ) ),
                    select_kpi = "销售总金额",
                        DIVIDE ( store_sales_amount, CALCULATE ( [销售总金额],
ALLSELECTED ( 'Dim_门店表'[门店名称] ) ) ),
                        DIVIDE ( store_sales_grossprofit, CALCULATE ( [销售毛利],
ALLSELECTED ( 'Dim_门店表'[门店名称] ) ) )
                    )
            )
RETURN
    pct
```

为了在图中显示 80% 参考线，再使用常量创建一个度量值。

```
参考线80% = 0.8
```

步骤 2 插入折线和簇状柱形图视觉对象。在生成视觉对象的窗格中的"X 轴"中添加"参数_城市公司 & 门店切换"列，"列 Y 轴"中添加"参数_指标切换"列，"行 Y 轴"中分别添加度量值"参考线80%"和"累计占比"，如图 11-23 所示。

步骤 3 为了适应切片器的选择内容，给视觉对象添加动态标题。具体方法参考10.4.1小节。

```
累计（帕累托）分析标题 =
VAR wd =
    SUBSTITUTE ( MAX ( '参数_城市公司&门店_切换'[参数_城市公司&门店切
```

```
换 ] )，" 按 "，"" )
VAR zb =
    MAX ( ' 参数 _ 组织分析页 _ 指标切换 ' [ 参数 _ 指标切换 ] )
VAR title =
    wd & zb & " 累计贡献占比（帕累托）分析 "
RETURN
    title
```

图 11-23　为折线和簇状柱形图添加字段和度量值

创建指标分解树

分解树可以按照不同的维度来分解指标，以便观测各个维度上的成员对于指标的贡献。按城市公司维度的销售总金额的分解树，如图 11-24 所示。

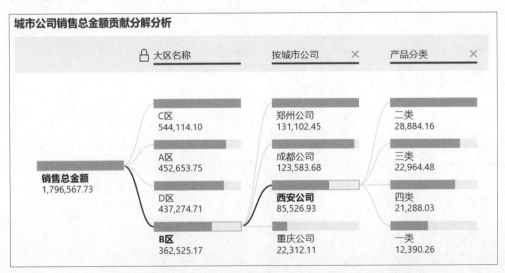

图 11-24　按城市公司维度的销售总金额的分解树设计示例

步骤 1 插入分解树视觉对象，在生成视觉对象的窗格中的"分析"中添加"参数_指标切换"列，"解释依据"中分别依次添加"大区名称""参数_城市公司&门店切换""产品分类"列，如图 11-25 所示。

图 11-25 为分解树视觉对象添加字段和度量值

步骤 2 为分解树视觉对象添加标题。

```
指标分解树分析标题 =
VAR wd =
    SUBSTITUTE ( MAX ( '参数_城市公司&门店_切换'[参数_城市公司&门店切换] ), "按", "" )
VAR zb =
    MAX ( '参数_组织分析页_指标切换'[参数_指标切换] )
VAR title =
    wd & zb & "贡献分解分析"
RETURN
    title
```

创建时间序列指标的矩阵图

以城市公司维度上的销售总金额为例，使用矩阵视觉对象计算不同维度的不同指标的当前、同比、半年累计、年累计及年累计同比指标，如图 11-26 所示。

城市公司销售总数量时间序列相关指标分析

按城市公司	当前	同比	半年累计	年累计	年累计同比
北京公司	169	-6.63%	77	169	+4.32%
成都公司	2,920	-0.65%	1,543	2,920	+40.32%
广州公司	4,944	-0.82%	2,873	4,944	+37.37%
杭州公司	2,195	-1.57%	1,088	2,195	+28.14%
合肥公司	3,450	-3.39%	1,856	3,450	+20.55%
吉林公司	3,497	-2.32%	1,946	3,497	+58.81%

图 11-26 按城市公司维度观测销售总金额的时间指标设计示例

图 11-26 所示的矩阵视觉对象中有 5 个与时间相关的计算。另外，页面还有销售总数量、销售总金额和销售毛利等 3 个指标切片器，因此一共将会有 15 个计算项，所以采取计算组的方法效率最高。创建计算组的方法具体参照 9.1 节。

步骤 ❶ 创建一个计算组"计算组_时间指标"。该计算组中包含 5 个计算项。每个计算项的表达式如下。

```
/* 计算组的计算项 */


当前 = SELECTEDMEASURE ()
---------------------------
同比 =
VAR py =
    CALCULATE ( SELECTEDMEASURE (), DATEADD ( 'Dim_日期表'[Date],
-1, MONTH ) )
VAR yoy =
    SELECTEDMEASURE () - py
VAR pct =
    DIVIDE ( yoy, py )
VAR rs =
    IF ( MAX ( '参数_组织分析页_指标切换'[参数_指标切换] ) = "毛利率",
yoy, pct )
RETURN
    rs
---------------------------
半年累计 =
VAR maxdte =
    CALCULATETABLE ( VALUES ( 'Dim_日期表'[半年度] ), LASTDATE (
'Dim_日期表'[Date] ) )
VAR rs =
    CALCULATE ( SELECTEDMEASURE (), DATESYTD ( 'Dim_日期表'[Date] ),
maxdte )
RETURN
    rs
---------------------------
年累计 =
```

```
CALCULATE ( SELECTEDMEASURE (), DATESYTD ( 'Dim_日期表'[Date] ) )
----------------------------
年累计同比 =
VAR cur_ytd =
    CALCULATE ( SELECTEDMEASURE (), DATESYTD ( 'Dim_日期表'[Date] )
)
VAR py_ytd =
    CALCULATE (
        SELECTEDMEASURE (),
        DATEADD ( DATESYTD ( 'Dim_日期表'[Date] ), -1, YEAR )
    )
VAR yoy_ytd = cur_ytd - py_ytd
VAR pct =
    DIVIDE ( yoy_ytd, py_ytd )
VAR rs =
    IF ( MAX ( '参数_组织分析页_指标切换'[参数_指标切换] ) = "毛利率",
yoy_ytd, pct )
RETURN
    rs
/*
同比和年累计同比计算项的动态字符串格式是: "+0.00%;-0.00%;0"
*/
```

步骤 2 插入矩阵视觉对象，在"行"中添加"参数_城市公司&门店切换"列，在"列"中添加已经创建的计算组"计算组_时间指标"的"计算组列"列，在"值"中添加"参数_指标切换"列，生成矩阵视觉对象，如图 11-27 所示。

步骤 3 为矩阵的同比列和年累计同比列设置单元格元素，对于同比负值的单元格设置字体颜色。详细设置参照 10.4.2 小节。

组织分析页面中的难点是累计占比度量值的编写，重点是字段参数和计算组的创建。

11.4.3 客户分析页面设计

客户页面的主要功能是：一方面，分析不同类型的客户的分布；另一方面，分析不同类型的客户对于销售总数量、销售总金额、销售毛利、客单价以及订单数量的贡献多少。除此之

图 11-27 为时间序列矩阵添加
字段和度量值

外，还需要观测销售总金额 TOP100 的客户的主要业绩情况。

客户分析页面的设计示例，如图 11-28 所示。

图 11-28　客户分析页面设计示例

客户分析页面设计的核心步骤如下。

创建切片器和度量值

步骤1 在筛选器区域创建 5 个切片器，调整大小并设置对齐方式。这 5 个切片器主要用于筛选当前仪表板。其中"年份"切片器的选择方式设置为单选。

步骤2 创建客户总数量、有效客户占比、新增客户、客单价和订单数量度量值。

客户总数量是指当前选择的月份的最后一天之前的所有的客户数量。

```
客户总数量 =
VAR maxdte =
    MAX ( 'Dim_日期表'[Date] )
VAR rs =
    CALCULATE ( COUNTROWS ( 'Dim_客户表' ), 'Dim_客户表'[注册日期] <=
maxdte )
    -- 截至当前所选日期的客户总数量
RETURN
    rs
```

有效客户占比是指注册的客户在筛选的日期范围内发生了购买行为的比例。

```
有效客户占比 =
DIVIDE (
    CALCULATE ( COUNTROWS ( 'Dim_客户表' ), FILTER ( ALL ( 'Fact_订
单表' ), 1 ) ),
    [客户总数量]
)
```

新增客户数量是指在筛选的日期范围内注册的客户数量。该度量值主要用于客户分析页面，它不同于经营概述的近 N 天新增客户数量。

```
新增客户数量 =
CALCULATE (
    COUNTROWS ( 'Dim_客户表' ),
    TREATAS ( VALUES ( 'Dim_日期表'[Date] ), 'Dim_客户表'[注册日期] )
)
```

客单价是指每个订单的平均销售金额。订单数量是指订单表中的订单的唯一值数量。

```
客单价 = DIVIDE ( [销售总金额], DISTINCTCOUNT ( 'Fact_订单表'[订单 ID]
) )
订单数量 = DISTINCTCOUNT ( 'Fact_订单表'[订单 ID] )
```

步骤 ③ 使用客户总数量、销售总数量、销售毛利、客单价和订单数量创建字段参数"参数_客户分析页_指标切换"，并且将其添加到客户分析页面作为切片器，切片器的选择方式设置为单选，具体参照 10.3.7 小节，如图 11-29 所示。

图 11-29　通过字段参数创建的切片器

创建卡片图

客户分析页面创建的卡片图示例，如图 11-30 所示。

32111	5.61%	11375	161.05	11155
客户总数量	有效客户占比	新增客户	客单价	订单数量

图 11-30 客户分析页面创建的卡片图示例

步骤 插入一个"卡片图（新）"视觉对象，在"生成视觉对象"窗格中添加度量值，并且在卡片图格式窗格下将布局"安排"设置为"单行"。

创建不同客户类型的各个指标的贡献分析的视觉对象

不同客户类型分析主要从客户性别、客户行业、客户职业和客户年龄分布等维度，对比所选择的指标的大小。已选择销售总金额选项的客户贡献分析的设计示例，如图 11-31 所示。

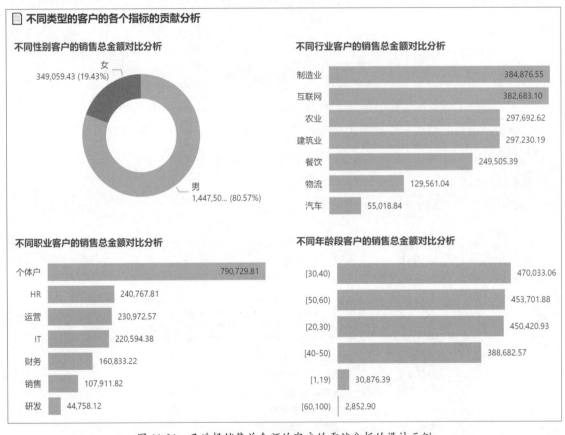

图 11-31 已选择销售总金额的客户的贡献分析的设计示例

步骤 **1** 插入一个环形图视觉对象，在"生成视对象"窗格的"图例"中添加"客户性别"列，在"值"中添加"参数_客户分析"列，在格式窗格中开启"详细信息标签"开关，"标签内容"选择"所有详细信息标签"，并且设置动态标题。

```
客户分析_性别分析标题 =
" 不同性别客户的 " & MAX ( ' 参数 _ 客户分析页 _ 指标切换 ' [ 参数 _ 客户分析 ] ) &
" 对比分析 "
```

步骤 ② 插入一个条形图视觉对象，在"生成视觉对象"窗格的"Y 轴"中添加"客户行业"列，在"X 轴"中添加"参数 _ 客户分析"列，并且设置动态标题。

> 客户分析 _ 行业分析标题 =
>
> " 不同行业客户的 " & MAX (' 参数 _ 客户分析页 _ 指标切换 ' [参数 _ 客户分析]) & " 对比分析 "

步骤 ③ 参照第 2 步的方法完成不同职业客户贡献对比分析的条形图，并设置动态标题。

步骤 ④ 客户性别、职业和行业维度在"Dim_ 客户表"中存在字段，在视觉对象中添加该字段即可，而年龄分布需要再重新添加一个计算列。使用"新建表"功能，创建"View_ 年龄分布表"，用于在"Dim_ 客户表"中辅助编写客户年龄分布的计算列，以及在视觉对象中使用客户年龄分布的维度，如图 11-32 所示。

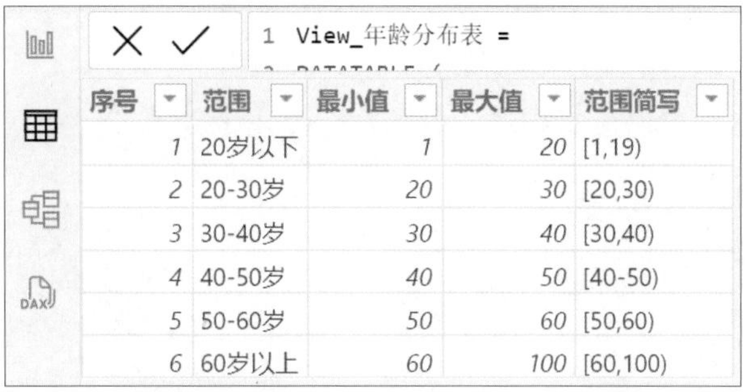

序号	范围	最小值	最大值	范围简写
1	20岁以下	1	20	[1,19)
2	20-30岁	20	30	[20,30)
3	30-40岁	30	40	[30,40)
4	40-50岁	40	50	[40-50)
5	50-60岁	50	60	[50,60)
6	60岁以上	60	100	[60,100)

图 11-32 使用新建表功能创建的"View_ 年龄分布表"

```
View_ 年龄分布表 =
DATATABLE (
    " 序号 ", INTEGER,
    " 范围 ", STRING,
    " 范围简写 ", STRING,
    " 最小值 ", INTEGER,
    " 最大值 ", INTEGER,
    {
        { 1, "20 岁以下 ", "[1,19)", 1, 20 },
        { 2, "20-30 岁 ", "[20,30)", 20, 30 },
        { 3, "30-40 岁 ", "[30,40)", 30, 40 },
        { 4, "40-50 岁 ", "[40-50)", 40, 50 },
        { 5, "50-60 岁 ", "[50,60)", 50, 60 },
        { 6, "60 岁以上 ", "[60,100)", 60, 100 }
    }
```

```
)
```

步骤 **5** 在"Dim_客户表"使用"新建列"功能，创建"年龄分布"计算列，如图 11-33 所示。

```
/* 这是一个计算列，不是度量值，注意区分 */
年龄分布 =
VAR cur_dte =
    MAXX ( ALL ( 'Fact_订单表' ), 'Fact_订单表'[下单日期] )
VAR age =
    DATEDIFF ( 'Dim_客户表'[客户生日], cur_dte, YEAR )
VAR age_range =
    CALCULATE (
        DISTINCT ( 'View_年龄分布表'[范围简写] ),
        FILTER ( 'View_年龄分布表', 'View_年龄分布表'[最小值] <= age
&& 'View_年龄分布表'[最大值] > age )
    )
RETURN
    age_range
```

客户ID	客户名称	客户生日	客户性别	注册日期	客户行业	客户职业	年龄分布
CC_0028914	张三9937	2000/2/18	男	2020/12/6	互联网	个体户	[20,30)
CC_0028896	张三9932	1978/6/1	男	2021/5/28	互联网	个体户	[40-50)
CC_0028894	张三9931	1966/4/19	男	2019/8/2	互联网	个体户	[50,60)
CC_0028869	张三9923	1966/9/22	男	2020/2/8	互联网	个体户	[50,60)
CC_0028829	张三9912	1992/8/31	男	2021/9/19	互联网	个体户	[20,30)
CC_0028818	张三9908	1967/4/9	男	2021/3/16	互联网	个体户	[50,60)
CC_0028790	张三9897	1982/8/22	男	2019/5/23	互联网	个体户	[30,40)

图 11-33 在"Dim_客户表"中使用"新建列"功能添加"年龄分布"列

步骤 **6** 以不同年龄段客户的销售总金额的对比分析条形图为例，具体的设置方法是：插入条形图视觉对象，在"生成视觉对象"窗格的"Y轴"中添加"Dim_客户表"中的"年龄分布"列，"X轴"中添加"参数_客户分析"列。最后设置该视觉对象的动态标题，如图 11-34 所示。

```
客户分析_年龄分布分析标题 =
"不同年龄段客户的" & MAX ( '参数_客户分析页_指标切换'[参数_客户分析] )
& "对比分析"
```

这些视觉对象都属于常规的图表，不需要复杂的设置。

创建销售金额 TOP100 客户销售业绩指标对比分析

销售金额 TOP100 客户销售业绩指标对比分析设计示例，如图 11-35 所示。

销售金额TOP100客户销售业绩指标对比分析

客户名称	销售总金额 ▼	销售毛利	销售毛利率
张三638	3,727.61	2,776.61	74.49%
张三305	3,441.30	2,451.30	71.23%
张三1145	3,253.02	2,227.02	68.46%
张三494	3,228.17	2,454.17	76.02%
张三42	3,208.72	2,406.72	75.01%
张三259	3,102.05	2,030.05	65.44%
张三576	3,084.55	2,025.55	65.67%
张三109	3,030.77	2,055.77	67.83%

图 11-34　为条形图添加字段和度量值　　图 11-35　销售金额 TOP100 客户销售业绩指标对比分析设计示例

步骤 ❶　创建客户销售额的排名度量值。

```
客户销售额排名 = RANKX (

    SUMMARIZE ( ALLSELECTED ( 'Fact_ 订单表' ), 'Dim_ 客户表' [ 客户名称 ]

),

    [ 销售总金额 ],

    ,

    DESC

)
```

步骤 ❷　插入一个矩阵视觉对象，在"生成视觉对象"窗格的"X 轴"中添加客户名称，"Y
轴"中添加销售总金额、销售毛利和销售毛利率度量值，并且修改矩阵标题的名字。

步骤 ❸　选中矩阵，在筛选器窗格中添加客户销售额排名度量值，并且设置筛选条件为"小
于或者等于"，值为 100，最后应用筛选条件。

客户分析页面的设计相较前面的经营概述页面和组织分析页面来说更简单，但都属于常规
的知识点。客户分析页面设计的难点是年龄分布的辅助表和计算列的创建。

11.4.4　产品分析页面设计

产品分析页面的功能主要有三个方面：一是观测产品的主要业绩指标，二是不同产品结构
的销售总金额的贡献分析，三是产品的销售总金额和销售毛利的相关性分析。产品分析页面的
设计示例，如图 11-36 所示。

图 11-36 仪表板产品分析页面设计示例

产品分析页面设计的核心步骤如下。

创建切片器和卡片图

步骤 ❶ 首先在筛选器区域创建 4 个切片器，调整大小并设置对齐方式。该组切片器主要用于筛选当前仪表板。其中"年份"切片器的选择方式设置为"单选"。

步骤 ❷ 创建卡片图所需要的度量值。

产品数量、平均折扣和销售最好的产品都是常规的度量值。

```
产品数量 = COUNTROWS ( 'Dim_产品表' )
```

```
平均折扣 = AVERAGE ( 'Fact_订单表'[折扣比例] )
```

```
销售最好的产品 =
TOPN ( 1, ALLSELECTED ( 'Dim_产品表'[产品名称] ), [销售总金额], DESC
)
```

明星产品销售金额占比是指销售总金额和销售毛利都大于或者等于所有销售的平均销售总金额和平均销售毛利。

```
明星产品销售金额占比 =
VAR product_sales_avg =
    AVERAGEX ( ALLSELECTED( 'Dim_产品表'[产品名称] ), [销售总金额] )
```

```
VAR product_grossprofit_avg =
    AVERAGEX ( ALLSELECTED( 'Dim_产品表'[产品名称] ), [销售毛利] )
VAR star_sales =
    CALCULATE (
        [销售总金额],
        FILTER ( ALL ( 'Dim_产品表'[产品名称] ), [销售总金额] >=
product_sales_avg ),
        FILTER ( ALL ( 'Dim_产品表'[产品名称] ), [销售毛利] >=
product_grossprofit_avg )
    )
VAR pct =
    DIVIDE ( star_sales, [销售总金额] )
RETURN
    pct
```

步骤 3 首先分别插入两个卡片图，将格式窗格中的"布局"选项卡下的"安排"设置为"单行"，然后将创建的上述度量值分别添加到卡片图中，如图 11-37 所示。

图 11-37　仪表板产品分析页面的卡片图设计示例

难点是如何编写度量值"明星产品销售总金额占比"的表达式，要厘清逻辑。产品相关性分类在后面的内容中有具体的介绍。

创建不同产品销售指标对比分析矩阵视觉对象

不同产品销售指标对比分析的设计示例，如图 11-38 所示。

步骤 1 创建销售同比的度量值。

```
销售同比 =
VAR py =
    CALCULATE ( [销售总金额], DATEADD ( 'Dim_日期表'[Date], -1, YEAR
) )
VAR pct =
```

```
    DIVIDE ( [ 销售总金额 ] - py, py )
RETURN
    pct
```

不同产品的销售业绩指标对比分析

产品名称	销售总金额	销售同比	销售毛利率	平均折扣
产品D0165	33,042.90	+50.2%	56.26%	0.75
产品C0105	32,567.29	+48.2%	76.22%	0.76
产品D0115	32,467.96	+42.4%	49.81%	0.71
产品D0220	31,574.44	+8.2%	46.63%	0.69

图 11-38　不同产品销售业绩指标对比分析的设计示例

步骤 ❷　插入一个矩阵视觉对象，在"生成视觉对象"窗格的"行"中添加"产品名称"列，"值"中添加销售总金额、销售同比、销售毛利率、平均折扣度量值。

创建各类产品贡献的销售总金额分析

各类产品对于销售总金额的贡献不同，主要从产品分类、折扣比例区间分布和价格区间分布等方面来观察贡献的销售总金额的大小，如图 11-39 所示。

图 11-39　各类产品贡献的销售总金额分析

步骤 1 参照 11.4.3 小节的环形图视觉对象的生成方法设计环形图。

步骤 2 参照客户分析页面中的不同年龄段客户的贡献分析，来设计不同折扣比例区间和不同价格区间的销售总金额的对比分析条形图视觉对象。以不同折扣比例区间的销售总金额对比分析为例，使用"新建表"功能创建"View_ 折扣比例分布表"，如图 11-40 所示。

```
View_ 折扣比例分布表 =
DATATABLE (
    " 序号 ", INTEGER,
    " 范围 ", STRING,
    " 范围简写 ", STRING,
    " 最小值 ", DATETIME,
    " 最大值 ", DATETIME,
    {
        { 1, "0.3 以下 ", "[0,0.3)", 0, 0.3 },
        { 2, "0.4-0.5", "[0.4,0.5)", 0.4, 0.5 },
        { 3, "0.5-0.6", "[0.5,0.6)", 0.5, 0.6 },
        { 4, "0.6-0.7", "[0.6,0.7)", 0.6, 0.7 },
        { 5, "0.7-0.8", "[0.7,0.8)", 0.7, 0.8 },
        { 6, "0.8-0.9", "[0.8,0.9)", 0.8, 0.9 },
        { 7, "0.9-1", "[0.9,1]", 0.9, 1 }
    }
)
```

序号	范围	范围简写	最小值	最大值
1	0.3以下	[0,0.3)	0.0	0.3
2	0.4-0.5	[0.4,0.5)	0.4	0.5
3	0.5-0.6	[0.5,0.6)	0.5	0.6
4	0.6-0.7	[0.6,0.7)	0.6	0.7
5	0.7-0.8	[0.7,0.8)	0.7	0.8
6	0.8-0.9	[0.8,0.9)	0.8	0.9
7	0.9-1	[0.9,1]	0.9	1

图 11-40 使用"新建表"功能创建的"View_ 折扣比例分布表"

步骤 3 在订单表中，使用"新建列"功能创建一列"折扣比例分布"。

```
折扣比例分布 =
    CALCULATE(
        DISTINCT('View_ 折扣比例分布表 '[ 范围简写 ]),
```

```
        FILTER('View_折扣比例分布表','View_折扣比例分布表'[最小值]<=
'Fact_订单表'[折扣比例] && 'View_折扣比例分布表'[最大值]>'Fact_订单表'[折
扣比例])
        )
```

[步骤④] 插入一个条形图视觉对象,在"生成视觉对象"窗格的"Y轴"中添加"折扣比例分布"列,在"X轴"中添加"销售总金额"度量值,完成设计。

[步骤⑤] 参照以上第2步至第4步的方法,完成不同价格区间的销售总金额的对比分析条形图的设计。

需要说明的是,使用参数表结合计算列的方法进行分段处理,是比较常用的一种方法,它不需要重新编写对应的度量值。另一种方法是创建参数表,然后编写成计算的度量值。这种方法要编写不同场景下计算同一指标的度量值。两种方法大家可以自行选择。

创建产品销售总金额和销售毛利的相关分析可视化

产品销售总金额和销售毛利的相关性分析,主要是将销售总金额和销售毛利与其平均值相比较,其将产品分为4种类型:明星产品、金牛产品、瘦狗产品和问题产品。该部分主要有两个方面:一是分析各个产品类型的销售金额的占比,二是产品的相关性分布矩阵。其设计示例,如图11-41所示。

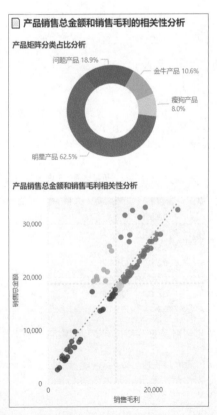

图 11-41 产品销售总金额和销售毛利的相关分析可视化

[步骤❶] 划分产品的类型。使用"新建表"功能创建"View_产品矩阵表"，如图11-42所示。

```
View_产品矩阵表 =
DATATABLE (
    "序号", INTEGER,
    "产品类型", STRING,
    "产品类型描述", STRING,
    "销售金额", STRING,
    "销售毛利", STRING,
    {
        { 1, "明星产品", "高销售高毛利", "高于均值", "高于均值" },
        { 2, "金牛产品", "高销售低毛利", "高于均值", "低于均值" },
        { 3, "瘦狗产品", "低销售高毛利", "低于均值", "高于均值" },
        { 4, "问题产品", "低销售低毛利", "低于均值", "低于均值" }
    }
)
```

序号	产品类型	产品类型描述	销售金额	销售毛利
1	明星产品	高销售高毛利	高于均值	高于均值
2	金牛产品	高销售低毛利	高于均值	低于均值
3	瘦狗产品	低销售高毛利	低于均值	高于均值
4	问题产品	低销售低毛利	低于均值	低于均值

图 11-42 使用"新建表"功能创建的"View_产品矩阵表"

[步骤❷] 创建产品矩阵分类占比分析的度量值。创建一个度量值"产品矩阵类型占比"。

```
产品矩阵类型占比 =
VAR product_type =
    SELECTEDVALUE ( 'View_产品矩阵表'[产品类型] )
VAR product_sales_avg =
    AVERAGEX ( ALLSELECTED ( 'Dim_产品表'[产品名称] ), [销售总金额] )
    -- 计算销售总金额的平均值
VAR product_grossprofit_avg =
    AVERAGEX ( ALLSELECTED ( 'Dim_产品表'[产品名称] ), [销售毛利] )
    -- 计算销售毛利的平均值
```

```
VAR type_sales =
    SWITCH (
        TRUE (),
        product_type = "明星产品",
            CALCULATE (
                [销售总金额],
                FILTER (
                    ALLSELECTED ( 'Dim_产品表'[产品名称] ),
                    [销售总金额] >= product_sales_avg
                        && [销售毛利] >= product_grossprofit_avg
                )
            ),
        product_type = "金牛产品",
            CALCULATE (
                [销售总金额],
                FILTER (
                    ALLSELECTED ( 'Dim_产品表'[产品名称] ),
                    [销售总金额] >= product_sales_avg
                        && [销售毛利] < product_grossprofit_avg
                )
            ),
        product_type = "瘦狗产品",
            CALCULATE (
                [销售总金额],
                FILTER (
                    ALLSELECTED ( 'Dim_产品表'[产品名称] ),
                    [销售总金额] < product_sales_avg
                        && [销售毛利] >= product_grossprofit_avg
                )
            ),
        product_type = "问题产品",
            CALCULATE (
                [销售总金额],
```

```
                    FILTER (
                        ALLSELECTED ( 'Dim_产品表'[产品名称] ),
                        [销售总金额] < product_sales_avg
                            && [销售毛利] < product_grossprofit_avg
                    )
                ),
            BLANK ()
        )
    VAR pct =
        DIVIDE ( type_sales, [销售总金额] )
    RETURN
        pct
```

步骤 3 创建环形图视觉对象。插入一个环形图视觉对象，在"生成视觉对象"窗格的"图例"中添加"View_产品矩阵表"中的"产品类型"列，在"值"中添加上一步创建的度量值"产品矩阵类型占比"，最后修改环形图视觉对象的标题即可。

步骤 4 创建散点图。插入一个散点图视觉对象，在"生成视觉对象"窗格的"值"中添加"产品名称"列，在"X 轴"中添加度量值"销售毛利"，在"Y 轴"中添加度量值"销售总金额"，如图 11-43 所示。

图 11-43　为散点图视觉对象添加字段和度量值

步骤 5 为散点图添加趋势线和参考线。选中散点图视觉对象，在格式窗格中的"趋势线"选项下，设置趋势线的颜色和格式；在"参考行"选项下，以为 X 轴添加参考线为例，单击"+添加行"按钮，双击生成名称，修改名称；在"类型"中选择"平均值线"；在"数据系列"选项中选择"销售毛利"；在"直线"选项中设置颜色和格式，如图 11-44 所示。

图 11-44　为散点图添加趋势线和参考线设置

步骤 ⑥　为散点图中的散点按已经划分的产品类型添加填充颜色。选中散点图，在格式设置窗格中，打开"标记"选项卡中的"颜色"选项，单击"默认值"对应的"fx"按钮，在打开的窗格中选择度量值"散点图标记填色"，如图 11-45 所示。

```
散点图标记填色 =
VAR product_sales_avg =
    AVERAGEX ( ALLSELECTED ( 'Dim_产品表'[产品名称] ), [销售总金额] )
VAR product_grossprofit_avg =
    AVERAGEX ( ALLSELECTED ( 'Dim_产品表'[产品名称] ), [销售毛利] )
VAR color =
    SWITCH (
        TRUE (),
        [销售总金额] >= product_sales_avg
            && [销售毛利] >= product_grossprofit_avg, "#268361",
        -- 明星产品的颜色
        [销售总金额] >= product_sales_avg
            && [销售毛利] < product_grossprofit_avg, "#5cbe9a",
        -- 金牛产品的颜色
        [销售总金额] < product_sales_avg
            && [销售毛利] >= product_grossprofit_avg, "#cccccc",
        -- 瘦狗产品的颜色
        [销售总金额] < product_sales_avg
            && [销售毛利] < product_grossprofit_avg, "#4f4e4e",
```

```
        -- 问题产品的颜色
        BLANK ()
    )
RETURN
    color
```

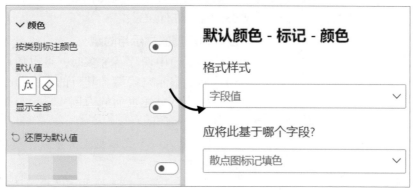

图 11-45　为散点图的标记设置动态颜色

步骤 7　为可视化视觉对象修改标题并格式化视觉对象。

在产品分析页面中，可视化设计的核心还是以 DAX 为主，所以熟练地掌握 DAX 是设计优秀的数据仪表板的重要前提，也是实现复杂分析的重要途径。

11.5 页面交互设计和可视化效果强化

在上一节中我们已经设计出了整个仪表板主要的框架内容，并且已经完成了最核心的分析内容设计。本节内容的主要目标是页面交互设计和可视化效果的强化。

11.5.1 仪表板页面交互设计

本小节内容主要有两个目标：一个是设计页面导航菜单，另一个是设计筛选器的显示与隐藏。

页面导航交互设计

页面导航器的设计示例，如图 11-46 所示。

其核心的设计步骤如下。

步骤 1　首先规范每个页面的名称。

步骤 2　在报表视图下，依次选择"插入"→"按钮"→"导航器"→"页面导航器"选项，在页面上插入一个切片器。

步骤 3　选中生成的切片器，在格式窗格下的"页"选项卡下，关闭"显示隐藏页"和"显示工具提示页"开关，打开"默认显示全部"开关，在"显示"选项卡下关闭"帮助页面"开关，如图 11-47 所示。

图 11-46　页面导航器设计示例

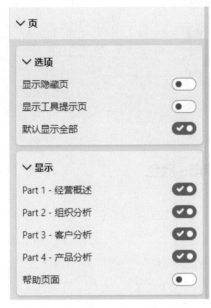

图 11-47　页面导航器的选项设置

步骤④　在格式窗格中的"样式"选项下，设置按钮"默认时"和"已选定"时的样式。

步骤⑤　在格式窗格中的"网格布局"选项卡下，将"方向"选项设置为"垂直"。

步骤⑥　将设置好的切片器复制到其他各个页面中。

页面导航器的设计比较简单。如果需要比较好的可视化效果，则需要精细地设置第4步的样式。大家可以根据需要自行进行设置。

设计筛选器的显示与隐藏

当一个页面中切片器过多时，可以使用书签功能来控制切片器的显示与隐藏，其目的是让整个页面更加整洁干净。以经营概述页面的为例，显示与隐藏的设计示例，如图 11-48 所示。

步骤①　插入一个文本框或者按钮，修改文本内容为"显示筛选器"。

步骤②　在"视图"选项卡下选择"选择"按钮打开选择窗格，按住 <Ctrl> 键选中筛选区的所有切片器，单击右键鼠标，在快捷菜单中依次选择"分组"→"分组"选项，然后修改组的名称为"经营概述页筛选器"，如图 11-49 所示。

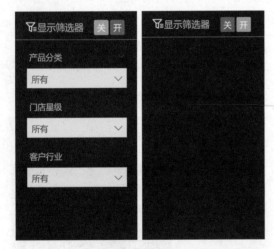

图 11-48　使用书签设计的筛选器的显示与隐藏功能

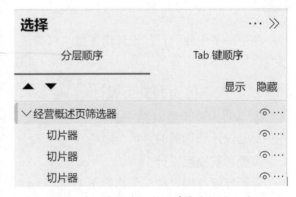

图 11-49　对切片器进行分组并修改组的名称

步骤③　在"选择"窗格中，选中"经营概述页筛选器"组，单击"⊙"按钮，隐藏切片器组，然后在"书签"窗格中，单击"添加"按钮，添加一个书签，重命名为"关"，取消勾选"数据""所有视觉对象"，如图 11-50 所示。

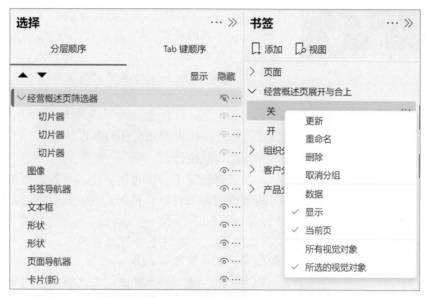

图 11-50　创建隐藏切片器组的隐藏状态

步骤 4　再次选中"经营概述页筛选器"组，并且取消切片器的隐藏，然后再创建一个书签，命名为"开"，勾选的选择和图 11-49 一样。

步骤 5　在书签窗格中，选中"开"和"关"书签，单击鼠标右键，在快捷菜单中选择"分组"，给组重命名为"经营概述页切片器开关按钮"，如图 11-51 所示。

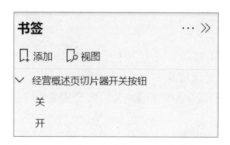

图 11-51　对创建的书签分组并重命名

步骤 6　在"插入"视图下，依次选择"按钮"→"导航器"→"书签导航器"选项，生成一个切片器。选中该切片器，在"网格布局"中将"方向"选择为"水平"，在"书签"选项卡中选择已经创建的书签"经营概述页切片器开关按钮"选项，如图 11-52 所示。

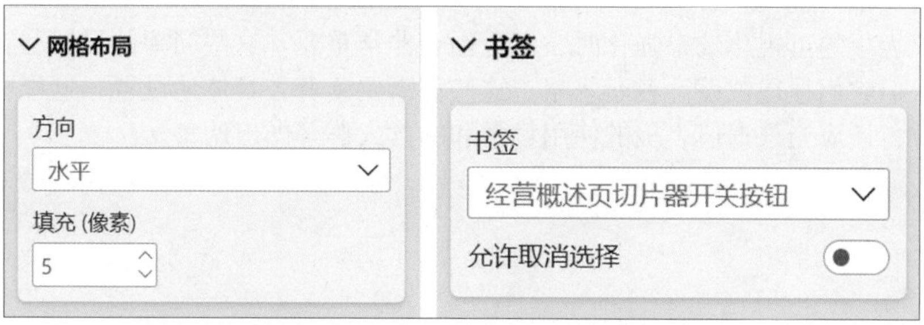

图 11-52　设置创建的开关切片器

仪表板说明与运维帮助 →

图 11-53　说明和帮助导航设计

图 11-54　帮助和说明导航按钮的设置

步骤 7 选中第 6 步已经创建的切片器，在格式窗格中设置切片器的样式，即"默认时"和"已选定"时的样式。在未发布仪表板时，按住 <Ctrl> 键即可完成切换。

步骤 8 按照上述的步骤创建其他页面的切片器组的显示与隐藏。

书签是 Power BI 中一个非常重要的功能，利用它可以创建各种各样的可视化交互的方式。

帮助导航设计

在通常情况下，报告还需要一个帮助页面，以记录报告的数据来源和计算口径等。仪表板中的帮助导航设计示例，如图 11-53 所示。

步骤 1 创建一个"帮助页面"，并且隐藏该页面；如已有，直接执行第 2 步。

步骤 2 插入一个按钮，在设置窗格中的"操作"选项下的"类型"中选择"页导航"，在"目标"选项中选择"帮助页面"，如图 11-54 所示。

步骤 3 按照此方法在其他页面中添加帮助和说明导航按钮。

至此，零售行业仪表板开发案例的核心部分就设计完成了。

11.5.2　仪表板可视化效果强化

仪表板的可视化效果非常重要，一个优秀的仪表板必须有令人舒服的阅读体验。糟糕的仪表板在日常的工作中和生活中比比皆是。如何设计出优秀的仪表板或者可视化效果，不仅要十分清楚分析的目标，而且要编写高效率的 DAX，更要遵循可视化设计的基本规则（具体可以参考 2.2 节）。

本小节中的仪表板可视化效果强化主要体现在以下两个方面。

（1）色彩搭配要统一。在单个视觉对象、单个页面的多个视觉对象、多个页面之间的色彩搭配需要统一和谐。色彩的搭配一旦确定，中途不可随意更改。仪表板的色彩搭配设置具体参照 11.3.3 小节。

（2）格式设置要统一。如透明度、线条粗细、对齐方式、字体大小、字体颜色、尺寸大小以及选择方式等都要统一。

在设置仪表板的可视化效果强化时，以上内容非常重要。这些简单的设置会让整个仪表板更加吸引人，但它们往往被设计者所忽略。这些都需要读者去具体地设置，这里不再赘述。

除此之外，还应当根据仪表板的使用场景和阅读人群等做出调整。

第 12 章

价值提升：仪表板检查、发布和调用

在上一章中我们已经完成了仪表板的开发，但是这并不是终点。仪表板的优化、发布、查看和更新，以及如何在其他的场景下使用仪表板的结果等都是让仪表板增值的重要环节。

本章将主要介绍三个方面的内容：一是仪表板开发完成以后，如何检查仪表板的结果并分析仪表板的性能；二是如何使用 Power BI 服务发布、查看、刷新和维护仪表板；三是如何在 Excel 中使用 Power BI 的数据模型并在 Power Point 中查看仪表板。

通过本章的学习，你会对 Power BI 有更加深刻的认识并产生更加浓厚的兴趣。

12.1 仪表板结果核对与性能分析

本节内容主要介绍影响仪表板用户体验的两个重要的方面：结果核对和性能分析。

12.1.1 仪表板的结果核对

分析结果的正确与否十分重要，错误的分析结果和展示会给业务人员带来错误的影响，这是非常糟糕的体验。保证仪表板的分析结果的正确性，是设计仪表板最基本的要求。本节内容主要介绍几种检查仪表板中的数据结果是否正确的方法。

缩小法

一般情况下，创建仪表板的数据集都可能比较大。换言之，也就是每个表中的行数非常多。这就会产生一个问题——无法快速分辨所创建的视觉对象中的数值是否按照逻辑被正确地计算。一个好的解决的办法就是，将建立的数据模型进行缩减，每个表都保留少数的行，这样就很方便地核对编写的 DAX 表达式是否正确。

分解法

较为复杂的分析计算一般可以拆分成几个指标的组合。当你编写的 DAX 比较长时，可以将表达式拆分为不同指标的表达式，逐步计算，这样就很容易发现具体是哪一个指标的计算出了问题。

业务感知法

当你的 DAX 表达式计算出一个指标的数据，但是无法确定其是否正确时，你可以根据对业务情况的感知程度判断该数据是否符合日常的数据特征。如果你不是业务人员，可以请教相关的业务人员来帮助你判断当前的数据是否符合业务逻辑。

核对 Power BI 的结果，建议在 DAX 查询视图或外部工具 DAX Studio 中编写查询或者度量值进行验证，而不推荐在 Power BI 的表中创建度量值进行验证，因为这样容易与已有的度量值产生混淆。

12.1.2 仪表板的性能分析

性能分析主要是指对仪表板的计算性能进行分析。Power BI 的数据模型是非常高效的，如果仪表板中某一个视觉对象的反应缓慢，耗时比较长，说明视觉对象的表达式性能比较低下。本小节内容主要介绍如何使用 Power BI 中的性能分析功能。

在"视图"或者"优化"选项卡下面单击"性能分析器"按钮即可激活 Power BI 的"性能分析器"功能对应的窗格。"优化"选项卡下的"性能分析器"按钮，如图 12-1 所示。

图 12-1 "优化"视图下的"性能分析器"按钮

性能分析主要描述视觉对象中各个类别执行任务所耗费的持续时间，单位是毫秒。持续时间是指开始与结束的时间差。

性能分析器的使用非常简单。在性能分析器窗格，单击"开始记录"按钮后，然后单击已激活的"刷新的视觉对象"按钮，待刷新完成后单击"停止"按钮即可。组织分析页面的视觉对象的性能分析结果，如图 12-2 所示。

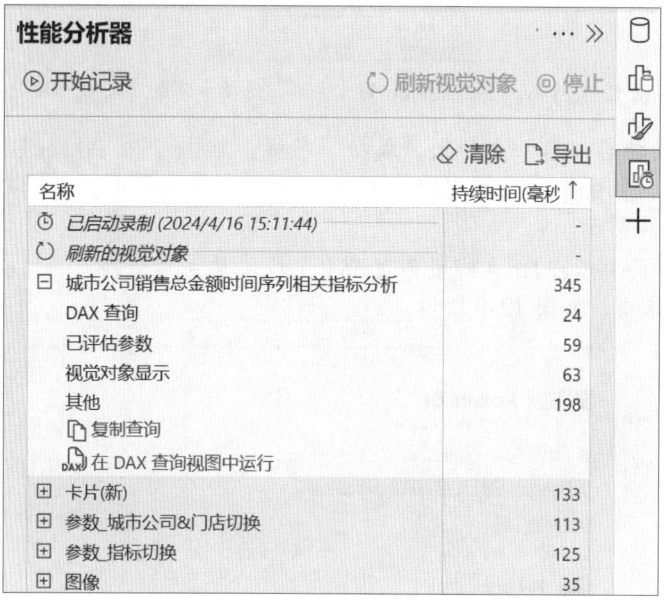

图 12-2　组织分析页面的视觉对象的性能分析结果

在图 12-2 中，城市公司销售总金额时间序列相关指标分析的视觉对象持续的时间较长，为 345 毫秒。单击某一个视觉对象的展开按钮后，显示了该视觉对象的 4 种不同类型的持续时间。其中，"视觉对象显示"是指视觉对象中的字段参数所花费的时间；"其他"是指视觉对象准备查询、等待其他视觉对象完成或者执行其他后台处理所需的时间。

通过性能分析器，我们可以知道每个视觉对象的性能，这样可以有针对性地发现和解决仪表板中"拖后腿"的 DAX 表达式，提高仪表板交互时的响应速度和用户体验。

12.2 仪表板的发布

在第 11 章中我们使用 Power BI Desktop 创建了仪表板，但这并不是最佳的查看方式。因为它只能通过传递文件的方式进行离线查看，而这并不是 Power BI 的查看方式。在 3.2.1 小节中，介绍了 Power BI 的在线服务，通过 Power BI 的在线服务，可以让更多的用户来查看 Power BI 设计的仪表板。本节内容将主要介绍仪表板的发布和查看相关的内容。

12.2.1 仪表板的发布

Power BI 仪表板需要先登录账号后才能发布、分享和查看。Power BI 的在线服务功能非常丰富。通过部署 Power BI 服务，可以实现非常丰富的仪表板查阅功能。在本小节中，我们仅展示最基础的 Power BI 在线服务。以下是仪表板的发布方法。

步骤 ❶ 在"主页"选项卡下单击"发布"按钮，将仪表板发布到 Power BI 在线服务的工作区中，如图 12-3 所示。

图 12-3 Power BI Desktop 的"主页"选项卡下的"发布"按钮

步骤 ❷ 发布成功后以后，会弹出"成功"字样；单击 "在 Power BI 中打开'零售案例分析 .pbix'"链接，就会在浏览器中进入 Power BI 在线服务页面，并且打开仪表板。发布成功的提示，如图 12-4 所示。

步骤 ❸ 在打开的 Power BI 在线服务页面中，依次单击"文件"→"嵌入报表"→"发布到 Web（公共）"选项，如图 12-5 所示。

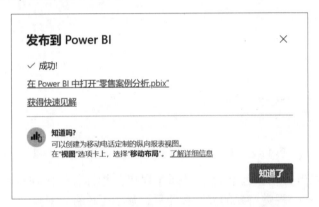

图 12-4 在 Power BI Desktop 中发布仪表板成功提示

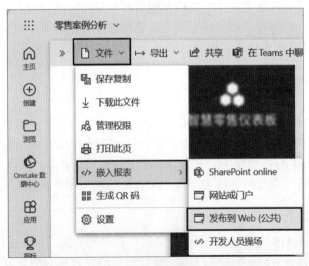

图 12-5 在 Power BI 在线服务中共享仪表板

[步骤 4] 报表发布成功后会生成相应的网址，单击"您可以在电子邮件中发送的链接"对应的"复制"按钮后，并将其粘贴在浏览器的地址栏中，就可以通过在线查看和共享报告了，如图 12-6 所示。

图 12-6 发布到 Web 后生成的查看网址链接

通过上面的网址链接就可以将设计的仪表板共享给其他人查看。

需要注意的是，发布到 Web 意味着仪表板可能被无关的人员查看，这就涉及数据安全问题。在实际的工作场景中，请使用企业通过正常渠道购买和部署的 Power BI 服务。

12.2.2 仪表板的刷新与维护

仪表板发布以后，还需要进行数据更新。也就是说，每当有新数据增加时，就需要刷新仪表板中的数据，从而让仪表板保持最新状态。

仪表板的数据刷新受 Power BI 的账号服务类型的限制，一般免费账号是无法设置自动刷新仪表板数据集的。如果是 Power BI Pro 或者更高级别的账号服务类型时，就可以设置自动刷新报表并且控制报表的查看权限，否则只能发布仪表板。

关于已发布的仪表板的数据刷新，大家可以根据自己的账号服务类型，查阅微软的 Power BI 学习文档进行设置。

仪表板也要根据具体的情况进行维护。如果仪表板在功能或者设计方面有更新，可通过两种方式进行维护：一是在 Power BI Desktop 中进行修改，然后再次发布并替换掉原有的仪表板；二是在 Power BI Desktop 中对仪表板进行修改。

仪表板发布之后，还有更多的配置和配套用途。这些都涉及更加专业的 IT 技能和知识，但本书只探讨使用 Power BI 进行数据分析和可视化。

12.3 在 Excel、Power Point 中使用 Power BI

Power BI 作为一款可视化数据分析软件，既有数据分析的功能又有数据可视化功能，甚至还可以与 Office 软件进行协同。例如，在 Excel 中可以调用 Power BI 的数据模型进行再次分析，在 Power Point 中可以嵌入 Power BI 的仪表板进行演示。本节将主要介绍这两个方面的内容。

12.3.1 在 Excel 中调用 Power BI 的数据模型

在 Excel 中可以通过 2 种方式调用 Power BI 的数据模型以进行二次分析和设计报表：一种是使用 Power BI 的外部工具（即插件）调用 Power BI Desktop 创建的本地文件（即 .pbix 文件），另一种是使用 Excel 调用发布到 Power BI 在线服务的数据模型。

下面分别介绍这两种调用数据模型的方式。

调用本地的 Power BI 文件中的数据模型

在 9.5.3 小节中，我们已经介绍了 Power BI 的外部工具 DAX Studio。该软件功能强大，不仅可以编写和调试 DAX 表达式，而且能将链接到 Power BI 文件的数据模型调用到 Excel 中进行分析。本节我们将介绍 Power BI 的另一个第三方工具"Analyze in Excel"。该外部工具需要下载安装后才能使用，通过本书的随书素材可以安装它。

安装后该工具在"外部工具"选择卡下显示，如图 12-7 所示。

图 12-7　Power BI 的"外部工具"选项卡

不管是使用 DAX Studio 还是 Analyze in Excel，都会生成一个 Excel 文件来调用打开的 Power BI 文件中的数据模型。

以第 11 章的零售仪表板例，使用 Power BI 打开该示例文件，在"外部工具"选项卡下单击"Analyze in Excel"选项，紧接着会打开一个已经插入了空白数据透视表的 Excel 文件，在这个数据透视表中添加相应的字段和度量值即可得到相关的分析，如图 12-8 所示。

行标签	2019年		2020年		2021年		销售总金额汇总	销售毛利汇总
	销售总金额	销售毛利	销售总金额	销售毛利	销售总金额	销售毛利		
⊟A区								
广州公司	116,719.77	87,890.77	177,908.63	130,775.63	242,430.66	176,678.66	537,059.06	395,345.06
南宁公司	38,310.70	26,463.70	74,273.63	48,780.63	74,917.75	51,556.75	187,502.08	126,801.08
上海公司			3,597.99	1,691.99	7,305.97	3,634.97	10,903.96	5,326.96
长沙公司	38,851.79	25,520.79	108,359.13	73,638.13	127,999.37	88,838.37	275,210.29	187,997.29
⊟B区								
成都公司	53,772.44	37,638.44	87,572.79	60,141.79	123,583.68	84,665.68	264,928.91	182,445.91
西安公司			30,411.27	21,224.27	85,526.93	61,511.93	115,938.20	82,736.20
郑州公司	33,246.54	22,304.54	79,079.51	55,623.51	131,102.45	91,231.45	243,428.50	169,159.50
重庆公司	15,857.96	7,950.96	15,463.98	7,818.98	22,312.11	13,695.11	53,634.05	29,465.05
⊟C区								
杭州公司	37,386.92	22,085.92	62,167.86	40,162.86	77,658.21	48,197.21	177,212.99	110,445.99
合肥公司	126,323.90	86,592.90	119,953.87	81,970.87	151,820.19	107,362.19	398,097.96	275,925.96
南京公司	45,722.85	27,784.85	57,648.71	37,078.71	112,273.03	74,015.03	215,644.59	138,878.59
武汉公司	122,729.10	87,204.10	175,971.89	128,847.89	202,362.67	148,299.67	501,063.66	364,351.66
⊟D区								
北京公司	1,801.54	959.54	4,479.27	2,378.27	4,751.55	2,420.55	11,032.36	5,758.36
吉林公司	42,913.15	28,106.15	76,005.09	47,710.09	132,913.06	87,163.06	251,831.30	162,979.30
济南公司	86,697.91	61,201.91	143,072.31	98,222.31	151,597.03	104,425.03	381,367.25	263,849.25
天津公司			9,053.76	5,252.76	19,230.14	13,639.14	28,283.90	18,891.90
长春公司	39,744.05	26,273.05	100,017.41	65,955.41	128,782.93	85,296.93	268,544.39	177,525.39
总计	800,078.62	547,977.62	1,325,037.10	907,274.10	1,796,567.73	1,242,631.73	3,921,683.45	2,697,883.45

数据透视表字段

图 12-8　使用"Analyze in Excel"调用 Power BI 数据模型创建的数据透视表

当关闭 Power BI 文件后，再次打开 Power BI 时，已经创建的 Excel 透视表文件就会与 Power BI 文件失去链接，就无法调用 Power BI 数据模型中的数据了。解决的方法是，修改已经创建的 Excel 文件的连接属性，使用 DAX Studio 链接 Power BI 文件，查看当前的 Power BI 连接的名称和端口号，并在已经创建的 Excel 文件的"连接属性"中修改当前的连接名称与端口号。Excel 的连接属性的对话框，如图 12-9 所示。

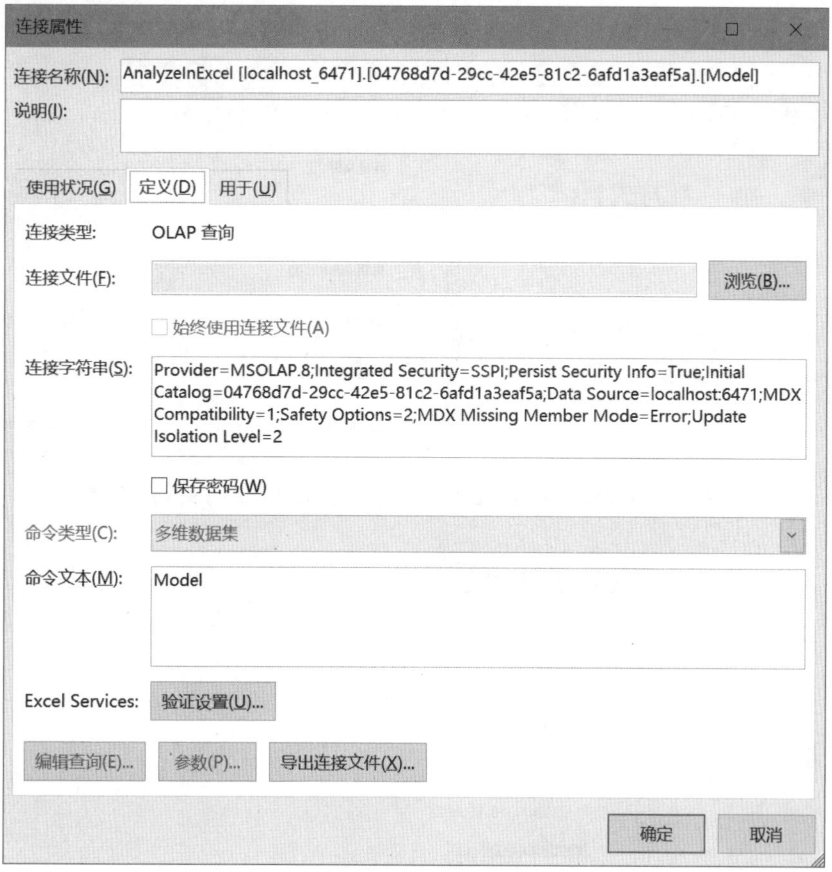

图 12-9　再次连接时修改 Excel 连接属性中的内容

但是这种方式比较麻烦，因为每次关闭 Power BI 文件后，与 Excel 创建的端口号和链接就失效了，再次连接时需要重新获取打开的 Power BI 的端口号。不过，目前有一些第三方插件能解决这个问题。

另外一个解决方法是，使用 Excel 内置的链接调用已发布到 Power BI 在线服务中的数据模型。

调用已发布到 Power BI 在线服务的数据模型

在 Excel 中调用 Power BI 在线服务中数据模型时的先决条件是，管理员必须启用相关设置，拥有相关的 Power BI 服务类型的账号，Excel 和 Power BI 必须是同一账户，Excel 的软件版本具有该功能。具体的要求可以查看 Power BI 的官方文档。

在 Excel 中调用发布在 Power BI 在线服务工作区中的数据模型的方式有两个：一个是依次选择 Excel "插入"选项卡下的"数据透视表"的"来自 Power BI"选项；另一个是在"数

据"选项卡下，依次选择"获取数据"→"来自 Power Platform"→"来自 Power BI"选项，如图 12-10 所示。

不管使用哪一种方式，在 Excel 的右侧都会打开一个窗格。窗格中显示了 Power BI 在线服务中已经发布的数据集，并且提供了两种调用的方式：一种是"插入数据透视表"，另一种是"Insert Table"（插入表格），如图 12-11 所示。

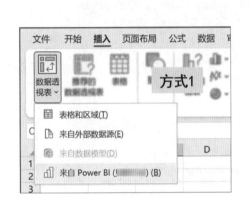
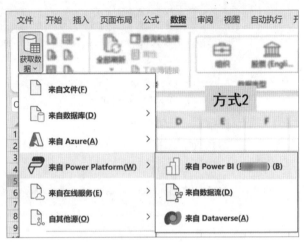

图 12-10　在 Excel 中调用已发布到 Power BI 在线服务的数据模型

图 12-11　在 Excel 中显示的 Power BI 数据集的窗格

使用图 12-11 中的"插入数据透视表"方式与使用"Analyze in Excel"插入数据透视表设置完全一样，这里不再一一叙述。

使用图 12-11 中的"Insert Table"方式时，会在 Excel 中插入一个表格。该表格可以根据需求从数据模型中添加相应的字段和设置相应的筛选条件。

单击"Insert Table"按钮后，就会打开一个"Create Table（创建表格）"窗格。这个窗格分为四部分，从左往右依次是数据预览区域、构建字段区域、筛选器区域和数据区域。在数据区域中勾选需要的字段和度量值就会将其添加到构建字段区域中，然后选择需要的字段作为筛选器，如图 12-12 所示。

图 12-12　在 "Create Table" 窗格中构建表

单击 "插入表格" 按钮后，就会在 Excel 工作表中插入数据。对于度量值，不仅显示了度量值的结果，同时也显示了其对应的字符串格式，结果如图 12-13 所示。

图 12-13　使用 "Insert Table" 功能生成的结果

需要说明的是，如果 Excel 的 Power BI 数据集窗格中未显示所需要的数据集，可以在搜索框中进行搜索，因为窗格中只显示了最常用的数据集。

当我们需要更新的数据时，选中数据透视表或者数据区域中的任一单元格，单击鼠标右键，在快捷菜单中选择 "刷新" 选项，片刻之后就会获得 Power BI 的最新数据集。

12.3.2　在 Power Point 中查看 Power BI 仪表板

Power Point 是 Office 软件中用于演示文稿的工具，其简称为 PPT。

在 Power Point 中，可以将整个仪表板或者仪表板中的单个视觉对象添加到 Power Point 演示文稿中，并且支持数据刷新和仪表板的交互。这个功能非常适合用于工作汇报。

需要说明的是，在 Power Point 中只能查看已经发布到 Power BI 在线服务的仪表板。在 Power Point 中查看 Power BI 仪表板功能仍然受到 Power BI 服务账号类型和与之相对应的

Office 软件的限制，需要达到相应的要求，否则你将无法使用该功能。具体的要求可以查看 Power BI 的官方文档。

在 Power Point 的"插入"视图下，单击"Power BI"按钮就可以创建对应的链接，如图 12-14 所示。如果 Power Point 中没有该按钮，你可以在加载项中搜索并添加该外接程序。

图 12-14　Power Point 中"插入"视图下的"Power BI"按钮

单击"Power BI"按钮后，在当前的页面中就会插入一个对象框，可以设置需要查看的仪表板，如图 12-15 所示。

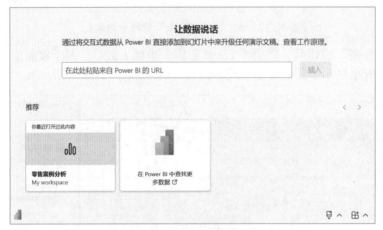

图 12-15　Power Point 查看仪表板设置

图 12-15 中，提供了两种在 Power Point 中展示仪表板的方式：一种是在上述文本框中粘贴分享的 Power BI 仪表板的链接；另一种是直接选择推荐的仪表板。一般情况下，将指定的仪表板插入 Power Point 中，需要获得对应的分享链接。

在 Power Point 中查看整个仪表板

在 Power BI 的在线服务中打开仪表板，然后单击"共享"按钮，接下来在打开的对话框中单击"复制链接"按钮，最后将链接粘贴到图 12-15 所示的文本框中，就可以插入仪表板了。在这个过程中还可以设置链接的访问权限，如图 12-16 所示。

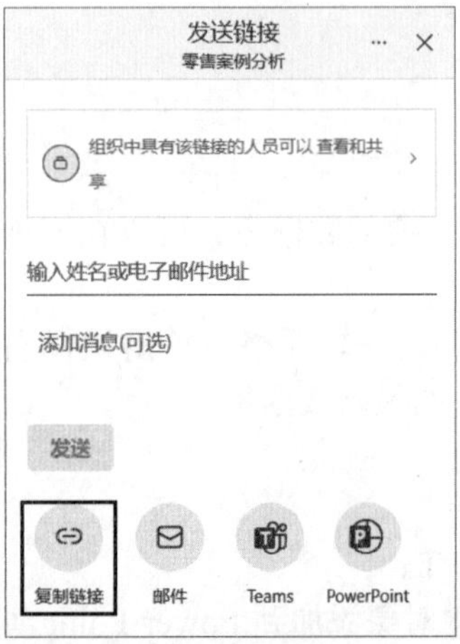

通过链接加载到 Power Point 中的仪表板，如图 12-17 所示。仪表板的数据查看方式默认是"实时数据"。在 Power Point 中查看整个仪表板和在 Web 端查看的效果一样的，可以使用仪表板所有的交互功能。

图 12-16　在 Power BI 在线服务
中获取链接

图 12-17　加载到 Power Point 中的仪表板

在 Power Point 中查看仪表板的单个视觉对象

在使用 Power Point 汇报时，如果不想全部显示整个仪表板的数据，可以选择将仪表板中的单个视觉对象添加到 Power Point 中。设置的方法与添加仪表板的方法有所不同。

比如，将仪表板中近 90 天新增客户变化分析的视觉对象添加到 Power Point 中的具体方法如下。

步骤 ❶　在 Power BI 在线服务的工作区中，打开仪表板，在选中的视觉对象右上角依次选择"更多选项"→"共享"→"链接到此视觉对象"选项，复制相应的分享链接，如图 12-18 所示。

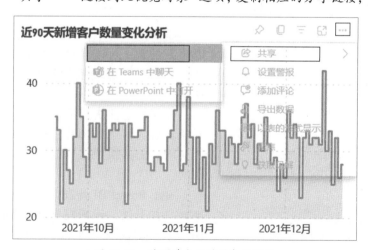

图 12-18　获取单个视觉对象的链接

步骤 ❷　切换到 Power Point 中，在"插入"视图下单击"Power BI"按钮，并将已经复制的链接粘贴到对应的文本框，就可以插入单个视觉对象了，结果如图 12-19 所示。

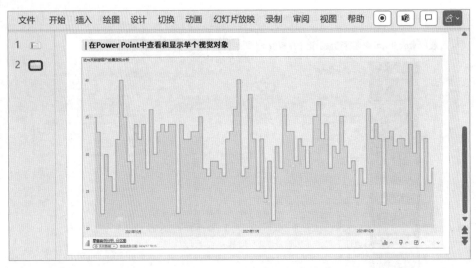

图 12-19　添加到 Power Point 中的单个视觉对象

图 12-20　设置幻灯片放映式的数据自动刷新

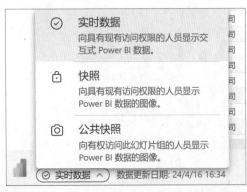

图 12-21　在 Power Point 中添加仪表板时的
视图设置

按照以上方法，可以在一页中添加多个视觉对象，这样就再也不怕全部的仪表板被看到了。

在 Power Point 中改变数据的查看方式

添加到 Power Point 中的仪表板默认都是"实时数据"的方式。如果你希望在公共演示区或者无人进行交互的情况下也能够获取最新的数据，那么可以启用自动刷新功能。在添加到 Power Point 中的仪表板的页脚位置，单击"加载项"按钮后，勾选"幻灯片放映中的自动刷新"，然后设置相应的间隔时间如 30 秒即可，如图 12-20 所示。

如果你不希望幻灯片中的数据每次打开时都要重新加载，可以在页脚的工具栏中选择快照方式，将视觉对象转换为静态的图片，如图 12-21 所示。

快照和公共快照都会将仪表板或者单个视觉对象转换为静态的图片形式。快照需要有权限才能访问；公共快照是可以查看幻灯片的人都可以访问。

由于 Power BI 开发人员仍然在进行更多的功能完善和开发，未来在 Power Point 中使用 Power BI 仪表板的权限规则和功能方面都可能发生变化，具体请参考 Power BI 的官方文档。

第 13 章

拥抱 AI：利用 AI 大模型学习 Power BI

　　AI 大模型迅速发展，很多 AI 产品如雨后春笋般涌向市场。它们在各行各业中发挥着重要的作用，并展现出巨大的潜力。AI 大模型通过理解和生成自然语言文本，并通过与用户进行对话来提供各种服务与支持。例如，我们可以利用 AI 大模型来解决日常工作中的问题。本章我们将通过向 AI 大模型提问来辅助学习 Power BI 等数据分析工具，以解决使用中的难题。

13.1 关于 AI 大模型

本节内容将主要介绍什么是 AI 大模型，以及如何选择 AI 大模型。

13.1.1 AI 大模型是什么？

"AI 大模型"通常指的是大规模的 AI 模型。它们通过深度学习技术进行训练，能够处理和理解复杂的数据和任务，并且拥有数以亿计的参数，可以对大规模数据进行高效处理和学习。例如，GPT 系列、BERT、ResNet 等都是广泛应用的 AI 大模型。这些模型的出现和发展推动了人工智能领域的进步，并在各种应用场景中发挥着重要作用。

13.1.2 AI 大模型的选择

随着 AI 大模型的迅速发展，国内外很多公司都发布了自己的 AI 大模型，有自然语言处理方面的，也有图像识别和语音处理等方面的，甚至还有一些细分领域的 AI 大模型。

在辅助学习 Power BI 方面，主要推荐以下 3 种 AI 大模型。

💧 专业细分版

Copilot 是微软开发的 AI 大模型，被广泛地应用于微软的众多产品之中，比如 Fabric、Power BI、Microsoft 365 和 Windows 等。Copilot 可以直接在 Power BI Desktop 中使用，它可以帮助我们创建仪表板、DAX 查询、度量值说明以及智能问答等。

💧 国际版

ChatGPT 是一款非常优秀的 AI 大模型，目前 ChatGPT 已经开放的版本有 ChatGPT 3.5 和 ChatGPT 4。ChatGPT 3.5 无须注册和订阅付费就可以使用，ChatGPT 4 则需要注册并订阅付费后方可使用。ChatpGPT 是目前自然语言处理方面非常优秀的 AI 大模型，在使用体验和回答质量方面表现非常不错。

💧 国内版

阿里云的通义千问、百度的文心一言、科大讯飞的讯飞星火都是非常不错的 AI 大模型。在中文语言的理解上，国内的 AI 大模型更具优势。

每一种 AI 大模型都只能在适用的场景下才能发挥更大的作用。Copilot 最大的优势是其与 Power BI 进行了适配，可以协助 Power BI 解决更具体的问题，如仪表板设计和 DAX 查询编写；ChatGPT 和国内版 AI 大模型更加适合通用性的问题，可以提供更加丰富的解决问题的思路。所以，在学习 Power BI 的过程中，建议将 3 种不同的 AI 大模型结合起来使用。

虽然 AI 大规模为我们学习和使用 Power BI 提供了很大的方便，但是我们不能一味地依赖它们，而是要学会独立思考和解决问题，确实自己无法解决时，方可使用 AI 大模型。除此之外，因为 AI 大模型经常"无中生有"，所以用户还需要对生成的代码进行调试和修改才能满足具体场景的需求。

总之, AI 大模型只是辅助, 只有学会优化, 才能让其创造出更大的价值。

13.2 Power BI 与 AI 大模型

本节内容将主要以 Copilot、ChatGPT 和国内的通义千问为例, 介绍利用 AI 大模型学习 Power BI。其中, Copilot 主要从 DAX 编写和可视化设计方面进行介绍, 而其他两种 AI 大模型都将从 Power Query 和 DAX 表达式编写两个方面进行介绍。

13.2.1 使用 Power BI 内置 AI 功能——Copilot

在本书出版前, Copilot 还处于功能预览阶段。所以在 Power BI Desktop 中使用 Copilot 功能时, 需要先在 Power BI 的 "预览功能" 中勾选与 Copilot 相关的选项, 如图 13-1 所示。

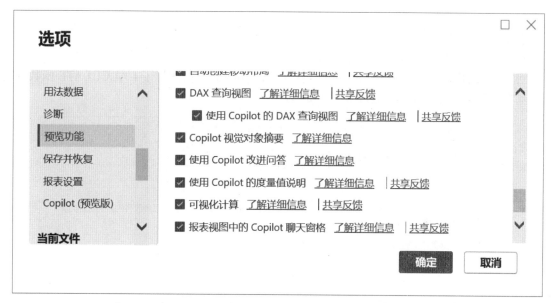

图 13-1　在 Power BI 的 "预览功能" 中勾选与 Copilot 相关的选项

在 Power BI Desktop 中使用 Copilot 功能时, 需要登录 Power BI 账户, 并且账户的服务类型需要达到官方的要求。此外, 使用该功能时还要符合数据安全性的要求, 具体可查阅 Power BI 的相关官方文档。

Copilot 不仅可以回答 Power BI 中的 DAX 知识, 还可以编写 DAX 查询以及创建可视化页面。

使用 Copilot 回答 Power BI 知识

在 DAX 查询视图下, 我们可以使用 Copilot 进行对话, 但是对话的范围仅限于 DAX 相关的内容, Power Query 目前不在对话的范围之内。想要唤起 DAX 查询视图下的 Copilot, 可以按快捷组合键 "Ctrl+I" 或者单击 Copilot 的图标, 如图 13-2 所示。

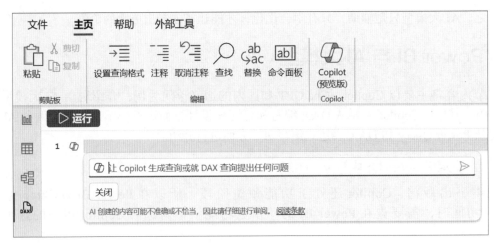

图 13-2　在 DAX 查询视图下唤起 Copilot

下面进行提问。

问：*CALCULATE 函数的作用是什么？*

回答结果如图 13-3 所示。从回答的内容来看，Copilot 不仅回答了 CALCULATE 函数的功能、基本语法以及参数说明，还举了相关的例子。

图 13-3　使用 Copilot 进行 DAX 知识问答 CALCULATE 函数

问：*什么是时间智能函数，与日期时间函数有什么不同？*

回答结果如图 13-4 所示。这个回答也基本上抓住了问题的核心。

图 13-4　使用 Copilot 进行 DAX 知识问答

从图 13-3 和图 13-4 来看，Copilot 的回答质量还是相当不错的，列举的例子也比较合理。

使用 Copilot 编写 DAX 查询

这里以本书常用的数据模型为例，使用 Copilot 编写 DAX 查询。

问：*编写查询，按年份和大区名称列出销售总金额、销售毛利。*

生成的详细的 DAX 查询如图 13-5 所示。

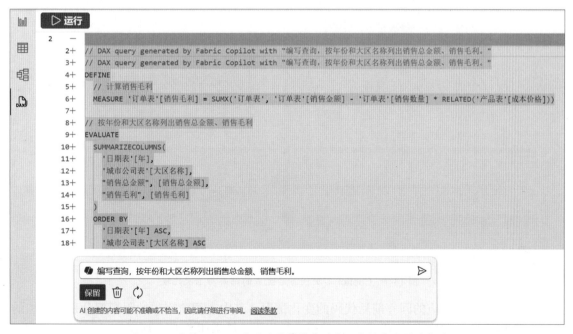

图 13-5　使用 Copilot 编写的计算销售总金额和销售毛利的查询

为了验证这个 DAX 查询是否正确，可以先单击图 13-5 中的"保留"按钮，然后单击"运行"按钮。运行结果，如图 13-6 所示。

	日期表[年]	城市公司表[大区名称]	[销售总金额]	[销售毛利]
1	2019	A区	193882.26	139875.26
2	2019	B区	102876.94	67893.94
3	2019	C区	332162.77	223667.77
4	2019	D区	171156.65	116540.65
5	2020	A区	364139.38	254886.38
6	2020	B区	212527.55	144808.55
7	2020	C区	415742.33	288060.33
8	2020	D区	332627.84	219518.84
9	2021	A区	452653.75	320708.75
10	2021	B区	362525.17	251104.17
11	2021	C区	544114.1	377874.1
12	2021	D区	437274.71	292944.71

图 13-6　验证 DAX 查询

从图 13-6 可以看出，DAX 查询能够正确运行，并且得到了正常的结果。

接下来选中已经保存到 DAX 查询代码区的代码片段，再对上述代码进行修改。

问：*添加两列，计算销售总金额、销售毛利的同比，最后按年份降序、销售总金额同比降序对结果排序。*

回答的结果，如图 13-7 所示。

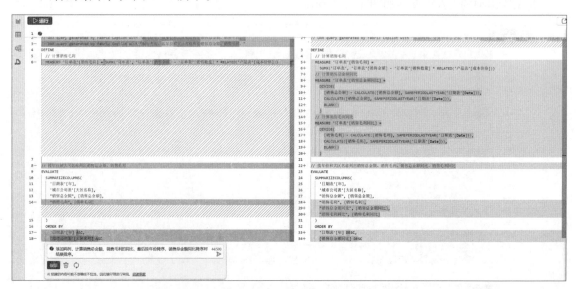

图 13-7　Copilot 二次问答后生成的结果与上次比较

图 13-7 显示了对应的问答前后代码的变化情况，其中右侧窗格中的阴影部分是新增加的代码。单击图 13-7 中的"保留"按钮，然后运行代码，结果如图 13-8 所示。

	日期表[年]	城市公司表[大区名称]	[销售总金额]	[销售毛利]	[销售总金额同比]	[销售毛利同比]
1	2021	B区	362525.17	251104.17	0.71	0.73
2	2021	D区	437274.71	292944.71	0.31	0.33
3	2021	C区	544114.1	377874.1	0.31	0.31
4	2021	A区	452653.75	320708.75	0.24	0.26
5	2020	B区	212527.55	144808.55	1.07	1.13
6	2020	D区	332627.84	219518.84	0.94	0.88
7	2020	A区	364139.38	254886.38	0.88	0.82
8	2020	C区	415742.33	288060.33	0.25	0.29
9	2019	D区	171156.65	116540.65		
10	2019	B区	102876.94	67893.94		
11	2019	C区	332162.77	223667.77		
12	2019	A区	193882.26	139875.26		

（结果　第 1 个结果(共 1 个) ∨　复制）

图 13-8　Copilot 二次问答的查询结果

从上述两次问答生成的结果来看，Copilot 的功能相当强大，可以根据当前的数据模型回答非常精确的 DAX 查询并且能正常运行，因而降低了很多人学习 DAX 的门槛。

使用 Copilot 创建仪表板分析页面

除了使用 Copilot 编写 DAX 查询外，还可以使用 Copilot 创建可视化页面。

在报表视图下，单击"主页"选项卡下的"Copilot"按钮，就可以激活 Copilot 问答窗格，如图 13-9 所示。

图 13-9　Power BI 中的 Copilot 窗格

在默认情况下，Copilot 中提供了两种创建报表的方式：一种是"Suggest content for this report（建议的报表内容）"，另一种是"Create a page that shows（创建显示的内容）"。

当单击"Suggest content for this report"按钮时，Copilot 会根据当前的数据模型生成对应的页面，如图 13-10 所示。

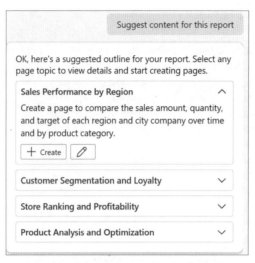

图 13-10　Copilot 建议的页面

在图 13-10 中，选择"Create"按钮就会插入可视化页面，选择"⟋"按钮则可以根据自己的要求进行修改。由于目前 Copilot 处于初级预览阶段，生成的可视化页面并不能达到使用的最低要求。图 13-11 是使用 Copilot 建议生成的可视化页面，仅供参考。

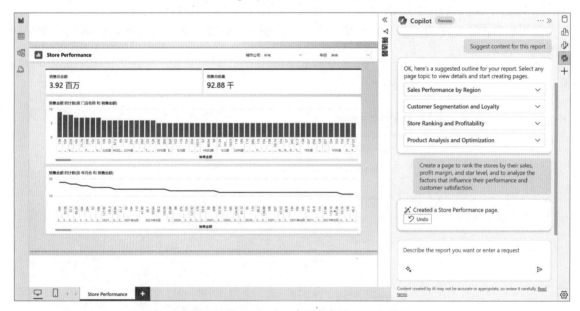

图 13-11　使用 Copilot 建议生成的可视化页面

从整个页面的生成质量来看，Copilot 在可视化生成方面还需要进行很多的优化。所以在实际场景中用户还不能依赖 Copilot 生成可视化页面。

13.2.2 使用 ChatGPT 学习 Power BI

ChatGPT 是目前最受欢迎的 AI 大模型之一。本小节将以免费且无须注册的 ChatGPT 3.5 为例，介绍如何使用它学习 Power BI。

在浏览器中打开 ChatGPT 的官网，选择 ChatGPT 3.5，即可在下面的 "Message ChatGPT"文本框中输入你的问题，如图 13-12 所示。

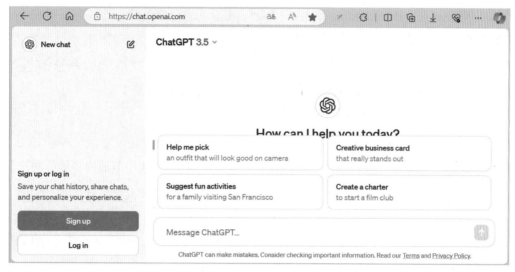

图 13-12　ChatGPT 3.5 对话框

下面我们分别以与 Power Query 和 DAX 有关的一些问题来询问 ChatGPT，看看 ChatGPT 的解决思路。

问：*如何在 Power BI 中使用 Power Query 获取 MySQL 数据库中的数据?*

答：

在 Power BI 中使用 Power Query 获取 MySQL 数据库中的数据相对简单。具体步骤如下。

1. 安装 MySQL ODBC 驱动程序：在连接到 MySQL 数据库之前，你需要安装适用于你的操作系统的 MySQL ODBC 驱动程序。你可以从 MySQL 官方网站上下载和安装适用于你的操作系统的驱动程序。

2. 打开 Power BI Desktop 应用程序。

3. 获取数据：在 Power BI Desktop 的首页中，选择 "获取数据" 选项，然后选择 "更多..." 选项。在数据获取窗口中，选择 "ODBC" 作为数据源。

4. 建立连接：在 ODBC 连接窗口中，你需要创建一个新的连接。单击 "新建" 按钮。

5. 选择数据源：在 "选择数据源" 对话框中，选择你安装的 MySQL ODBC 驱动程序，然后单击 "完成" 按钮。

6. 配置连接：在 "ODBC 数据源配置" 窗口中，填写 MySQL 服务器的详细信息，如服务器名称、端口号、数据库名称等。如果需要，提供登录凭据（用户名和密码）。

7. 测试连接：单击 "测试连接" 按钮，确保 Power BI 能够成功连接到你的 MySQL 数据库。如果一切正常，单击 "确定" 按钮。

8. 选择数据：在 Power BI Desktop 中，你将会看到一个新的 ODBC 链接。单击它以浏览你的 MySQL 数据库。选择你想要导入的表格或者执行你的 MySQL 查询。

9. 加载数据：在选择完数据后，单击"加载"按钮，Power BI 将会把你选择的数据导入数据模型中。

10. 数据处理：数据加载到 Power BI 中后，你就可以使用 Power Query 编辑器对数据进行进一步的处理，如合并表格、清洗数据等。

完成上述步骤后，MySQL 数据库中的数据就会被成功导入 Power BI 中，你就可以开始创建报表和进行可视化了。

CahtGPT 的回答基本上符合具体的操作步骤。大家可以与 4.2.4 小节的内容进行对比。

问：*获取到的数据中一列是字母和数字的字符串，如何添加一个新列来提取其中的数字？*

答：

在 Power BI 中，你可以使用 Power Query 编辑器轻松地添加一个新列来提取混合数字和字母的列中的数字部分。以下是实现的步骤。

1. 打开 Power Query 编辑器：在 Power BI Desktop 中导入你的数据后，选择你想要编辑的数据查询，然后单击"编辑查询"按钮，进入 Power Query 编辑器。

2. 选择列：在 Power Query 编辑器中，找到包含混合数字和字母的列，单击该列的标题，以选中整个列。

3. 添加自定义列：在"开始"选项卡中，单击"添加列"按钮，然后选择"自定义列"。

4. 提取数字部分：在"自定义列"对话框下的"自定义列公式"框中，使用 Power Query 的文本函数和表达式来提取数字部分。假设列名为 "Mixed"，你可以使用以下表达式来提取数字部分：Text.Select([Mixed], {"0".."9"})。

5. 命名新列：在"新列名称"框中输入"编号"，这将是新列的名称。

6. 单击"确定"按钮以应用新列的变化。

7. 加载数据：确认新列已经被正确添加后，单击"关闭并加载"按钮，将数据加载至 Power BI 报表。

完成以上步骤后，数据中将会有一个名为"编号"的新列，其中仅包含混合列中的数字部分。

在上述问答中，第 1 步、第 2 步、第 6 步都属于多余的步骤，但是第 3 步和第 4 步都属于核心步骤，ChatGPT 给出了正确的答案。

接下来我们再来提问一些 DAX 查询的问题。

问：*DAX 中的时间智能函数和日期时间函数有什么不同？*

答：

在 DAX（Data Analysis Expressions）中，时间智能函数和日期时间函数都用于处理日期和时间数据，但它们有一些不同之处。

1. 日期时间函数

日期时间函数用于操作日期和时间的数据类型，包括日期、时间、日期时间等。

典型的日期时间函数包括 DATE、TIME、NOW、TODAY 等。

这些函数通常用于创建日期时间值、提取日期时间的部分（如年、月、日、小时等）以及执行日期时间的运算（如日期相加减、时间差等）。

2. 时间智能函数

时间智能函数专注于分析时间数据的模式和趋势，以及生成时间智能报告。

这些函数通常用于时间序列分析、趋势预测、季节性调整等。

典型的时间智能函数包括 DATESYTD（返回当前年至今的日期范围）、DATESQTD（返回当前季度至今的日期范围）、DATESMTD（返回当前月份至今的日期范围）等。

总的来说，日期时间函数主要用于操作日期时间值，而时间智能函数主要用于时间序列分析和报告生成。在实际应用中，它们经常结合使用，以便对日期时间数据进行全面的分析和处理。

这个问题与 Power BI 中的 Copilot 的回答差不多，但是 Copilot 的回答更加简洁。

问：*在 Power BI 中，使用 DAX 编写一个度量值来计算每个城市公司的 TOP5 产品的总销售金额。*

答：

你可以使用 DAX 编写一个度量值来计算每个城市公司的 TOP5 产品的总销售金额。以下是一个 DAX 表达式示例。

```
Top5_Sales =
VAR Top5Products = TOPN(5, ALL('Product'), CALCULATE(SUM('Sales'[Amount])))
RETURN
CALCULATE(
    SUM('Sales'[Amount]),
    FILTER(
        'Sales',
        'Sales'[ProductID] IN Top5Products
    )
)
```

> 这个度量值首先使用 TOPN 函数找到每个城市公司的 TOP5 产品，然后使用 CALCULATE 函数
> 计算这些产品的总销售金额。在 FILTER 函数中，我们过滤出销售记录中的产品 ID 与 TOP5
> 产品列表中的产品 ID 匹配的销售记录，然后计算这些销售记录的销售金额总和。

虽然上述回答基本上合乎计算逻辑和要求，但是代码不够简洁。大家可以与 8.1.2 小节中的相关内容进行对比。

从上述例子可以看出，对于 Power Query 和 DAX 的基本知识，ChatGPT 都给出了还算不错的回答。但是大家在使用过程中一定要能分辨对错，因为 AI 大模型并不是万能的，它回答的时候会编造一些无中生有的内容。

13.2.3 使用国内的 AI 产品学习 Power BI

通义千问是阿里云旗下的 AI 大模型产品，在浏览器中访问其官网，注册后就可以直接使用了。其对话框如图 13-13 所示。

图 13-13 通义千问对话框

本小节我们将使用通义千问，尝试回答 13.2.2 小节中的问题。

> 问：*如何在 Power BI 中使用 Power Query 获取 MySQL 数据库中的数据？*
> 答：
> 在 Power BI 中使用 Power Query 连接到 MySQL 数据库并获取数据的步骤如下。
>
> 1. ** 打开 Power BI Desktop**：
>   - 如果您还未安装 Power BI Desktop，请先下载并安装最新版本，可以从 Microsoft Store 或其他官方渠道获取。

2．** 连接到 MySQL 数据库 **：

- 打开 Power BI Desktop 后，导航至主页选项卡，在 " 获取数据 " 区域单击 " 更多 "，
这将打开一个下拉列表或者新的窗口以显示所有可用的数据源。

- 在列出的数据源中，找到并选择 "MySQL Database"。

3．** 配置连接参数 **：

- 输入或选择 MySQL 服务器的详细信息。

- ** 服务器 **：填写 MySQL 服务器的 IP 地址或域名。

- ** 数据库 **：选择你要连接的具体数据库名称。

- ** 身份验证方法 **：根据您的设置选择相应的身份验证方式，一般包括基本、
Windows 集成或使用数据库凭据等。

- ** 用户名 ** 和 ** 密码 **：提供有权访问所选数据库的用户名和密码。

4．** 选择数据表 **：

- 成功连接后，Power Query 会显示该数据库中的所有可用表。

- 选择你想要导入 Power BI 中的表。

5．** 加载数据 **：

- 选择好表之后，可以选择立即加载数据或者先进行预处理（如清洗、转换或筛选数据）。
如果需要进行数据转换，可以在 " 查询编辑器 " 中操作，完成后再单击 " 关闭并应用 " 或直
接单击 " 加载 " 按钮，将数据导入 Power BI 的数据模型中。

注意，在某些情况下，可能需要确保已安装正确的 MySQL ODBC 驱动程序（比如 MySQL
Connector/ODBC），以确保 Power BI 能够正确连接 MySQL 数据库。如果遇到连接错误，
可以检查 MySQL 连接器的版本是否与 MySQL Server 版本兼容，并根据需要更新驱动程序。

与 ChatGPT 3.5 的回答相比较，通义千问的回答更加详细。

问：*获取到的数据中一列是字母和数字的字符串，如何添加一个新列来提取其中的数字？*
答：

你可以直接使用 Power Query（或者 Excel 的 Power Query 编辑器，以及 Python、
Pandas 等类似工具）中的正则表达式匹配方法。以下是针对 Power Query 的修正步骤。

1．** 添加新列 **：

- 在 Power Query 编辑器中选中包含字母和数字混合的列。

2. ** 使用自定义列提取数字 **：
- 右击该列，选择 " 新建列 "。
- 在新建列的公式栏中输入以下 M 语言函数来提取数字：

```
= Table.AddColumn(#"Previous Step Name", " 仅数字 ", each Text.
Select(_, "\d+"))
```
- 上述公式使用了正则表达式 `\d+`，它会匹配一个或多个连续的数字字符。

3. ** 应用更改并加载数据 **：
- 新列 " 仅数字 " 将只包含原列中每个单元格内的数字部分，且仍保持文本格式。
- 完成操作后，别忘了点击 " 关闭并应用 " 按钮以更新数据集。

请注意，`Text.Select` 在这里可能不适用，因为它是基于字符集合而非正则表达式。正确的方法是使用 `Text.Combine` 与 `Text.Split` 配合 `List.Select` 处理：

```
= Table.AddColumn(#"Previous Step Name", " 仅数字 ", each Text.
Combine(List.Select(Text.Split(_, "\D+"), each _.Length > 0)))
```
此公式首先使用 `Text.Split` 按照非数字字符分隔文本，然后使用 `List.Select` 选取所有长度大于 0（即不是空字符串）的数字片段，并用 `Text.Combine` 将其合并回字符串形式。这样就能得到仅包含数字的新列。

从上述内容来看，通义千问的回答显然是错误的，因为 Power Query 本身还不支持正则表达式。后面经过多少修正，也能未达到使用的要求。

再来测试一下 DAX 的应用场景。

问：*DAX 中的时间智能函数和日期时间函数有什么不同？*

答：

DAX 中的时间智能函数和日期时间函数的主要区别在于它们的用途。

日期时间函数

日期时间函数主要用于处理和转换日期时间值，获取日期时间值的各个组成部分，或者进行日期时间的基本计算。

- DATE 函数：用于创建一个日期值。
- DATEVALUE 函数：将文本转换为日期类型的值。

- DAY、MONTH、YEAR 函数：分别提取日期中的日、月、年份部分。
- EDATE 和 EOMONTH 函数：用于向前或向后移动特定数量的月份。
- HOUR、MINUTE、SECOND 函数：用于提取时间部分的小时、分钟、秒数。
- NOW 函数：用于返回当前日期和时间。

时间智能函数

时间智能函数则专门用于分析周期性数据，处理期间比较、滚动计算和时间序列分析等问题。这些函数通常是基于完全填充的日历表或其他时间维度进行计算的，它们可以处理跨越多个周期和层次结构的数据聚合问题。

- TOTALYTD、TOTALMTD、TOTALQTD 等函数：分别用于计算年初至今、本月至今、本季至今的累计值。
- DATESYTD、DATESMTD、DATESQTD：生成年初至今、本月至今、本季至今的日期范围表。
- DATESBETWEEN：生成指定日期范围内的连续日期表。
- SAMEPERIODLASTYEAR、PARALLELPERIOD：用于对比同一时期去年的数据或者其他指定周期的数据。

总的来说，日期时间函数处理的是单个日期或时间点的属性和转换；而时间智能函数处理的是时间序列数据的分析和比较，帮助用户在商业智能应用（如 Power BI 或 Excel 数据模型）中更好地理解和展示随时间变化的趋势和指标。

相较 ChatGPT 3.5 的回答，通义千问的回答更加详细和具体，具有较高的参考价值。

问：*在 Power BI 中，使用 DAX 编写一个度量值来计算每个城市公司的 TOP5 产品的总销售金额。*

答：

在 Power BI 中，要创建一个度量值来计算 TOP5 产品的总销售金额，可以配合使用 `TOPN` 和 `SUMX` 函数。以下是一个简单的示例，假设有一个名为 `Sales` 的表，其中包含 `ProductID`（产品 ID）和 `SalesAmount`（销售金额）列。

```
Top5ProductSales =
SUMX(
    TOPN(
        5,
        SUMMARIZE(Sales, Sales[ProductID], "TotalSales",
```

```
SUM(Sales[SalesAmount])),
        [TotalSales], DESC
    ),
    [TotalSales]
)
```

这个度量值的工作原理如下。

1. `SUMMARIZE` 函数首先按 `ProductID` 对 `Sales` 表进行分组，并计算每个产品的总销售金额（`TotalSales`）。

2. `TOPN` 函数选取具有最高 `TotalSales` 值的前 5 个产品记录。

3. `SUMX` 函数遍历由 `TOPN` 返回的顶级产品子集，并累加它们的 `TotalSales` 值。

请注意，在实际应用中，请根据你的数据模型的具体情况调整表名和列名。如果 `SalesAmount` 已经是按产品汇总过的，则不需要使用 `SUMMARIZE`，而是直接在 `TOPN` 内部引用 `Sales[SalesAmount]` 进行排序。如果还需要考虑日期或其他维度因素，可能需要在计算时引入过滤上下文。

通义千问给出了的 DAX 表达式不同于 ChatGPT 3.5，这种方法远没有 ChatGPT 3.5 给出的方法更加直接和简洁，一般来说，SUMMARIZE 在用作聚合时的时候，可能会有性能问题。

综上所述，Copilot、ChatGPT 和通义千问对于同一问题的回答的质量不尽相同。其中，Copilot 的回答相当准确，但是只限于 DAX；ChatGPT 3.5 回答的质量较高，但是对于中文的理解不够；通义千问理解得比较好，回答的质量在宏观上还行，但是在涉及具体场景时仍有不足。所以，大家在利用 AI 大模型学习 Power BI 时，可以结合不同的 AI 大模型，多比较回答的质量的优劣，并在此基础上进行改进和优化。

13.3 使用 AI 大模型时的注意事项

AI 大模型的发展会改变我们的生活和工作的方式，同时也会不可避免地产生一些不好的影响。在使用 AI 大模型时要注意以下事项。

（1）掌握向 AI 大模型提问的技巧。要尽可能地描述问题的关键点，注意关键字的使用，并且提供相应的上下文语境，使用结构化表述。

（2）要科学合法地使用 AI 大模型。在法律法规允许的范围内使用 AI 大模型，不将涉密和敏感的信息上传到 AI 大模型，保证数据和信息安全。不使用 AI 大模型制作和宣传虚假或不良信息以牟取私利。

（3）不过多地依赖 AI 大模型。AI 大模型方便了我们的工作和学习，但是我们要学会独立思考，辨别真假，取其精华，去其糟粕。